구약 속 구약 예수

JESUS ON EVERY PAGE
by David Philip Murray

Copyright ⓒ 2013 by David Philip Murray
Originally published in English as Jesus on Every Page
by Thomas Nelson, Inc., 501 Nelson Place
Nashville, TN 37214, USA.
All rights reserved.
Korean Edition Copyright ⓒ 2014 by Word of Life Press,
Seoul, Republic of Korea
Published by arrangement with Thomas Nelson,
a division of HarperCollins
Christian Publishing, Inc. through rMaeng2, Seoul, Korea.

본 저작물의 한국어판 저작권은 알맹2 에이전시를 통하여
Thomas Nelson사와 독점 계약한 생명의말씀사에 있습니다. 신저작권법에 의하여
한국 내에서 보호 받는 저작물이므로 무단 전재와 무단 복제를 금합니다.

ⓒ 생명의말씀사 2014

2014년 5월 1일 1판 1쇄 발행
2024년 7월 29일   4쇄 발행

펴낸이 | 김창영
펴낸곳 | 생명의말씀사

등록 | 1962. 1. 10. No.300-1962-1
주소 | 서울시 종로구 경희궁1길 6 (03176)
전화 | 02)738-6555(본사) · 02)3159-7979(영업)
팩스 | 02)739-3824(본사) · 080-022-8585(영업)

기획편집 | 임선희
디자인 | 윤보람
인쇄 | 주손디앤피
제본 | 주손디앤피

ISBN 978-89-04-03143-6 (03230)

저작권자의 허락없이 이 책의 일부 또는 전체를
무단 복제, 전재, 발췌하면 저작권법에 의해 처벌을 받습니다.

구약 속 예수

데이비드 머리 지음 | 조계광 옮김

성경 가득 계시된 예수 그리스도와 복음

생명의말씀사

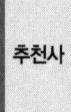

추천사

"데이비드 머리 박사는 믿을 수 없을 만큼 수월하게, 독자들을 엠마오로 가는 여정으로 초대하여 몇 시간 동안 예수님과 구약성경에 관해 이야기하게 만든다. 그리고 부러울 정도로 매력 있고 단순하게 구약성경 읽는 법을 가르친다. 이 책은 일반 성도나 목회자들에게 지루함과 절망감을 안겨주는 복잡한 문법과 수사법과 해석학이 아닌, 그리스도 중심적인 성경 해석을 가르치고 있다. 그는 참으로 유쾌한 동반자가 되어 우리와 함께 걸으면서 구약성경을 읽고, 그 안에서 그리스도를 발견하는 데 필요한 중요한 이정표를 알려준다. 또한 그는 훌륭한 교사답게 자신이 스스로 깨우친 것을 배우도록 도와준다. 이 책은 초보자들에게 참으로 이상적인 입문서가 아닐 수 없다. 아울러 엠마오로 가는 길을 걷다가(성경을 배우다가) 숲에서 길을 잃은 사람들에게는 재교육의 기회를 제공하고, 우리 모두에게 예수님이 단지 성경의 주변이 아니라 그 중심에 서 계신다는 사실을 가르쳐주는 분이 바로 예수님 자신이시라는 귀한 진리를 상기시켜준다."

_싱클레어 퍼거슨, 텍사스 댈러스 리디머신학교 교수

"이 책은 심심풀이용이 아니다. 판도를 뒤집는 중요한 책이다. 나는 한 손에 메모지를 들고 읽었을 뿐 아니라 때로는 눈물도 흘렸다. 예수님을 만나기 위해 베들레헴의 밤이 시작될 때까지 기다려야 한다고 생각했다면, 이제 이 책을 통해 창세기 첫 장부터 요한계시록까지 성경의 모든 곳에서 예수님을 발견할 수 있다는 사실을 깨닫게 될 것이다. 이 책은 몇 번이고 되풀이해서 읽어야 할 책이다. 이 책을 강력히 추천한다."

_실라 월시, 찬양 가수, 'Women of Faith Conference' 강사

"내가 지금까지 보아온 책들 가운데 가장 필요하고도 유익한 책이다. 구약성경에 계시된 그리스도를 믿는 참신앙은 올바른 해석 원리에 근거해야 한다. 그런 원리들을 혼동할 때마다 성경에서

큰 비중을 차지하는 구약성경에 대한 믿음도 더불어 혼란스러워질 수밖에 없다. 이 책은 일반적인 경건서적과 다르다. 이 책은 예수님이 '성경이 곧 내게 대하여 증언하는 것이니라'라고 말씀하셨던 이유를 좀 더 정확하게 이해할 수 있도록 도와준다. 이보다 더 중요한 것이 어디 있겠는가?"

_이안 머리, 목회자, 저술가, 배너오브투르스 출판사 편집장

"엠마오로 가는 나의 여정을 이끌어줄 인도자가 되어주었으면 하는 사람이 있다면 오직 데이비드 머리뿐이다. 이 책은 구약성경을 읽고 이해하는 법을 새롭게 배우는 데 필요한 확실한 원리와 수단을 제공한다. 이 책은 복잡한 신학 용어를 사용하지 않고도, 예수님의 인격과 사역을 통해 구약성경의 난해한 의문들에 대한 답과 성취되지 않은 모든 약속의 성취와 해결되지 않은 모든 문제의 해결책을 찾을 수 있다는 것을 보여준다."

_낸시 거스리, 성경 공부 시리즈 「구약성경에서 예수님 발견하기」의 저자

"구약성경에 관한 설교 중에는 그야말로 도덕주의에 지나지 않는 설교가 너무 많다. 성령의 도우심과 약간의 노력만 기울이면 우리의 운명을 바꿀 수 있다고 믿는 도덕주의는 위험하고 사악하다. '누구누구처럼 매력 있는 사람이 돼라'는 식의 설교들은 복음의 기반이 없는 윤리적 반응만 촉구할 뿐 아니라 인간 편에서 조금만 열정적으로 노력을 기울이면 죄책감을 없앨 수 있다고 강조한다. 그런 근시안적인 관점은 웅장하고 거시적인 성경의 구속사를 간과하고 자아, 즉 자기 노력, 자기 의, 자기 중요성에만 온통 초점을 맞춘다. 성도들은 이런 파괴적인 관점에 분연히 맞서 그것들을 오류의 쓰레기통으로 되돌려보내고, 구약에 관한 그리스도 중심적이고 복음 중심적인 관점을 회복해야 마땅하다. 최근 구약에 나타나신 그리스도를 발견해야 한다고 주장하는 목소리

추천사

가 많았다. 예를 들면 그레이다누스, 골즈워디, 클라우니, 채플 등이다. 그리고 이번에는 데이비드 머리가 이 책을 펴냈다. 이 책은 긴급히 해결해야 할 해석학적인 문제를 간결하고도 정확하게 다루고 있다."

_데릭 토머스, 리폼드신학교 교수, 컬럼비아 제일장로교회 목사

"지혜로운 등산가라면 스스로 전문 산악인이 아닌 이상, 정상에 오르려는 노력을 독려해줄 조언이나 도움을 절대 마다하지 않을 것이다. 그와 마찬가지로 매일 성경을 읽는 성도들도 그리스도를 좀 더 온전하게 알기 위해 모든 노력을 다할 것이 분명하다. 데이비드 머리 박사는 우리 모두가 환영해 마지않을 도움을 제공함으로써 구약성경에서 예수님을 훨씬 더 잘 볼 수 있는 길을 열어주었다. 누군가의 가르침을 통해 예수님을 좀 더 온전하게 알 수 있다는 것은 새로운 깨달음을 주는, 은혜로운 경험이 아닐 수 없다."

_모리스 로버츠, 스코틀랜드자유교회 목사

"데이비드 머리는 이 책을 통해 구약성경을 기독론적으로 해석하는 흥미로운 여정으로 우리를 초대한다. 저자의 목적은 우리가 신구약을 모두 포함하는 온전한 성경을 믿는 성도들이라는 사실을 일깨워주고, 구약을 성경적으로 읽을 수 있는 열쇠를 제공하는 것이다. 그 열쇠는 매우 간단하다. 바로 복음으로 구약성경을 해석하는 것이다. 저자는 이 주제를 설명하면서 예수님이 우리가 구약성경의 마지막에 나타나신 것이 아니라 죄인들의 구원자로서 처음부터 존재하셨다는 것을 입증해 보인다. 논란의 여지가 많은 주제를 안전하게 다루는 이 책은 신학생들은 물론 진지한 마음으로 성경을 읽는 모든 사람을 유익하게 할 것이다. 새로운 세대의 성도들 중에는 구약성경을 옳게 다룰 줄 모르는 사람이 많다. 이 책이 널리 읽히기 바라는 이유는 이 책이 그런 사람들

을 도와 성경의 저자이신 하나님께서 본래 의도하신 대로 구약성경을 읽고 전할 수 있게 도와주기 때문이다."

_이안 캠벨, 웨스트민스터신학교 교수, 포인트 스코틀랜드자유교회 목사

"신학생과 목회자들을 위해 성경을 그리스도와 연관시켜 해석하는 법을 소개한 책들이 많았다. 그러나 안타깝게도 일반 성도들을 염두에 두고 쓴 책들은 찾아보기가 매우 힘들다. 데이비드 머리는 이 책에서 자신의 진리 탐구 과정을 소개하고, 구약성경에서 그리스도를 발견할 수 있는 간단한 방법 열 가지를 제시함으로써 그런 공백을 충실하게 메워주었다. 이제는 더 이상 음식법에 관한 레위기의 말씀에서 설교자가 어떻게 예수님을 전할 수 있을지 궁금해하는 성도가 없을 것이다. 오히려 성도 자신이 스스로 그런 연관성을 찾아낼 수 있을 것이다. 모든 사람이 이 책을 읽고 엠마오로 가는 여정을 시작해, 신구약성경 전체가 예수님의 이야기를 전하고 있다는 사실을 발견하게 되기 바란다."

_후안 산체스, 하이포인트침례교회 목사

"성경에서 예수님에 관해 배우는 것보다 더 가치 있는 일은 없다. 접근 방식과 해석 방식이 저마다 차이가 있을 수 있다는 것을 인정한다 해도 데이비드 머리의 책보다 더 간결하고, 더 유익하고, 더 용이하고, 더 마음을 뜨겁게 만드는 책은 찾아보기 힘들다."

_프레드 재스펠, 프랭코니아 개혁침례교회 목사, 갈보리침례신학교 교수

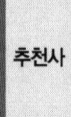

추천사

"예수님은 성경의 모든 곳에 계신다. 그리고 머리의 책은 실용적이고, 용이하고, 흥미로운 관점에서 구약성경을 소개한다. 이 책은 신학자들에게 구약성경이 증언하는 그리스도를 발견하는 기쁨을 안겨줄 뿐 아니라 여러 가지 방법과 조언을 제시해 독자 스스로 구약성경을 깊이 있게 연구할 수 있는 길을 열어준다. 또한 이 책은 그리스도의 영광을 높이 드러낸다. 특히 지금까지 구약성경에 큰 흥미를 느끼지 못했던 사람들에게 추천하고 싶은 책이다."

_번 포이트레스, 신학박사, 철학박사, 웨스트민스터신학교 교수

"만일 고고학자들이 예수님의 생애를 그린 그림과 그분의 사상이 기록된 일기장과 그분의 사역을 더 많이 설명하고 있는 문서를 발견했다는 소식을 듣는다면 그것을 손에 넣고 싶은 열망이 크게 일지 않겠는가? 구약성경만 있으면 얼마든지 그런 열망을 충족시킬 수 있다. 데이비드 머리는 개인적인 진리 탐구 과정을 통해 느끼는 기쁨과 사랑이 넘치는 목회자의 마음으로 구약성경의 모든 곳에서 예수님을 발견하고, 경험하고, 그 음성을 들을 수 있다고 증언한다."

_배리 요크, 목사, 개혁장로교회신학교 실천신학 교수

"21세기의 교회는 많은 해석학적 도전에 직면하고 있다. 이런 상황에서 기독론의 원리에 입각한 성경 해석학을 확립하고 옹호하려는 노력은 더욱 중요하다. 데이비드 머리는 그리스도와 사도들의 가르침으로 되돌아가 구약성경을 기독론적으로 해석해야 할 이유를 주석학적이고 성경신학적인 관점에서 신중하게 설명하고 있다. 또한 저자는 독자들을 구속사의 세계로 초대하여 그리스도께서 구약성경 계시의 핵심이시라는 사실을 밝힘으로써 성경의 모든 곳에서 예수님을 발견할 수 있도록 도와준다."

_닉 뱃직, 조지아주 리치먼드힐 새언약장로교회 목사

"데이비드 머리는 구약성경을 아름답게 열어 보여줄 뿐 아니라 구약성경이 증언하는 예수님에 대한 경이감을 자극함으로써 자신이 느끼는 기쁨을 모두에게 전한다. 예수님의 말씀 안에서 그분을 발견할 수 있도록 도와주는 이 책은 너무나도 훌륭하고 감동적이다."

_마이클 리브스, UCCF 신학 분과장, 「Delight in the Trinity」의 저자

"데이비드 머리의 책은 성경 해석학에 관한 대부분의 접근 방식에서 흔히 간과되고 있는 공백을 메워준다. 그의 책은 없어서는 안 될 중요한 핵심이다. 이것이 없으면 성경이 그리는 그림을 완성시킬 수 없다. 저자는 구약성경 안에 인격과 약속으로 존재하시는 하나님의 아들을 보여줌으로써 독자들이 그곳에 안전하게 접근하도록 이끈다. 우리에게 율법과 선지자와 시편이 모두 자신의 인격과 사역을 증언한다는 예수님의 말씀이 의미하는 바를 이보다 더 분명하고 유익하게 일깨워주는 책은 없다고 확신한다."

_조 손, 「Note to Self: The Discipline of Preaching to Yourself」의 저자, 세인트찰스 리디머 펠로십 목사

차례

추천사

시작하는 글 - 구약성경이 증언하는 그리스도

1부. 나의 엠마오 여정

1. 구약성경은 어디로 가고 있는가? 19
식단을 바꾸자 | 묵혀둔 땅 파헤치기

2. 구약성경은 무엇에 관한 책인가? 25
첫인상 | 은근한 의문 | 황금열쇠 | 색다른 훈련 | 엠마오로 가는 첫걸음

3. 예수님의 대답 31
복음서가 열쇠다 | 아브라함의 복음 | 그리스도에 대한 증언

4. 베드로의 대답 37
선지자들의 예언 | 선지자들의 탐구 | 선지자들의 인내

5. 바울의 대답 45

구약성경의 왜곡 | 멍에, 족쇄, 자물쇠, 쇠사슬 | 신학적인 폭탄선언 | 네 가지 확실한 논증 | 그림자의 실체

6. 요한의 대답 59

은혜의 새로운 경영 | 은혜 위에 은혜 | 일관성 있는 가르침

2부. 심령이 뜨거워지는 10가지 발견

1. 창조사역에서 예수님 발견하기 – 그리스도의 행성 69

놀라운 발견 | 구원의 계획 | 구원의 무대 | 구원의 목적 | 구원의 소품들 | 구원의 보조자들 | 구원의 전개 | 구원의 비유 | 구원의 유익 | 구원의 정점 | 구원의 창시자 | 구원의 적용

2. 구약의 인물들 안에서 예수님 발견하기 – 그리스도의 백성 83

타당한 비판 | 올바른 수용 | 예수님의 주권 | 예수님의 성품 | 예수님의 교회 | 예수님을 거역한 죄 | 예수님과의 대조 | 예수님의 필요성 | 예수님의 고백 | 예수님의 긍휼 | 예수님께로 돌이킨 영혼들 | 예수님을 믿는 믿음 | 예수님을 본받는 삶 | 예수님의 명령 | 예수님의 십자가 | 예수님의 부르심 | 예수님을 영화롭게 하는 삶

차례

3. 구약성경에 나타나신 예수님 발견하기 – 그리스도의 임재 107
영원하신 하나님의 아들 | 성자를 통해 말씀하신다 | 성자를 통해 나타나신다 | 여호와의 사자 | 여호와의 사자로서의 현현 | 여호와의 영광

4. 구약의 율법에서 예수님 발견하기 – 그리스도의 계명 123
율법의 세 가지 유형 | 율법 대 복음? | 율법에 드러난 그리스도 | 예수님에 관한 해설 | 가르침을 위한 본보기 | 자기 성찰의 빛 | 예수님의 죽음 | 질서와 생명의 회복 | 심판에 대한 예고 | 예수님의 임재 | 예수님의 집 | 예수님의 영광

5. 구약성경의 역사 속에서 예수님 발견하기 – 그리스도의 과거 139
작은 그림들 | 구속사에 나타나신 예수님 | 구속사의 활용 | 예수님의 과거 | 예수님의 인격 | 예수님의 목적 | 예수님의 지침 | 예수님의 백성 | 예수님의 찬양 | 참인간, 참하나님

6. 구약의 선지자들 가운데서 예수님 발견하기 – 그리스도의 선지자들 159
선지자들의 사역 | 선지자들의 메시지 | 예수님을 발견했다!

7. 구약의 예표에서 예수님 발견하기 – 그리스도의 그림 185
예표에 관한 질문 | 중요한 신학적 진리 | 예표와 믿음 | 완전한 성취 | 예표와 신약성경 | 표면적인 차이와 본질적인 동일성

8. 구약성경의 언약에서 예수님 발견하기 – 그리스도의 약속 207
'네오스'가 아닌 '카이노스' | 은혜언약의 광채 | 죄와 언약 | 새로운 출발 | 희생의 피 | 언약의 핵심 주제 | 언약의 증표 | 언약의 축복 | 언약의 성취

9. 구약성경의 잠언에서 예수님 발견하기 – 그리스도의 잠언 231
잠언으로 돌아가자 | 짧은 묵상 | 신약성경이 바라보는 잠언 | 육신이 된 잠언

10. 구약성경의 시에서 예수님 발견하기 – 그리스도의 시인들 245
시편에 나타나신 예수님 | 아가서에 나타나신 예수님 | 은혜로운 사랑

마치는 글 – 여정은 계속된다
주

**시작
하는
글**

구약성경이 증언하는 그리스도

예수 그리스도는 세계사에 우뚝 솟은 거대한 산과 같은 존재이시다. 그 자체로 그분은 베들레헴 이후의 역사뿐 아니라 그 이전의 구약 역사에도 뚜렷한 그림자를 드리우신다. 모든 역사가 그분에게서 흘러나오고 그분에게 집중된다. 그분의 뚜렷한 그림자가 기원전·후로 길게 걸쳐 있다. 그리고 이 책은 그중에서도 특히 기원전의 역사를 다룬다.

요즘 '구약성경이 증언하는 그리스도'라는 주제가 사람들의 관심을 끌고 있다. 이 책은 그에 대한 간편한 안내서다. 목회자가 구약성경이 증언하는 예수님을 전하는 데 도움을 주는 책은 많이 있지만, 구약성경을 통해 그리스도를 이해하는 이 중요한 방법을 궁금해하는 평신도에게 건전한 원리와 실제적인 도움을 제공하는 책은 찾아보기 어렵다. 따라서 좀 더 많은 성도들이 간편하고 유용하게 사용할 수 있을 뿐 아니라 구약성경이 증언하는 예수님을 이해하는 데 필요한 다양한 방법을 다룬 자료가 필요할 것 같다는 생각이 들었다. 미주를 통해 알 수 있는 것처럼, 예수님을 중심으로 구약성경을 해석하는 방법을 적용한 좋은 책들이 적지 않다. 그 가운데는 예표나 사건에 초점을 맞춘 책도 있고, 선지자들이나 구약성경에 나타난 그리스도의 현현에 초점을 맞춘 책도 있다. 반면 나는 이 책을 통해 구약성경이 증언하는 예수님을 발견할 수 있는 열 가지 방법을 한꺼번에 소개하려고 노력했다.

또한 나는 독자 스스로 그리스도 중심적인 성경 해석을 시도하도록 돕는 책들이 많지 않다는 사실을 발견했다. 그나마도 신학적인 이론이나 최종적인 결과물(설교)을 제시하는 데만 초점을 맞춘 책들이 대부분이었다. 독자가 성경 본문에서 예수님을 발견하도록 돕는 실용적인 원리를 다루는 책은 보기 드물었다. 따라서 나는 이 책에서 독자 스스로 말씀을 통해 예수님을 발견하고 즐거워할 수 있는 방법을 직접 실험해볼 수 있도록 단계별 원리와 본보기가 되는 기준을 제시하려고 노력했다.

이 책의 1부는 나의 엠마오 여정, 곧 주님의 은혜로 구약성경이 증언하는 그리스도를 조금씩 발견해온 과정을 다룬다. 나는 주님이 깨우쳐주신 진리를 공유하고, 그분이 나를 어떻게 인내로 가르쳐오셨는지를 알려주고 싶었다. 예수님의 제자들처럼 나도 "미련하고 선지자들이 말한 모든 것을 마음에 더디 믿는 자"(눅 24:25)라는 주님의 책망을 들어야 마땅했다. 그러나 주님은 은혜로 성경에 기록된 모든 것을 통해 자신에 관한 진리를 깨우쳐주셨다. 주님이 내게 성경을 풀어주시자 마침내 내 마음이 불처럼 뜨거워졌다.

이 책의 나머지 부분에서도 내 이야기는 계속되지만, 특별히 2부는 구약성경에 나타나신 예수님을 발견할 수 있는 열 가지 방법에 초점을 맞춘다.

이것은 나의 삶 속에 일어난 예수님의 사역과 말씀에 대한 나의 이해가 하나로 결합된 책이다. 이 책을 통해 모두가 예수님을 발견함으로써 심령이 뜨거워지는 즐거운 경험에 동참하기 바라는 마음 간절하다(눅 24:32).

1부 **나의 엠마오 여정**

JESUS
ON
EVERY
PAGE

JESUS
ON
EVERY
PAGE

구약성경은
어디로 가고 있는가?

CHAPTER

"오늘 아침, 우리가 살펴볼 본문은 구약성경의 말씀입니다."

요즘에는 듣기가 쉽지 않은 말이다. 그러나 이런 말을 들었다면 과연 무슨 생각이 떠오를까?

'안 돼. 역사 강연은 너무 지겨워.'

'오늘도 율법으로 우리를 흠씬 괴롭히겠군.'

'대체 무슨 말이야? 나는 예수님에 대한 말씀을 들으려고 교회에 온 건데.'

'이스라엘과 바벨론이 우리 가족과 무슨 상관이 있다는 거지?'

이런 생각을 하든지, 아니면 무심히 듣고 있다가 나중에 목회자에게 구두나 이메일로 불만을 털어놓을지 모른다.

오늘날 목회자들은 그런 식의 부담감을 느끼고 있다. 조사 결과에 따르면, 구약성경을 본문으로 다룬 설교와 신약성경을 본문으로 다룬 설교가 1대 10의 비율로 나타났다.

혹시 현대의 교회와 기독교인들이 경험하는 많은 영적 문제의 원인이 이런 식으로 영적 식단의 균형을 잃은 데 있는 것은 아닐까?

신학자 글리슨 아처는 "예수님과 신약성경의 저자들은 서른아홉 권의 구약성경을 통해 영적 자양분을 얻었는데, 목회자들이 그 말씀을 배제한다면 어떻게 양들에게 균형 있는 식단을 제공할 수 있겠는가?"라고 물었다.[1]

식단을 바꾸자

물론 늘 그랬던 것은 아니다. 과거만 해도 교회는 지금보다 훨씬 더 균형 있는 식단을 제공했다. 그렇다면 상황이 이렇게 된 이유는 무엇일까? 그 이유는 여러 가지다.

자유주의 자유주의 신학자들이 구약성경을 집요하게 비판하는 바람에 구약성경에 대한 성도들의 확신이 크게 흔들리고 말았다.

무지 역사적 상황과 지리적 배경에 관한 지식이 없으면 구약성경의 많은 부분을 이해하기 어렵다. 과거에는 그런 지식을 알고 있는 성도들이 많았지만, 요즘 성도들 대부분은 성경의 역사를 잘 알지 못한다.

부적절성 어떤 사람들은 구약성경의 자세한 역사와 지리적 배경을 접하는 순간 '수천 년 전의 사건과 장소들이 내게 무슨 의미가 있을까? 신약성경은 구약성경의 관습 중 많은 것이 더 이상 필요하지 않다고 가르치고 있어. 그런데 왜 구약성경을 공부해야 하지?'라며 의아해한다.

세대주의 성경을 시대별로 구분한 세대주의적 발상은 의도하지 않게 구약성경이 교회와 성도들의 삶 속에서 차지하는 역할을 축소시키는 결과를 낳았다.

그릇된 본보기 구약성경을 그릇된 방식으로 가르치는 설교와 교육은 사람들의 눈에 잘 띌 뿐 아니라 심지어 빈축을 사기도 한다. 일부 지도자들의 그릇된 방식 때문에 모든 사람이 구약성경을 아예 외면하는 결과가 나타나는 것은 바람직하지 않다.

게으름 구약성경을 배우는 일은 신약성경을 배우는 것에 비해 지성적인 노력을 더 많이 필요로 한다. 레위기나 역대상·하, 나훔의 내용보다는 복음서의 익숙한 내용이 훨씬 덜 부담스럽게 다가오기 때문이다.

그리스도 없는 설교 아마도 구약성경에 관심이 적은 가장 큰 이유는 그곳에서 그리스도를 전하는 내용을 발견하기가 어렵기 때문일 것이다. 구약성경을 가르치는 설교는 일반적 차원에서는 '모세의 삶에서 배우는 열 가지 교훈'처럼 도덕주의로 치우칠 가능성이 높고, 학문적 차원에서는 그리스도 중심적인 구약 연구의 가능성을 경시하거나 아예 배제하는 경향이 엿보인다. 사정이 이렇다보니, 그리스도를 발견하기 위해 구약성경을 버리고 신약성경으로 돌아서는 사람들이 많은 것은 조금도 놀랄 일이 아니다.

공적 차원에 초점을 맞춘 가르침 최근 일부 설교자와 교사들이 구약성경을 통해 그리스도의 존재와 사역을 가르치려고 많은 노력을 기울였다. 그러나 그들의 노력은 만족스러운 결과로 이어지지 못할 때가 많았다. 그러한 실패의 원인은 구약성경을 가르치는 설교나 글에서는 '예수님'이라는 인격적 이름보다 '그리스도'라는 공적 칭호를 사용하는 것이 더 정확하다는 생각에 있다.

'예수'는 '하나님이 구원하신다'는 뜻이다. 이것은 성자 하나님이 2천 년 전 베들레헴에서 태어나셨을 때 그분께 주어진 인격적인 이름이었다.

그리고 '그리스도'는 '기름부음을 받은 자', 또는 '하나님이 준비시켜 보내신 자'를 의미한다. 이 말은 '메시아'라는 히브리어를 영어로 번역한 것으로 '대통령'과 같은 공적 칭호나 직위에 해당한다. 따라서 인격적인 의미가 덜하며, 주로 세상에 태어나시기 이전의 성자 하나님을 지칭할 때 사용된다.

성도들이 예수님을 좀 더 인격적으로 친밀하게 알도록 돕는 것이 나의 바람 중 하나이기 때문에 나는 이 책에서 가능한 한 '예수님'이라는 이름을 사용하기로 결정했다. 이 이름은 '그리스도'라는 공적 칭호보다 그분을 훨씬 더 친밀하게 한다. 그리고 구약성경의 '그리스도'와 신약성경의 '예수님'은 동일한 분이시다.

물론 구약성경에 나타나신 성자 하나님의 사역을 언급할 때 '예수님'이라는 이름을 사용했다고 해서 훗날 '예수'라는 이름으로 세상에 태어나신 분이 그 당시의 사역을 행하셨다는 뜻으로 오해하는 것은 곤란하다. 내 말은 단지 2천 년 전에 태어나신 분이 그 이전에 구약성경에서도 계속 사역을 행하셨다는 의미일 뿐이다.

묵혀둔 땅 파헤치기

이와 같은 현실은 참으로 강력하면서도 유감스러운 시대의 흐름이다. 그렇다면 이러한 시대의 흐름에 맞서고, 한 걸음 더 나아가 그것을 되돌릴 수 있는 방법은 무엇일까?

우리는 구약성경을 하나님의 영감으로 기록된 말씀으로 받아들임으로써 자유주의 신학에 맞서 싸워야 하고, 성경의 역사와 지리적 배경을 열심히 공부하여 과거와 현재를 유익하게 연결시키는 방법을 배워야 한다. 또한 세대주의의 약점을 극복하는 한편 올바른 설교와 교육의 본보기를 확립하여 그것을 소중히 여기고, 거기에서 교훈을 얻어 그릇된 본보기를 제거해나가야 한다. 구약성경이라는 오랫동안 갈지 않고 묵혀둔 땅을 파헤치려면 많은 시간과 노력과 땀과 눈물이 필요하다. 그리스도 없는 도덕주의가 만연하고 그리스도 없는 학문이 우리를 압박하더라도 최선을 다해 구약성경에서 그리스도를 발견하는 기쁨을 누리려고 애써야 한다. 그래야만 구약성경을 배우는 것이 유익하고 즐거울 수 있다. '그리스도'라는 칭호를 너무 많이 사용하는 데서 비롯되는 거리감을 최소화시키고, 그분의 공적 칭호보다 그분의 인격적인 이름을 즐겨 사용함으로써 예수님을 더욱 친밀하게 느끼도록 만들어야 한다.

　이런 노력은 마치 길고도 험난한 길을 다시 되돌아가야 하는 것처럼 보인다. 과연 그런 노력을 기울일 만한 가치가 있을까? 나는 그렇다고 확신한다. 나는 몇 년 전부터 이 어려운 길을 걷기 시작했다. 그리고 그 길을 걷는 동안 귀중한 교훈을 많이 얻었다. 내가 배운 교훈들을 모든 사람과 나누고 싶다. 자, 그러면 이제부터 나의 엠마오 여정을 들려주겠다.

Study Questions

1. 구약성경과 관련하여 생각나는 단어들을 적어보라. 그리고 이 책을 읽은 후 새로운 목록을 만들고 두 목록을 비교하라.

2. 구약성경에 관심을 기울이지 않게 되는 이유 중 당신에게 해당하는 것은 무엇인가? 그 외에 다른 이유는 어떤 것이 있는가?

3. 구원자에 관해 말할 때 그분의 인격적 이름인 '예수'와 공식 칭호인 '그리스도' 중 어느 것을 더 많이 사용하는가? 만일 그리스도를 더 많이 사용한다면 당신의 영적 생활이 어떤 상태라고 생각할 수 있는가? 그리고 그런 상태에서 벗어나려면 어떤 노력을 기울여야 하는가?

4. 삶과 가정과 교회에서 구약성경을 공부하는 비율을 높이려면 어떻게 해야 할까?

구약성경은
무엇에 관한 책인가?

CHAPTER 2

　나는 내 생의 처음 10년을 침례교회에서 보냈다. 부모님 모두 그곳에서 예수님을 영접하셨고 십대 초반에는 아버지를 따라 장로교회로 옮겼다. 두 교회를 다니는 동안 나에게는 '도대체 구약은 무엇에 관한 책이지?'라는 의문이 생겼다. 침례교회에서는 주일학교 때를 제외하고는 구약성경을 펼친 적이 거의 없었다. 장로교회에서는 이따금 펼쳐보았지만, 아예 펼치지 않은 것보다 혼란만 더 가중되었다.
　때문에 나는 구약성경을 도통 이해할 수 없었다. 간혹 설교 시간에 구약성경을 배울 때도 나의 삶에 유익하고 적절한 교훈을 얻기보다는 아득히 먼 곳에 있는 사람들과 장소에 관한 역사를 배우는 느낌이 들었다.
　그렇다면 구약성경은 무엇에 관한 책일까? 이스라엘에 관한 책인가? 율법에 관한 책인가? 사람과 동물의 피와 내장에 관한 책인가?

첫인상

가끔 설교자가 거의 기적에 가깝게 구약성경을 예수님과 성공적으로 연결시킬 때도 있었지만, 그것은 마치 지성적인 공중 곡예를 펼치거나 '유령 숫자 맞추기 놀이'를 하는 듯한 인상을 풍겼다.

솔직히 당시만 해도 나는 아직 회심하지 않은 상태였고 복음서에도 이렇다 할 관심이 없었다. 다른 사람들도 대부분 구약성경을 당혹스러워하는 것 같았다.

그래서 구약성경을 거론하는 것이 마치 양해를 구해야 할 일이라도 되는 것처럼 행동하거나 단순히 신약성경과 구약성경을 대조하는 것에서 그칠 때가 많았다.

그러던 중 주님은 은혜로우시게도 20대 초반에 나를 구원하셨다. 나는 전과 다른 태도로 성경을 읽기 시작했지만 그때도 나의 관심은 대부분 신약성경에 집중되었다. 구약성경에 관한 공부는 창세기 1, 2장을 중심으로 한 창조론과 진화론의 논쟁에만 국한되었다.

내가 회심하자, 어머니는 여호수아서에 관한 지식을 들려주셨다. 내가 스스로 성경을 읽도록 돕기 위해서였다.

내용은 흥미로웠지만 별다른 깨달음은 없었다. '군대를 소집해 글래스고에 있는 이방인들을 몰아내라는 말인가?'라는 생각이 들었다. '여호수아'가 '예수'를 뜻하는 히브리어 이름이었지만, 거기에도 큰 흥미를 느끼지 못했다.

나는 결국 복음서에 관심을 집중했다. 예수님이 너무도 귀하고 현실적으로 느껴졌다.

그리고 이러한 나의 성경공부는 구약성경은 무용지물이라는 확신을 더욱 부추겼다.

은근한 의문

그런데 왠지 마음이 개운하지가 않았다. '하나님은 도대체 왜 성경의 절반이 넘는 구약을 우리에게 주신 걸까?' 하는 의문이 들었다.

잠언에 호기심이 생긴 나는 그곳에서 "여호와를 경외(the fear)하는 것"(잠 9:10)이 지혜의 근본이라는 가르침을 접했다. 당시 헝가리로 선교여행을 떠나는 중이었던 나는 함께 여행하는 사람들에게 하나님을 두려워해야 하냐고 물었다. 그러자 버스에 타고 있던 사람들 모두가 마치 나를 꾸짖기라도 하듯 일제히 소리쳤다. "그럴 필요 없어요. 그것은 구약성경의 종교입니다."

나는 기가 죽은 채 적절하지 못한 구닥다리 잠언을 조용히 덮고, 요한복음이라는 안전한 책으로 되돌아갔다. 그런 상태가 수년간 계속되었다. 심지어 나는 신약성경의 몇몇 서신서에도 관심을 기울이지 않았다.

그러나 마음이 개운하지 못한 것은 여전했다. 훗날 나의 장인이 된 앵거스 스미스가 구약성경을 본문으로 그리스도 중심적인 설교를 능력 있게 전하는 모습을 본 후로는 더 그랬다. 원인과 이유는 알 수 없었지만, 그의 설교는 전에 내가 들었던 그 어떤 설교보다 훨씬 더 합리적이고 설득력 있게 다가왔다. 아니, 구약성경으로 신약성경과 똑같은 복음을 전하는 것처럼 느껴졌다.

황금열쇠

그러던 중 나는 사역자로서의 소명의식을 느끼고 한 장로교 신학교에 입학했다. 그곳에서 구약성경을 이해할 수 있는 '황금열쇠'를 발견할 수 있을 것이라 기대했다.

그러나 실망만 가득 찾아왔다. 히브리어와 구약학을 공부하느라 여념이 없었을 뿐, 황금열쇠는 눈에 띄지 않았다. 구약성경이 내가 신약성경을 통해 깨달은 그리스도 중심적인 종교와 사뭇 다른 종교를 가르치는 듯한 인상이 여전히 가시지 않았다. 어느 날 구약성경의 희생의식에 관한 강의를 들으며 "그런 본문으로 '기독교적인 설교'를 전하려면 어떻게 해야 하죠?"라고 물었지만 "그것은 학생 스스로 알아내야 하네."라는 대답만을 들어야 했다.

때때로 구약성경으로 설교를 전하려고 노력했지만, 나의 장인과 달리 마치 공중곡예나 '유령 숫자 맞추기 놀이'를 하는 듯했다. 결국 나는 나의 혼란스러움을 다른 사람들에게까지 전가시키지 않기 위해 가능한 한 구약성경에 근거한 설교를 피했다. 그러던 어느 날 교단에서 내게 히브리어와 구약성경을 가르쳐달라고 요청했다.

색다른 훈련

당시 나는 조그마한 스코틀랜드 장로교 교단에 소속되어 있었고 우리는 교단 신학교를 세워 목회자를 양성하기 원했다. 그러나 구약성경, 특히 히브리어를 가르칠 적임자를 찾기가 어려웠다. 결국 가장 최근에 신학교를 졸업했다는 이유로 나는 어쩔 수 없이 시간제 교수직을 받아들여야 할 처지가 되었다. 지금도 나이드신 경건한 목회자가 "데이비드 목사님, 목사님이 그 일을 맡아주지 않으면 신학교를 운영할 수가 없습니다."라고 말씀하셨던 기억이 생생하다.

교단 모임을 마치고 집으로 돌아왔을 때 의심과 분노와 두려움과 황망함 등 온갖 감정이 교차되었다. 히브리어와 구약성경에 대해 아는 것이 거의 없었다. 새로 임명된 다른 강사들에게 "이것 참, 내 입장이 불리하게 되었네요. 그렇죠?"라고 말했지만 그들은 고개를 끄덕이며 웃었다.

돌이켜보니, 목회자를 훈련하는 방법치고는 매우 색달랐지만 주님이 내가 그때까지 한 번도 연구한 적이 없던 구약성경을 억지로라도 연구할 수 있도록 도와주셨다는 생각이 든다. 그 계기가 없었다면 그 후에도 나는 결코 구약성경을 연구하지 않았을 것이다.

엠마오로 가는 첫걸음

나는 내가 들을 수 있는 구약학 강좌를 알아보기 위해 세계 곳곳에 있는 신학교들과 연락을 취했다. 또 '아마존'에서 조금이라도 도움이 될 것 같은 책은 무조건 구입했다. 그 결과 커다란 책 상자들이 속속 배달되기 시작했다. 목회 사역으로 바쁜 와중에 새로운 '짐'까지 떠맡게 되자 몇 년 동안 하루 18시간씩 일을 해야 했다.

그런데 놀랍게도 내가 두려워했던 주제가 즐겁게 느껴지기 시작했다. 내가 이미 경험한 혼란스런 가르침과 비슷하게 가르치는 책과 강좌들이 많았지만, 여기저기에서 오랫동안 찾으려고 애썼던 구약성경의 열쇠들을 발견할 수 있었다. 그리고 그러한 열쇠들은 전과 전혀 다른 관점으로 예수님을 바라보게 해주었다. 나의 엠마오 여정에서 첫 번째 복음의 열쇠를 발견하게 된 것이다.

Study Questions

1. 구약성경이 무엇에 관한 책이라고 생각하는가?

2. 본인의 영적 생활에서 구약성경이 어떤 역할을 하고 있는가?

3. 구약성경을 배우는 데 걸림돌이 되는 요인은 무엇이고, 또 도움을 주는 요인은 무엇인가?

4. 복음의 열쇠를 발견했는가? 특별히 도움이 되었던 설교나 책이 있는가?

예수님의 대답

CHAPTER 3

나는 오랫동안 나 자신은 물론 내 말에 귀를 기울여줄 것 같은 사람들에게 "구약성경은 무엇에 관한 책입니까?"라고 물었다. 하지만 인간 저자들을 도구로 사용하셨던 성경의 참저자이신 주님은 지금으로부터 2천 년 전에 나와 비슷한 혼란을 겪고 있던 제자들에게 이미 그 대답을 들려주셨다. 즉 구약성경이 자신에 관한 책이라고 말씀하셨다.

슬픔에 잠겨 있던 제자들은 메시아에 대한 기대가 좌절되었다며 절망감을 토로했지만 부활하신 주님은 묵묵히 그들의 말을 들으신 후 그들의 어리석은 무지와 불신앙을 이렇게 책망하셨다.

"미련하고 선지자들이 말한 모든 것을 마음에 더디 믿는 자들이여 그리스도가 이런 고난을 받고 자기의 영광에 들어가야 할 것이 아니냐"(눅 24:25-26).

예수님은 자신의 생애 및 죽음과 관련된 일들이 구약성경의 선지자들의 예언과 정확하게 일치한다고 설명하셨다. 제자들은 선지자들의 글 가운데 일부, 곧 메시아의 영광에 관한 내용만 믿었을 뿐, 그들이 예언한 모든 말씀, 특히 메시아의 고난과 죽음에 관한 말씀은 믿지 않았던 것이다.

그들의 어리석은 무지를 책망하신 후, 예수님은 최근의 사건들에 비춰 구약성경을 자세히 풀어주셨다. 그런 통찰력은 내게도 중요한 전환점이 되었다. 나는 신학자들이 "신약성경을 이용하여 구약성경을 해석하면 안 된다"고 말하는 것을 여러 차례 들었다. 어떤 구약학 교수는 자신의 강의실에서 신약성경 사용을 금하기까지 했다. 그것은 마치 깜깜한 암흑 속에서 성경을 연구하라는 말이나 다름없었다.

복음서가 열쇠다

그러나 예수님은 친히 신약성경으로 구약성경을 해석하셨고 신약성경의 사건들을 통해 구약성경을 전하셨다. 구약학 교수 그레엄 골즈워디는 이렇게 말했다. "우리는 창세기 1장에서부터 그것이 인도하는 목적지를 발견할 때까지 그 경로를 추적하지 않는다. 우리는 먼저 그리스도께 나아간다. 그분은 복음서의 빛으로 구약성경을 깨우치도록 우리를 인도하신다. 즉 복음서는 구약성경을 해석하여 그 목적과 의미를 밝힌다."[2]

예수님은 엠마오로 가는 도중에 전한 설교의 제목을 '자기 자신에 관한 일들'로 정하셨다. 그분의 본문은 매우 길었고 모세오경과 모든 선지자와 모든 성경이 포함되었다. 설교의 요지는 자신의 고난과 영광이었다(눅 24:26, 27, 44). 간단히 말해 구약성경 전체가 그분에 관한 내용, 특히 그분의 고난과 영광에 관한 내용이었다.

나는 다시 복음서를 읽기 시작했고, 예수님이 사역을 마무리할 시점에서만 그렇게 가르치신 게 아니었다는 사실을 발견했다. 예수님은 처음부터 구약성경과 자신을 대립시키지 않으셨고, 오히려 자신이 그 정점이요 완성이라는 사실을 드러내셨다(마 5:17-18). 과연 그런 것인지, 아니면 내가 방향을 잘못 튼 것인지 알기 위해 성경을 다시 읽기 시작하자 매일의 성경 읽기가 큰 설렘으로 다가왔다. 그리고 나는 곧 또 다른 복음을 발견할 수 있었다.

아브라함의 복음

"너희 조상 아브라함은 나의 때 볼 것을 즐거워하다가 보고 기뻐하였느니라"(요 8:56).

전에도 수없이 읽은 말씀이었다. 그러나 그 순간 그 말씀은 아브라함을 유신론자였던 유대인으로부터 기독교를 믿는 형제로 바꾸어놓았다. 다시 말해 그는 메시아 중심적인 믿음을 지니고 있었다.

나는 더 깊이 알고 싶었다. 아브라함은 대체 언제 예수님의 때를 보고 기뻐했을까?

예수님은 요한복음 8장에서 즉시 그 대답을 제시하지 않으셨지만, 그로부터 몇 년 뒤 사도바울을 통해 좀 더 자세히 설명해주셨다. 바울은 하나님이 아브라함에게 갈대아 우르를 떠나라고 명령하시면서 약속의 말씀을 허락하셨던 창세기 2장을 염두에 두고 "또 하나님이 이방을 믿음으로 말미암아 의로 정하실 것을 성경이 미리 알고 먼저 아브라함에게 복음을 전하되 모든 이방인이 너로 말미암아 복을 받으리라 하였느니라"(갈 3:8)라고 말했다.

아브라함의 소명과 약속은 느닷없이 이루어진 일로 이해되곤 한다. 그러나 그의 소명과 약속은 그 전부터 주어진 약속, 곧 사탄을 정복하고 세상을 복되게 하실 구원자에 관한 약속에 근거했다(창 3:15). 즉 아브라함에게 "세상을 복되게 하실 구원자가 네 후손 가운데서 나올 것이다"라는 약속이 주어졌고, 이것이 하나님께서 "먼저 아브라함에게 복음을 전하되"라고 바울이 말할 수 있었던 이유다.

창세기 12장 1-3절은 그 자체로는 온전한 복음이 아니지만 창세기 3장 15절과 결합되면 아브라함이 믿음으로 하나님의 부르심에 복종하고 그리스도의 때를 보고 즐거워할 수 있는 복음이 되기에 충분하다(히 11:8-9).

마침내 그 복된 날이 찾아오자 마리아와 사가랴는 아브라함에게 주어진 약속이 이루어진 것을 알고 기쁨을 감추지 못했다(눅 1:54, 55, 72, 73).

바울은 아브라함을 구원에 대한 믿음의 원형이자 본보기로 거듭 언급했다. 그와 우리가 믿는 복음이 서로 달랐다면 그렇게 말할 리 없었을 것이다.

그와 우리는 동일한 복음을 믿는다. 용어도 다르고, 명확성의 정도도 다르고(아브라함은 어렴풋하게 믿었고 우리는 확연히 믿는다), 믿는 방향도 다르지만(아브라함은 예수님을 바라보았고 우리는 돌아본다), 그 핵심과 본질과 초점은 같다. 그도 우리가 믿는 것처럼 여자의 후손 가운데서 사탄을 정복하고, 세상을 복되게 하며, 생명을 주는 구원자가 올 것이라는 약속을 믿었다. 결과도 같았다. "아브람이 여호와를 믿으니 여호와께서 이를 그의 의로 여기시고"(창 15:6).

그리스도에 대한 증언

그런 식으로 성경을 공부하면 할수록 나의 마음은 더욱 뜨거워졌고, 성경의 모든 곳에서 예수님을 발견하자 기쁨을 주체하기 어려웠다. 예수님은 단지 이곳저곳이 아니라 모든 곳에 계셨다.

그런데 왠지 불안해지기 시작했다. 많은 책들은 물론이고 심지어 내가 발견한 것을 나눈 몇몇 목회자들까지도 마치 나를 향해 "성경을 제멋대로 읽는 것 아닌가요? 스스로에게 너무 도취된 것 아니냐고요!"라고 말하는 것 같았다. 그러자 신약성경이라는 안전한 땅으로 되돌아가야 할 듯한 생각이 들었다.

하지만 예수님의 말씀은 그런 불안감을 말끔히 씻어주었다. 그분은 "너희가 성경에서 영생을 얻는 줄 생각하고 성경을 연구하거니와 이 성경이 곧 내게 대하여 증언하는 것이니라…… 모세를 믿었더라면 또 나를 믿었으리니 이는 그가 내게 대하여 기록하였음이라"(요 5:39, 46)라고 말씀하셨다. 그것은 "구약성경은 나에 대하여 증언하는 것이니라…… 모세는 나에 관해 썼다. 모세의 가르침을 믿는 것은 곧 나를 믿는 것이다."라는 말씀이었다. 즉 '구약성경은 무엇에 관한 책인가?'라는 질문에 대한 답은 예수님이 거듭 강조하신 "나에 관한 것이다."라는 말씀이다.

그렇다면, 예수님을 가장 잘 알고 있던 사람들은 어떻게 말했을까? 사도들은 구약성경을 무엇에 관한 책으로 생각했을까? 그들은 그 사실을 잘 알고 있었을까, 모르고 있었을까?

Study Questions

1. 신약성경의 도움을 받아 구약성경을 읽으면 어떤 유익이 있는가? 또 불리한 점은 무엇인가?

2. 다른 상황에서 궁극적인 목표나 목적지를 알았던 까닭에 나머지 모든 것을 이해하는 데 유익했던 경험이 있는가?

3. 구약성경의 본문을 읽거나 그에 관한 설교를 듣고 영적으로 마음이 뜨거워졌던 경험이 있는가?

4. 창세기에서 아브라함의 생애를 읽어보라. 그가 예수님의 때를 기쁨으로 바라볼 수 있게 도움을 주었던 사건들은 무엇인가?

5. 모세는 어느 곳에서 예수님에 관해 기록했는가?(요 5:46)

6. 사람들이 영생을 발견하기 위해 성경을 읽으면서도 영생을 발견하지 못하는 이유는 무엇인가?(요 5:41-47)

베드로의 대답

CHAPTER

4

    나는 성경을 연속해서 강해하는 설교를 별로 좋아하지 않았다. 아마도 그런 강해설교가 잘 이루어지는 것을 본 적이 거의 없었기 때문인 듯하다.

    그러나 많은 설교자가 그런 설교 방식을 채택하고 있기 때문에 나도 한번쯤 시도해야 할 것 같은 생각이 들었다.

    나는 베드로전서를 선택했다. 그 이유는 오직 하나, 곧 다른 서신서보다 그 서신서에 관한 주석을 가장 많이 소장하고 있었기 때문이었다. 더욱이 베드로전서는 길이가 매우 짧았다. 따라서 연속 강해설교가 나나 교인들을 지루하게 만들기 전에 비교적 빨리 끝낼 수 있었다.

    하나님이 내게 구약성경에 나타나신 예수님을 발견할 수 있는 또 다른 복음의 열쇠를 허락하실 계획을 세우고 계실 줄은 꿈에도 생각하지 못했다.

두어 차례 설교가 진행되고 나자 베드로전서 1장 10-12절에 이르렀다. 그리고 나는 그곳에서 베드로도 예수님과 마찬가지로 '구약성경은 예수님에 관한 책이다.'라고 생각했다는 사실을 발견했다.

선지자들의 예언

베드로는 선지자들이 예언의 말씀을 전했다고 말했다. 그 점은 크게 놀랄 일이 못 된다. 놀라운 것은 그들이 예언한 내용과 방법이었다. "그리스도의 영" 곧 성령께서 선지자들에게 임하셨다(벧전 1:11). 그리고 '구약성경의 선지자들 가운데서 이루어진 성령 사역의 가장 중요한 핵심'은 바로 장차 오실 그리스도였다.[3]

구약시대의 선지자들도 신약시대의 사도들과 마찬가지로 '구원'과 장차 '임할 은혜'를 예언했다고 증언했다. 그들은 은혜로 말미암는 구원만이 아니라 (고난당하는 메시아를 통해) 그 구원이 이루어질 것까지 예언했고 그리스도의 영은 선지자들을 통해 "그 받으실 고난과 후에 받으실 영광을 미리 증언"하셨다(벧전 1:11 참조).

나는 그런 예언들이 어디에 기록되어 있는지 궁금했다. 웨인 그루뎀 교수의 대답은 나를 또 다른 차원으로 이끌었다.

그런 예언의 사례를 찾으려고 한다면 사실 구약성경 전체를 살펴봐야 할 것이다. 왜냐하면 신약성경의 저자들은 이따금 '선지자들의 글'이라는 말로 구약성경 전체를 가리키기 때문이다. 이런 점에서 메시아의 고난에 관한 예언은 여자의 '후손'이 뱀에 의해 발꿈치를 상하게 될 것이라는 예언(창 3:15)에서 시작해 구약성경 대부분을 관통한다. 그러나 이 모든 말씀은 단지 시작에 불과하다. 왜냐하면 구약에 나타난 역사적 사건들, 곧 아브라함, 이삭, 야곱, 요셉, 모세, 여호수아, 다윗, 솔로몬, 요나를 비롯해 이스라엘 민족 전체를 통해 '시연(施演)된 예언들'은 포함되어 있지 않기 때문이다. 하나님은 그런 사건들을 통해 '솔로몬보다 더 큰 이', 곧 가장 위대한 다윗의 후손을 통해 온전히 이루어질 삶의 유형을 미리 보여주셨다.[4]

나는 다시 학자들의 소리에 귀를 기울이기 시작했다. 그들은 내게 "그래요. 다윗이든 뭐든 다 좋습니다. 우리는 구약성경을 펼쳐 선지자들이 예언한 것을 읽어볼 수 있어요. 그러나 그들은 자기들이 하는 예언이 무슨 의미인지 알지 못했습니다."라고 경고하는 듯했다.

그렇다면 베드로는 그런 말에 어떻게 대답했을까?

선지자들의 탐구

베드로는 선지자들이 자신들의 예언을 상고했다고 말했다. 그들도 예언의 의미를 항상 즉각적으로 온전히 깨닫지는 못했기 때문에 스스로 예언한 구원을 신중하게 연구하고 부지런히 살폈다(벧전 1:10 참조). 구체적으로 말해 그들은 자기 속에 계신 그리스도의 영이 그 받으실 고난과 후에 받으실 영광을 미리 증언하여 누구를, 혹은 어떠한 때를 지시하시는지 상고했다(벧전 1:11 참조). 또한 그들은 자신의 예언과 그 전의 예언들을 부지런히 연구하고 살폈다. 그런 그들의 노력은 아무 목적 없이 무분별하게 이루어지지 않았고 그리스도를 중심으로 했다.

신약성경 주석학자 램지 마이클스는 이렇게 말했다. "선지자들의 사역은 오래전에 이루어졌지만, 베드로는 그들이 불특정한 메시아적 인물이 아니라 구체적으로 예수 그리스도를 가리켰다고 설명했다. 베드로에게 '그리스도'는 칭호가 아닌 이름이었다. 그는 마치 선지자들이 똑같은 방식으로 문제를 이해한 것처럼 말했다."[5]

베드로전서 본문을 연구하다보니 일부 번역 성경이 마치 선지자들이 자신들이 예언한 인물이나 때를 모르고 있었던 것처럼 1장 11절을 잘못 번역한 것이 눈에 띄었다. 본문의 전후 문맥을 살펴보면 그들이 예언된 인물에 관해 많은 것을 알고 있었다는 사실이 분명하게 드러나고 있는데도 왜 그런 식으로 번역했는지 도무지 이해가 되지 않았다. 선지자들의 탐구는 예언이 성취될 정확한 때와 구체적인 상황에 초점을 맞추었다. 구약학자 월터 카이저는 베드로전서 본문을 토대로 선지자들이 다음의 사실들을 알고 있었다고 말했다.

1. 장차 예수님이 오실 것이다.
2. 예수님이 고난을 당하실 것이다.
3. 예수님이 왕으로서 영광을 얻으실 것이다.
4. 사건의 순서는 고난이 먼저 있고, 그다음 영광이 뒤따를 것이다.
5. 이 메시지는 현재는 물론 앞으로의 세대를 위해 계시되었다.[6]

이 몇 구절 안에 모든 것이 다 들어 있었다. 그러나 나는 그 점을 너무나도 오랫동안 간과했다. 선지자들은 예수님에 관해 온전하고 포괄적인 지식을 갖추지 못했지만 '그분이 누구냐?'는 질문에 충분한 대답을 알고 있었다. 그들의 주된 관심은 다만 그 일이 이루어질 때와 방법이었다.

선지자들의 인내

"이 섬긴 바가 자기를 위한 것이 아니요 너희를 위한 것임이 계시로 알게 되었으니 이것은 하늘로부터 보내신 성령을 힘입어 복음을 전하는 자들로 이제 너희에게 알린 것이요"(벧전 1:12)라는 말씀에서 알 수 있는 것처럼, 베드로는 선지자들이 자신들의 예언을 미래의 세대가 훨씬 더 잘 이해하게 될 것을 알고 있었다고 말했다.

즉 선지자들은 자신들이 고대하던 구원자에 관해 차츰 더 깊이 알게 되었지만, 예언의 진정한 뜻은 그 일이 실제로 이루어질 때에 비로소 온전하게 이해될 것이라고 직감했다.

구약학 교수 시드니 그레이다누스는 이렇게 말했다.

그리스도의 구원의 능력과 은혜가 그분이 태어나시기 오래전 구약성경에 이미 계시되었다. 그와 동시에 구약시대의 성도들은 그리스도의 강림이 이루어져 '훨씬 더 많은 빛' 받게 될 때를 고대했다. 그러는 사이 하나님은 장차 오실 메시아에 관한 약속을 주셨고, 그분을 예표하는 인물들을 일으켜 세우셨다.[7]

처음에는 이런 말을 구약성경은 예수님의 인격과 사역에 관한 일반적인 특성만을 언급하고, 그 자세한 내용은 신약성경에서 모두 성취되었다는 의미로 이해했다.

그러나 구약성경을 읽고 또 읽는 동안, 신약성경이 좀 더 자세한 부분도 있고, 구약성경이 좀 더 자세한 부분도 있다는 사실을 발견했다.

예를 들어 신약성경은 주 예수님이 고난을 당하시는 동안에 느끼셨던 감정과 고뇌를 시편 22편과 69편만큼 상세하게 언급하지 않는다.

그러한 내용은 이사야서 53장에도 상당히 자세하게 기록되어 있다.

베드로의 말은 선지자들이 자세한 내용을 알지 못했다는 뜻이 아니라 온전한 이해에 도달하지 못했다는 뜻이다.

또한 그들이 온전한 이해에 도달하지 못한 이유는 영성이나 경건함이 부족했기 때문이 아니다.

그들이 예언한 사건들 중에는 실제로 이루어질 때까지 그 의미를 알 수 없는 것이 많았다.

심지어 그리스도의 제자들도 그분이 부활하실 때까지 그분의 인격과 사역을 온전히 이해하지 못했다.

베드로는 구약성경의 선지자들과 신약성경의 사도들을 하나로 연결시켰다.

선지자들이 예언하고, 연구하고, 부분적으로 이해했던 것은 "하늘로부터 보내신 성령을 힘입어 복음을 전하는 자들로 이제 너희에게 알린 것"(벧전 1:12)과 똑같았다.

그리고 선지자들은 사도들이 '알린 것'과 똑같은 것을 예언했다. 구약성경의 예언과 신약성경의 복음이 내용상 온전히 일치했다.

진리를 감싸고 있던 외관 외에 또 다른 중요한 차이점이 있다면, 오순절 이후 신약성경의 복음에 "하늘로부터 보내신 성령"이라는 더 큰 증거가 뒤따른 것이다.

성령께서는 사도들의 설교에 더 큰 능력을 부여하셨고, 청중이 복음을 더 잘 이해하도록 도우셨다(눅 24:49, 행 1:8, 2:33).

구약성경이 그리스도에 관한 증언이라고 말씀하신 것은 예수님만이 아니다. 그분을 가장 잘 알고 있던 사람 중 하나였던 베드로도 그 말씀에 십분 동의했다.

나는 '좋아. 그렇다면 예수님을 잘 알았던 다른 사람들도 구약성경이 증언하는 그분에 관해 어떻게 말했는지 살펴보자. 베드로는 종종 너무 나서다가 실수를 저지른 적이 많았으니 이 경우에도 그런 것은 아닌지 확인해봐야겠어.'라는 생각이 들었다. 그래서 다시 진지한 탐구에 돌입했고 서서히 의심의 안개가 걷히기 시작했다.

Study Questions

1. 성령께서 구약시대의 선지자들 안에 거하셨다는 증거를 어디에서 찾을 수 있는가?

2. 구약의 선지자들이 예수님의 고난과 영광을 예언한 대목을 찾아보라.

3. 구약성경의 인물들을 통해 '시연된 예언'이라는 웨인 그루뎀의 개념에 관해 논의하거나 생각해보라.

4. 선지자들은 자신들이 말하거나 기록한 것을 얼마나 알고 있었다고 생각하는가? 또 선지자들은 무엇에 의지해 자신이 말하고 기록한 것을 이해했는가?(벧전 1:11)

5. 지금까지 살아오면서 학습이 아닌 경험을 통해 무언가를 이해했던 적이 있는가?

6. 시편 22편 중 십자가에 달린 예수님에 관한 복음서에서 발견할 수 없는 내용은 무엇인가?

7. 구약의 선지자들과 신약의 사도들 사이의 유사점은 무엇인가?

바울의 대답

CHAPTER

5

　당시 예수님을 제외하고 "히브리인 중의 히브리인"(빌 3:5)으로 자처한 바울보다 구약성경을 더 잘 알고 있는 사람이 있었을까? 나는 없었을 거라 생각한다.

　그렇다면 바울은 구약성경을 무엇에 관한 책이라고 생각했을까?

　바울은 여러 곳에서 구약성경이 예수님과 구원을 증언하고 있다는 데 동의했다.

　그러나 그가 구약성경이 율법과 정죄에 관한 책이라고 말하는 듯한 대목이 먼저 눈에 띄었다. 순간 '이런! 누가 옳은 걸까? 예수님과 베드로일까, 아니면 바울일까? 구약성경을 둘러싼 교회의 혼란이 당연한 것일지도 모르겠구나.'라는 생각이 들었다.

　사도들의 생각이 서로 일치하지 않는다면 무슨 희망이 있겠는가?

바울 같은 사람이 스스로 일관되지 못하다면 우리 같은 평범한 성도들은 온통 혼란에 휩싸일 수밖에 없다.

실망한 나는 잠시 탐구를 중단했다. 갈라디아서 3-4장과 고린도후서 3장은 너무나도 위압적이었다. 그런 말씀들은 간단히 무시할 수도 없었고, 그때까지 내가 발견했다고 생각한 것들과 쉽게 조화시키기도 어려웠다. 어쩌면 내가 한 가지 큰 실수, 아니 여러 가지 큰 실수를 저지르고 있는지도 몰랐다.

그러나 성경은 서로 모순되지 않는다. 성령의 영감을 받은 사도는 스스로를 모순에 빠뜨릴 수 없다.

나는 결국 두려움을 느끼며 그런 위압적인 구절들을 살펴보기 시작했다. 구약성경을 그리스도 중심적으로 연구하는 방법이 단지 신기루에 불과했다는 것을 확인하고픈 생각은 추호도 없었다.

그러나 그런 본문이 제시하는 어려움을 정직한 태도로 대하지 않으면, 구약성경에 근거해 예수님을 자신 있게 전하거나 가르칠 수 없다는 생각이 들었다.

나는 갈라디아서 3장을 펼쳐놓고 깨달음을 구했다.

구약성경의 왜곡

바울은 갈라디아서 3-4장 일부에서 구약성경, 특히 구약의 율법을 매우 부정적인 시각으로 바라보는 듯한 인상을 풍긴다.

그러나 좀 더 집중해서 읽어보니 그가 올바로 이해된 구약성경과 유대교의 율법주의자들이 왜곡시킨 구약성경을 구분하고 있다는 생각이 들기 시작했다.

겉으로 드러난 모순을 해결해줄 복음의 열쇠가 또 다시 내게 주어졌다. 바울은 하나님이 허락하신 구약성경에 부정적인 태도를 취하지 않았다. 그가 우려한 것은 사람에 의해 왜곡된 구약성경이었다. 그런 차이를 누구보다 잘 알고 있던 사람은 은혜를 박해하던 사울에서 은혜의 사도인 바울로 바뀐 자기 자신이었다.

잠시 갈라디아서 3-4장의 배경을 설명하겠다. 갈라디아의 성도들은 사도바울이 전한 그리스도 중심적인 설교를 통해 십계명을 지키고 의식법에 복종함으로써 천국에 가려고 노력했던 속박에서 벗어났다. 그리고 바울은 죄인을 대신해 도덕법에 복종하셨던 예수님, 곧 죄인들이 거역한 율법의 형벌을 대신 담당하시고, 그 모든 율법을 이루심으로써 의식법을 폐지하신 예수님을 전했다.

덕분에 많은 갈라디아 사람들이 그가 전한 예수님을 믿었다. 속박의 멍에가 부러졌고, 감옥의 문이 활짝 열렸으며, 쇠사슬이 벗겨졌다. 그들은 새로운 자유의 세계에 들어섰다. 그런 자유를 포기할 사람이 누가 있겠는가?

멍에, 족쇄, 자물쇠, 쇠사슬

갈라디아 성도들이 그랬다. 그들은 유대교의 회당에서 온 거짓 교사들이 예수님을 믿는 믿음만으로는 부족하다고 가르치도록 허용했다. 거짓 교사들은 할례를 받고, 의식법을 준수해야 한다고 역설했다.

그러자 갈라디아 성도들은 예수님께 등을 돌리고, 다시 자신들의 목에 무거운 멍에를 올려놓았다. 그리고 자신들의 발을 족쇄로 채우고 쇠사슬로 묶었다.

바울은 "내게 말하라 율법 아래에 있고자 하는 자들아 율법을 듣지 못하였느냐"(갈 4:21)라고 말했다. 이 말은 곧 "모세의 율법을 지켜 구원을 받으려고 애쓰는 자가 누구인지 내게 말하라. 모세가 다른 곳에서 말한 것을 읽지 못했느냐?"라는 의미를 담고 있다.

그런 다음 그는 창세기 15-17장을 통해 죄인이 스스로 공로를 세워 구원을 받는 것이 하나님의 계획이 아니라는 것을 일깨워주었다. 즉 그는 아브라함의 두 아들을 대조시켜 두 가지 구원의 길을 보여주었다. "기록된 바 아브라함에게 두 아들이 있으니 하나는 여종에게서, 하나는 자유 있는 여자에게서 났다 하였으며"(갈 4:22).

여기서 언급한 첫째 아들의 어머니는 노예였던 하갈이다. 그녀의 아들 이스마엘은 "육체(어리석은 인간의 생각과 부패한 인간의 노력)를 따라 났다." 반면 둘째 아들의 어머니는 아브라함의 아내인 사라였고 그녀의 아들 이삭은 하나님이 허락하신 약속의 결과였다(갈 4:22-23).

바울은 이 두 아들을 "비유"(갈 4:24), 곧 하나님과 관계를 맺는 두 가지 방법을 나타내는 산 증거로 일컬었다.

- 이스마엘의 탄생은 인간의 생각과 인간의 노력을 통해 하나님과 관계 맺는 것을 비유한다. 그리고 이스마엘은 하나님의 약속과는 무관한 인위적인 노력, 곧 무기력한 하나님을 인간이 도와야 한다는 신념을 상징한다.

- 이삭의 탄생은 오직 하나님의 약속만을 믿는 믿음으로 그분과 관계 맺는 것을 비유한다. 그리고 이삭은 인간은 무력하기 때문에 하나님의 도우심을 구해야 한다는 신념을 상징한다.

그런 다음 바울은 비유의 각도를 약간 달리했다. 그의 비유는 한 가정의 침실에서 한적히 떨어져 있는 사막의 산으로 그 배경을 바꾸었다. 그는 이스마엘의 방식으로 하나님과 관계를 맺으려는 시도가 시내산(흥미롭게도 아랍 사람들은 이 산을 "아갈"이라 일컫는다)의 언약과 비슷하다고 말했다(갈 4:24).

언뜻 생각하면, 마치 바울이 하나님이 시내산에서 이스라엘 백성과 언약을 맺으실 때 육신적인 방법, 곧 하갈의 방법으로 자신과 관계를 맺도록 요구하셨다고 말하는 것처럼 들린다.

만일 이스라엘 백성이 가장 훌륭한 인간의 생각과 가장 훌륭한 인간의 노력을 기울여야 할 필요가 있었다면, 또 그것이 바울이 의도하는 것이었다면, 그가 시내산의 언약을 "종"으로 묘사한 것은 매우 적절했을 것이다(갈 4:24).

그러나 바울은 시내산 언약을 율법적인 속박으로 묘사하지 않았다. 그는 동시대 유대인들 대다수가 본래 은혜로웠던 시내산 언약을 잘못 이해해 그것을 행위의 언약으로 바꿔 스스로를 속박시켰다는 사실을 간파했다.

신학적인 폭탄선언

혹시 잊을까 하여 말해두지만, 나는 방금 일종의 신학적인 폭탄선언을 했다. 즉 나는 하나님이 시내산에서 이스라엘과 언약을 맺으시면서 은혜를 의도하셨고, 또 은혜를 계시하셨다고 말했다.

이 말은 폭탄선언처럼 들리지만, 사실은 또 다른 복음의 열쇠다. 확신하건대 이것이야말로 구약성경에 나타나신 예수님을 발견할 수 있는 가장 중요한 열쇠다.

나는 이 점을 가능한 한 분명하고 뚜렷하게 말하고 싶다. 시내산 언약이 구약성경에서 차지하는 위치와 역할은 그야말로 막대하다.

따라서 시내산 언약이 율법적인 언약, 곧 "이것을 행하라. 그러면 살 것이다."라는 언약이라면 구약성경에서 예수님과 그분의 구원을 발견할 수 있다는 희망을 포기해야 한다. 또한 앞서 예수님과 베드로로부터 얻은 복음의 열쇠를 모두 내던져야 한다.

그러나 시내산 언약이 은혜의 언약, 곧 "믿으라. 그러면 구원을 받을 것이다."라는 언약이라면 구약성경의 모든 곳에서 예수님을 발견할 수 있는 열쇠를 얻게 되는 셈이다. 참으로 생사가 걸린 문제가 아닐 수 없다. 이보다 더 중요한 문제는 없다.

마치 물살을 거슬러 헤엄치듯 현대 기독교의 절대 다수가 모세와 시내산 언약에 관해 알고 있는 것과 그동안 내가 듣고 자란 모든 것을 거스르는 발견이었지만, 시내산 언약이 예수님과 그분의 은혜로운 구원에 관한 계시라는 확신은 시간이 갈수록 더욱 공고해졌다. 내가 그런 확신을 갖게 된 이유는 네 가지다.

네 가지 확실한 논증

첫째, 시내산 언약은 은혜를 나타낸다. 출애굽기 20장의 도덕법에 앞서 유월절 어린양의 은혜가 있었고, 언약을 비준하는 희생의식이 뒤따랐으며, 의식법을 통해 짐승을 제물로 바칠 것과 그것을 기쁘게 받아주시겠다는 은혜로운 율법이 주어졌다(출 12:24, 25). 하나님은 다양한 상징을 통해 고난당하는 구원자에 관한 메시지를 전하시고, 그 메시지로 복종을 요구하는 율법의 앞뒤를 감싸셨다.

둘째, 시내산 언약은 은혜를 배경으로 한다. 출애굽기 19장 4-5절은 하나님께서 이스라엘 백성을 애굽에서 구원하시면서 행하신 모든 일을 "그러므로 복종하라"는 명령의 근거로 삼았다. "내가 애굽 사람에게 어떻게 행하였음과 내가 어떻게 독수리 날개로 너희를 업어 내게로 인도하였음을 너희가 보았느니라…… 너희가 내 말을 잘 듣고 내 언약을 지키면 너희는 모든 민족 중에서 내 소유가 되겠고"

이스라엘은 구원을 통해 하나님과 관계를 맺었다. 그들은 그것을 감사함으로 받아들여야 했다. 즉 하나님의 율법은 "복종하라. 그러면 큰 구원을 받아 나와 관계를 맺게 될 것이다."가 아니라 "너희는 구원을 받아 나와 관계를 맺게 되었으니, 이제 우리의 관계를 행복하고 건전하게 유지하고, 또 감사의 마음을 잘 표현하는 데 도움이 될 계명을 몇 가지 허락하노라."라는 의미를 지닌다.

그러나 하나님은 마치 그것만으로는 충분하지 않으신 듯 출애굽기 20장에서 도덕법을 요구하시기 전에 다시 그 점을 강조하셨다. 곧 해야 할 일과 하지 말아야 할 일을 명령하시기 전에 "나는 너를 애굽 땅, 종 되었던 집에서 인도하여 낸(구원) 네 하나님(관계) 여호와니라"라고 말씀하셨다(출 20:2-26). 구원과 관계에 감사하는 마음을 표현하도록 도와줄 계명에 앞서 나타나는 것을 다시금 확인할 수 있다.

성공회 목회자이자 구약학자 크리스토퍼 라이트는 이 점을 이렇게 설명했다.

> 율법은 하나님이 이미 구원을 베푸신 사람들에게 주어졌다. ……은혜가 율법에 선행한다. 즉 시내산과 십계명이 언급되기 전에 구원의 역사에

열여덟 장이 할애되었다. ……내가 이 점을 강조하는 이유는 구약은 율법에 복종함으로써 구원받는다고 가르치고, 신약은 은혜로 구원받는다고 가르친다는 생각이 성경을 심각하게 왜곡하기 때문이다.[8]

셋째, 시내산 언약은 은혜의 필요성을 보여준다. 바울은 갈라디아서 3장에서 율법이 은혜의 약속을 폐하거나 취소하기 위해 주어진 것이 아니라고 강조했다(갈 3:17, 19, 21). 그리고 그는 아브라함의 복음이 예수님을 믿는 믿음으로 말미암아 은혜로 구원받는 복음이라고 역설했다(갈 3:6-9). 또한 그는 모세의 복음도 예수님을 믿는 믿음으로 말미암아 은혜로 구원받는 복음이라고 말했다.

"내가 이것을 말하노니 하나님께서 미리 정하신 언약을 사백삼십 년 후에 생긴 율법이 폐기하지 못하고 그 약속을 헛되게 하지 못하리라"(갈 3:17).

바울은 인간의 평범한 경험을 들어 그 점을 입증해보였다. 심지어 사람의 언약도 정해진 후에는 아무도 폐하거나 변경할 수 없다고 말했다(갈 3:15).

그의 말에 함축된 의미는 분명하다. 그 말은 "시내산 언약이 무엇이든 아브라함에게 주어진 은혜로운 구원의 약속을 폐하거나 변경시킬 수 없다"는 뜻이었다. 또한 그는 "그러면 율법이 하나님의 약속들과 반대되는 것이냐 결코 그럴 수 없느니라"(갈 3:21)라고 말했다.

이처럼 율법이 아브라함에게 주어진 은혜의 약속을 폐하거나 변경하거나 반대하지 않는다면, 과연 그 목적은 무엇일까?

조금 전에 말한 대로 율법은 은혜를 상징하고 은혜를 배경으로 할 뿐 아니라 은혜의 필요성을 보여준다.

바울은 "그런즉 율법은 무엇이냐 범법하므로 더하여진 것이라 천사들을 통하여 한 중보자의 손으로 베푸신 것인데 약속하신 자손이 오시기까지 있을 것이라"(갈 3:19)라고 말했다.

율법, 특히 도덕법의 목적은 우리에게 은혜의 약속이 절실히 필요하다는 것을 일깨워주는 것이다.

율법은 마치 초등교사처럼 우리를 "약속하신 자손"에게 인도해 "믿음으로 말미암아 의롭다 함을 얻게" 한다(갈 3:24). 바로 할례의 율법이 아브라함에게 그런 역할을 했다.

그러나 예수님이 오셨고, 믿음이 온 후로는 더 이상 의식법이나 할례가 필요하지 않게 되었다(갈 3:25-26).

넷째, 시내산 언약은 은혜에 어떻게 반응해야 하는지를 보여준다. 이스라엘 백성을 구원하여 은혜로운 관계를 맺으신 하나님의 구원사역을 묘사한 뒤(출 19:4, 20:1-2) "그러므로 복종하라"는 명령이 주어졌다(출 19:5, 20:3-4). 즉 하나님은 그들을 구원해 자기와 관계를 맺게 하신 후 감사의 마음을 표현하고 서로의 관계를 행복하고 건전하게 유지하도록 도와줄 계명들을 허락하셨다.

하나님이 그런 식으로 자기 백성을 인도하신 것은 참으로 은혜롭기 그지없다.

하나님은 계명들을 허락하신 것만으로는 부족하다고 생각하신 듯, 자신의 은혜를 복종으로 받아들이면 상급을 주시겠다고 약속하셨다.

구약성경에서 복종의 동기를 부여하는 말씀들을 읽고 "맞아. 율법은 모두 행위와 보상에 관한 것이야."라고 말하는 사람들이 많다. 그러나 그들은 구원과 관계가 계명이나 보상보다 먼저 이루어졌다는 사실을 간과한다.

크리스토퍼 라이트는 "복종은 구원받은 것에 대한 올바른 반응이다. 그것은 노력해서 구원의 열매를 얻는 것이 아닌, 그것을 누리는 길이다."라고 말했다.[9]

옳게 말하면, 시내산 언약은 은혜의 계시였다. 아브라함의 복음이 모세의 복음이었고, 그 둘은 모두 예수님의 복음이었다.

예수님은 비유를 들어 영화롭게 된 아브라함이 하늘에서 죄인들에게 모세와 선지자들에게 구원의 길을 배우라고 가르친다 말씀하셨다(눅 16:29-31). 그리고 히브리서 11장은 모세가 믿음으로 행했다는 표현을 네 차례나 사용했다(히 11:24, 27-29). 더욱이 그는 그리스도를 믿는 구원에 관한 올바른 신앙을 지녔다(히 11:26).

과연 은혜로 구원받은 모세가 율법의 체계를 확립해 장차 오실 구원자를 통해 은혜로 구원받는 길에서 의식법과 행위의 공로로 구원받는 길로 죄인들을 돌려놓으려 했을까? 절대 그럴 리 없다.

바울이 비판한 것은 하나님이 본래 의도하신 율법이 아니라 유대인들이 왜곡하고 남용한 율법이다.

바울이 갈라디아서를 쓸 당시, 예루살렘을 지배했던 종교는 율법을 왜곡시켜 사람들을 속박했다(갈 4:25). 때문에 바울은 갈라디아 성도들에게 율법과 은혜, 곧 인간의 노력과 하나님의 약속을 혼합시키려는 시도를 중단하라고 말했다. 그는 그런 노력이나 시도를 모두 버리고 위에 있는 예루살렘의 종교, 곧 은혜의 약속을 믿는 믿음의 종교를 통해 자유와 기쁨을 누리라고 권고했다(갈 4:30-31).

신기루가 아니다. 바울도 예수님과 베드로처럼 구약을 그리스도 중심적으로 이해했다. 그러나 바울의 서신서에 언급된 또 다른 내용이 여전히 나를 고민하게 만들었다.

그림자의 실체

바울은 고린도후서 3장 6-18절에서 또 다시 구약과 신약의 관계를 논했다. 언뜻 보면 그가 그 둘을 서로 반대되는 것으로 다루는 것 같다. 즉 그는 "율법 조문은 죽이는 것…… 돌에 써서 새긴 죽게 하는 율법 조문…… 정죄의 직분"(고후 3:6-7, 9)과 같은 표현으로 구약을 묘사했다. 그러나 신약을 묘사할 때는 사뭇 대조적이었다. 신약에서는 "영은 살리는 것…… 영의 직분…… 의의 직분"(고후 3:6, 8-9)과 같은 표현이 사용되었다.

이런 대조적인 표현을 접하고, 나는 두 가지 질문을 떠올렸다.

첫 번째, 바울이 묘사하는 것이 구약성경 전체일까, 아니면 일부일까?

나는 "돌에 써서 새긴 죽게 하는 율법"이라는 표현에 근거해 바울이 구약성경 전체나 모세의 율법 전체가 아닌 도덕법, 즉 십계명을 언급하고 있다고 결론지었다. 성경은 십계명이 "돌에 새겨졌다"고 분명하게 말씀했기 때문이다.

두 번째, 바울은 십계명이 죽이고 정죄하는 것이라고 말했다. 그것은 하나님이 의도하신 것일까, 아니면 갈라디아 성도들의 경우처럼 오해와 남용에서 비롯된 결과일까?

이미 살펴본 대로 시내산 언약은 은혜의 계시였고 바울의 가르침은 분명했다.

그는 십계명을 은혜의 계시와 따로 분리해 예수님을 믿는 믿음이나 성령의 사역 없이 오로지 그것만을 지키려고 애쓰는 순간, 우리를 죽이고 정죄하는 율법 조문으로 전락한다고 가르쳤다. 마찬가지로 아우구스티누스도 "은혜의 성령이 계시지 않으면 율법은 오로지 우리를 정죄하고 죽일 뿐이다."라고 말했다.[10]

그러나 바울은 유대인들이 옛날의 시내산 언약을 왜곡시켰다는 사실을 지적하는 데만 관심을 기울이지 않았다. 그는 옛 언약을 옳게 이해하더라도 그것이 새 언약과 비교할 때 본질상 열등하고 일시적인 특성을 지닌다는 것을 깨우쳐주려 했다. 모세의 얼굴에 나타난 영광의 빛이 점차 사라졌다는 사실은 시내산의 옛 언약이 하나님의 마지막 언약이 아니라는 사실을 보여준다. 그리고 바울은 그 영광의 일시적인 특성이 모세 율법의 본질이라고 지적했다. 다시 말해 옛 언약은 일시적이고 한시적인 것이었다. 명확성과 영속성에서 그보다 훨씬 더 월등한 체계로 대체되어 사라질 예정이었다(고후 3:7, 11-12).

옛 언약의 예언적 내용을 통해 은혜가 영광스럽게 드러났지만 그 안에 예언되고 묘사된 구원자가 아니라 율법 조항과 희생과 의식에 집착하는 사람들이 많았다. 그들은 알맹이는 버리고 껍데기만 취했다. 가시적이고 물리적인 것에 초점을 맞추는 순간, 그 안에서 예수님이 사라져 보이지 않게 되었다.

그와 대조적으로 새 언약은 "담대히 말한다"(고후 3:12). 율법은 똑같은 은혜의 메시지였다. 그러나 그 수건이 "그리스도 안에서 벗겨져 없어져야 했다"(고후 3:14). 따라서 예수님이 의식과 상징과 그림자의 실체로 드러나시자 상대적으로 흐릿하고 잠정적인 수단은 더 이상 필요하지 않게 되었다.

프린스턴대학교 학장을 지낸 찰스 하지는 이 구절을 주석하면서 이 점을 간단명료하게 설명했다.

> 구약성경은 그리스도를 예언하고 예시하는 것으로 이해할 때 비로소 명료해진다. 그리스도에 관한 지식은 구약성경의 수건을 제거한다. 예수 그리스도를 주님이요 여호와로 인식하는 것이 구약성경을 여는 열쇠다. 이

것이 구약성경의 모든 신비를 드러낸다. 사도바울의 표현을 빌려 말하면, 유대인들에게 그들이 소유했던 성경의 참된 의미를 가리었던 수건이 이로써 제거된다. 그들이 주님께로 돌이키는 순간, 곧 예수 그리스도를 자신들의 여호와로 인식하는 순간, 모든 것이 분명하고 명확해진다.[11]

히브리인 중의 히브리인인 바울은 기독교가 유대교를 버리는 것이 아니라 참된 유대교를 포용하는 것으로 이해했다. 다시 말해 그는 구약의 종교를 버리지 않고 그것을 옳게 이해했다. 그런 점에서 그는 히브리인 중의 히브리인이자 기독교인 중의 기독교인이었다.

Study Questions

1. 구약시대의 사람들은 어떻게 구원받았는가?

2. 로마서 1-11장을 읽고, 바울이 구약의 종교와 신약의 종교를 동일한 것으로 간주했다는 것을 입증하는 부분을 찾아보라.

3. 이번 장에서 깨달은 관점으로 갈라디아서 3-4장을 다시 읽어보라. 무엇이 달라졌는가?

4. 예수님의 은혜로 해방되기 전에 어떤 속박에 매여 있었는지 생각해보라. 갈라디아 성도들을 비롯해 많은 성도들이 예수님이 주시는 자유 안에서 안식하기를 어려워하는 이유가 무엇이라고 생각하는가?

5. 출애굽기 19장 1-6절에 따르면 하나님의 구원은 해방, 관계, 계명의 순서를 따른다. 이 순서가 중요한 이유는 무엇인가? 그런 구원의 유형이 더 나은 신앙생활을 하는 데 어떤 도움을 준다고 생각하는가?

6. 예수님의 복음과 모세의 복음은 어떤 점에서 같은가?

7. 이번 장을 참고하여 구약의 구원 방법을 어떻게 설명할 수 있는가?

요한의 대답

CHAPTER

예수님, 베드로, 바울 모두 구약성경이 그리스도와 그분의 구원에 관한 책이라는 데 동의했다. 그러나 아직도 해결되지 않는 성경구절이 있다. 이것은 매우 난해한 구절이다. 왜냐하면 그리스도가 사랑하셨던 제자, 사도요한이 기록한 말씀이기 때문이다.

그는 구약성경을 그리스도 중심적으로 이해하는 것을 지지했지만(요 5:39, 46, 8:56), "율법은 모세로 말미암아 주어진 것이요 은혜와 진리는 예수 그리스도로 말미암아 온 것이라"(요 1:17)와 같은 말씀은 그런 구절들과 정면으로 충돌하는 것처럼 보인다.

"그러면 그렇지. 지금까지 말한 것은 모두 쓰레기통에 버려야 해. 모세는 율법이고 예수님은 은혜였어. 이보다 더 명확한 말씀이 어디 있어!"라고 말할지 모르겠다. 그러나 잠깐 기다려주기 바란다. 이 말씀이 구약과 신약의 관계를 가르치는 것임을 이해시키는 한 가지 일화를 들려주겠다.

은혜의 새로운 경영

사무용품을 만드는 '오피스 어드미니스트레이션'이라는 회사는 몇 년 전만 해도 양질의 종이, 봉투, 펜을 여러 회사에 판매해 많은 수익을 올렸다. 그러나 개인용 컴퓨터와 이메일의 등장으로 사무용품에 관한 수요가 줄어들기 시작했다. 그럼에도 불구하고 새로운 기술에 문외한이었던 회사 경영진은 오랫동안 많은 수익을 창출했던 종이와 봉투, 펜을 만드는 일에만 계속 매달렸다. 판매량이 급속히 줄어들었다. 창고에는 재고품이 가득 쌓였고, 주문 장부는 하얀 백지로 남았다.

그러던 중 한동안 회사의 제품을 바꾸려고 노력해온 상무이사의 아들이 회사를 인수하겠다고 나섰다. 거래가 체결되었고 그는 회사 창고에서 옛 제품들을 모두 없앤 후, 그곳을 개인용 컴퓨터와 프린터, 업무용 소프트웨어로 채웠다. 많은 신뢰를 쌓아온 '오피스 어드미니스트레이션'이라는 회사 이름은 그대로 두었지만, 회사 간판과 회사용 편지봉투에는 '새로운 경영진'이라는 글귀를 덧붙였다. 회사는 다시 번창하기 시작했다. 회사 이름과 사업은 전과 똑같았지만 제품의 종류는 사무가 이루어지는 새로운 방식과 새 시대의 흐름에 맞게 조정되었다.

성경 전체는 '은혜의 경영 체제'라 일컬을 수 있다. 신약성경은 예수님이 오셔서 은혜가 운영되는 방식을 바꾸셨다고 이야기한다. 사실 구약성경은 예수님의 은혜를 당시의 상황과 사람들에게 맞게 예언과 상징과 예표를 통해 운영했다. 당시에는 그것이 참으로 영광스러웠다. 그러나 이제는 그와 동일한 은혜가 오직 예수님을 통해 직접적으로 운영된다. '은혜의 경영 체제'가 '새로운 경영진'을 통해 이루어지는 셈이다. 이 경영 체제는 전보다 훨씬 더 영광스럽다. 왜냐하면 "없어질 것도 영광으로 말미암았은즉 길이 있을 것은 더욱 영광 가운데 있기"(고후 3:11) 때문이다.

한마디로 신약은 새로운 사업이 아니라 은혜를 새롭게 경영하는 방식에 해당한다. 이를테면 '새로운 경영진'에 의해 '은혜의 새로운 경영'이 이루어지는 셈이다. 구약은 율법과 행위의 경영 체제이고, 신약은 은혜의 경영 제체인 것이 아니다. 즉 구약과 신약은 율법과 은혜라는 절대적인 대립관계에 있지 않다. 둘의 관계는 상대적이며 그 차이는 은혜가 덜하고 더 많은 것뿐이다. 그러므로 은혜를 운영하는 옛 체제도 영광스럽고 새로운 운영 체제는 훨씬 더 영광스럽다.

은혜 위에 은혜

앞의 일화를 통해 요한복음 1장 17절의 대조법을 이해하는 데 도움이 되었는지 모르겠다. 이 말씀은 율법과 은혜를 흑과 백처럼 대조하는 것이 아니라 은혜가 덜했던 구약시대와 은혜가 더 많은 신약시대를 대조한다.

요한복음 1장 17절의 헬라어 원문에 '그러나'라는 접속사가 사용되지 않았다는 사실은 매우 의미심장하다. 이는 그것이 절대적 의미의 대조가 아니라는 것을 암시한다.

물론 나는 '그러나'라는 접속사가 사용되지 않았다는 사실만을 증거로 삼을 생각이 없다.

성경신학 교수 로드니 화이트케어는 "요한복음의 대조법은 율법을 은혜와 진리에 반대되는 것으로 묘사하지 않는다. 왜냐하면 율법과 은혜 안에 계시된 동일하신 하나님의 동일한 은혜를 증언하고 있기 때문이다."라고 말했다.[12] 그는 서로 대조된 동사에 초점을 맞춘다. 율법은 "주어졌고"(에도데) 은혜는 "왔다"(에게네토). 두 동사 모두 하나님의 은혜를 강조하지만 두 번째 동사가 첫 번째 동사의 의미를 강화하고 증대한다. 즉 율법은 단지 "주어졌고" 은혜는 예수님을 통해 "왔다."

대조법이 사용된 것은 사실이지만 그것은 정도를 나타낼 뿐이다. 예수님 안에서 받은 은혜가 모세와 율법을 통해 주어진 은혜 위에 더해졌다. 이 둘의 관계는 기본적으로 영속성을 띤다. 단지 부분적인 것을 온전한 것과 대조하고 있을 뿐이다. 물론 영속성이 유지되면서도 예수님 안에서 비약적인 발전이 이루어졌다. 18절은 이 사실을 분명하게 보여준다.[13]

청교도 주석학자 매튜 헨리는 16절을 주석하면서 구약의 은혜가 신약의 은혜로 대체되었다고 말한 뒤 계속 이렇게 덧붙였다.

이 의미는 다음 절(17절)을 통해 확증된다. 구약의 은혜는 예표를 통해 드러났고, 신약의 은혜는 진리를 통해 드러났다. 구약에도 은혜가 있었고 그때도 복음이 전파되었다(갈 3:8). 그러나 그 은혜가 대체되었다. 우리에게는 그것 대신 복음의 은혜, 곧 더 큰 영광(고후 3:10)이 주어졌다. 이제 은혜의 공표가 더욱 분명해졌고, 은혜의 분배가 훨씬 더 풍성해졌다. 이것이 곧 "은혜 위에 은혜"다.[14]

일관성 있는 가르침

구약과 신약의 대조가 상대적이라는 견해는 성경의 문맥 전체를 고려할 때 더욱 분명해진다. 구약에 관한 신약의 관점은 대조가 아닌 보완과 완성이다. 예수님은 구약이 부분적으로 할 수 있었던 것을 온전히 완성하셨다. 모세는 예수님의 맞수가 아니다. 오히려 그는 예수님에 관해 증언했다. 이스라엘은 율법만 소유했고 우리는 복음을 소유했다는 말도 잘못되었다. 신약성경은 "그들과 같이 우리도 복음 전함을 받은 자이나"(히 4:2)라고 이야기한다.

요한복음의 문맥만을 고려해도 결과는 마찬가지다. 요한은 자신의 복음서에서 구약성경을 폄하한 적이 단 한 번도 없다(요 3:14, 5:46, 6:32).

이런 사실은 요한복음 1장에도 확연히 드러난다. 요한복음의 처음 열여덟 구절은 서로 반대되는 것이 아니라 정도가 덜하고 더한 것을 대조한다.

세례요한은 빛이었지만 "참 빛"은 아니었다(요 1:9). 또 예수님은 요한보다 "앞선" 분이셨지만 요한의 사역도 하나님의 뜻대로 이루어졌다. 즉 이러한 논증은 더하고 덜한 것을 비교해 예수님의 지극히 탁월하심을 드러내는 것일 뿐, 그분의 복음과 반대되는 것을 대조시키지 않는다.

마지막으로 그 바로 앞의 문맥도 고려해야 한다. 17절 바로 앞의 구절은 "은혜 위에 은혜러라"라는 말씀으로 끝을 맺었다(요 1:16). 그리고 17절에서는 은혜 위에 은혜를 더하는 것이 무슨 의미인지를 구체적으로 설명한다.

이처럼 "은혜 위에 은혜러라"라는 표현은 하나님이 구약을 통해 계시하신 은혜를 신약에 나타난 그리스도의 성육신이라는 은혜로 보완하셨다는 것을 보여준다.

예수님과 사도들은 구약성경이 그리스도와 그분의 은혜로운 구원을 증언한다고 일관성 있게 가르쳤다. 신약성경에 이와 모순되는 성경구절들이 있는 것처럼 보이지만 사실은 그렇지 않다. 그런 성경구절들은 죄인들이 왜곡시킨 구약성경을 비판하고, 신약의 은혜가 구약의 은혜보다 더 크고 위대하다는 것을 나타낼 뿐이다.

이제 예수님과 사도들이 제공한 복음의 열쇠를 손에 들고 구약성경이 증언하는 그리스도를 발견함으로써 심령이 뜨거워지는 축복을 마음껏 누려보자.

Study Questions

1. 절대적 대조와 상대적 대조의 차이를 구체적으로 보여주는 다른 방법을 생각해보라.

2. 히브리서 저자는 "그들과 같이 우리도 복음 전함을 받은 자이나"(히 4:2)라고 말했다. 여기에서 "그들"은 누구를 가리키는가? 그들에게 복음이 어떻게 전해졌는가?

3. 구약성경에서 하나님이 은혜를 베푸신 사례들을 찾아보라.

4. 제자들처럼 "미련하고 선지자들이 말한 모든 것을 마음에 더디 믿었다"(눅 24:25)고 고백한 적이 있는가?

2부 심령이 뜨거워지는 10가지 발견

JESUS ON EVERY PAGE

JESUS
ON
EVERY
PAGE

창조사역에서 예수님 발견하기
-그리스도의 행성

CHAPTER 1

    나는 창세기 1-2장이 창조론 대 진화론의 논쟁과 관련된 말씀이라고만 생각했다. 나는 하나님이 6일 동안 세상을 창조하셨다고 가르치는 많은 책과 비디오와 설교와 강연을 읽고, 보고, 들었다. 그리고 그런 가르침을 굳게 확신한다.

    그러나 그것이 요점이 아니다. 사실 그런 요점에만 치중하다보니 정말 더 중요한 요점을 놓치고 말았다. 그렇게 오랫동안 예수님의 정신과 무관한 논의와 논증에만 헛되이 노력을 낭비하다가, 나는 마침내 창세기 1-2장이 그분을 증언하고 있다는 사실을 발견했다. 그렇다. 심지어 구약성경의 첫 장에서도 예수님을 발견할 수 있다. 이 점을 이해하면 창세기 1-2장에서 일상적인 차원의 확신을 뛰어넘어 더 많은 깨달음의 빛을 얻을 수 있다.

그렇다면 나는 어떻게 해서 창세기 1-2장이 논쟁을 유발시키는 내용이 아니라 그리스도 중심적인 경건을 독려한다는 사실을 깨닫게 되었을까? 늘 그렇듯이 이번에도 하나님은 나에게 창세기를 열심히 공부할 수 있는 계기를 허락하셨다. 버지니아에서 열린 목회자들의 모임에서 내게 창조사역에 나타나신 그리스도에 관해 말씀을 전해달라는 요청이 있었다. 말씀을 전하는 시간이 너무 짧다고 생각한 나는 답장을 보내 창세기 몇 장을 더 살펴보도록 충분한 시간을 줄 수 없겠느냐 물었고, 모임의 주최자들은 기꺼이 나의 요구를 받아주었다.

놀라운 발견

말씀을 준비하면서 나의 관심을 사로잡는 성경구절 하나를 발견했다. 바로 골로새서 1장 16절이었다. "만물이 그에게서 창조되되 하늘과 땅에서 보이는 것들과 보이지 않는 것들과 혹은 왕권들이나 주권들이나 통치자들이나 권세들이나 만물이 다 그로 말미암고 그를 위하여 창조되었고" 나는 특히 마지막 문장을 깊이 묵상했다. (대부분이 아니라) 모든 것이 다 그분으로 말미암고(하나님의 아들에 의해 창조되었고) 그분을 위해(우리나 그 무엇을 위해서가 아닌 예수님을 위해) 창조되었다.

그러다 문득 '창세기 1-2장에 묘사된 완전한 세상에 왜 그리스도가 필요할까? 죄가 없다면 구원자가 필요 없지 않은가?'라는 의문이 떠올랐다. 그리고 곧 내가 좋아하는 책 가운데 하나인 리처드 프랫의 『하나님이 들려주시는 이야기』(He Gave Us Stories)를 읽고, 창세기 1-2장이 완전한 세상을 묘사하고 있지만 타락한 세상에서 구원받은 이스라엘 백성을 위해 기록되었다는 사실을 기억했다.

물론 창세기는 우리 모두를 위한 책이지만 본래는 모세가 새롭게 구원받은 이스라엘 백성에게 구원자이신 하나님을 가르칠 목적으로 기록되었다. 즉 모세의 의도는 자기보다 훨씬 더 위대한 구원자와 애굽의 노예생활로부터 구원받은 것보다 훨씬 더 위대한 구원을 가르치는 것이었다.

신약성경은 예수님을 창조주로 증언할 뿐 아니라 그분의 창조사역을 그분의 구원사역과 결부시키고 있다(요 1:1-3, 히 1:1-3 참조). 이런 사실은 창세기를 구속사의 관점에서 바라보는 것이 성경적인 방법이라는 것을 분명하게 보여준다. 곧 나는 창세기 1-2장이 과학에 관한 것이 아니라 예수님의 인격과 사역에 관한 것이라는 결론에 도달했다(물론 창세기에는 올바른 과학적 발견에 어긋나는 것이 없다). 그리고 창세기 1-2장을 연구하면서 거기에 기록된 내용이 구원자와 구원을 어떤 식으로 증언하고 있는지 깨닫게 되었다.

구원의 계획

창조사역 이전에 하나님의 구원계획이 있었다(엡 1:4). 또한 구원자이신 예수님은 "창세로부터 죽임을 당하신 어린 양"이시다(계 13:8, 킹제임스, 새국제역성경 참조-역주). 그분의 구원사역은 "창세전부터 미리 알린 바"되었고(벧전 1:20), 성부와 성자와 성령께서 세상을 창조하시기 전에 이미 세상을 구원할 계획을 세우셨다. 그리고 성삼위 하나님은 구원의 목적을 가지고 세상을 창조하셨다. 그러므로 창세기 첫 장을 읽을 때는 창조사역뿐 아니라 구원의 계획이 이미 그곳에 기록되었다는 점을 잊어서는 안 된다. 하나님이 "빛이 있으라." 말씀하실 때부터 이미 구원의 계획이 존재했다.

따라서 우리는 창조사역을 구원의 계획이라는 관점에서 바라봐야 하고, 또 그것이 구원의 계획 가운데 일부였다는 점을 기억해야 한다.

구원의 무대

구원의 계획이 창조사역보다 먼저 있었다면 구원자이신 하나님은 창세기 1-2장에서 구원의 무대를 마련하셨을 것이 틀림없다. 뉴잉글랜드의 목회자이자 신학자였던 조나단 에드워즈는 이렇게 말했다. "이 세상은 이 위대하고 놀라운 구원사역이 이루어져야 할 무대로 창조된 것이 분명하다."[15]

이와 같이 예수님은 창조를 설계하시면서 구원의 드라마가 펼쳐질 무대를 세우셨다. 그분은 모든 소품과 배경과 조명과 세트와 배우를 완벽하게 준비하셨고 모든 것을 자신이 행하실 구원에 적합하도록 만드셨다.

구원의 목적

성경은 기독교의 구원을 창조사역에서부터 시작한다. 따라서 우리의 구원과 구원자를 이해하는 가장 좋은 방법 중 하나는 바로 창조에 관한 기사를 연구하는 것이다.

하나님은 우리가 구원사역과 구원자를 이해할 수 있게 하시려고 아담과 하와를 창조하셨다. 곧 자신의 형상대로 인간을 지으셨다(창 1:27).

안타깝게도 그 형상이 죄로 인해 훼손되고 손상되었지만 신약성경은 예수님을 하나님의 온전한 형상으로 묘사하고(고후 4:4, 골 1:15) 구원사역의 목적이 인간 안에서 훼손된 하나님의 형상을 회복하는 데 있다고 가르친다(골 3:10).

즉 바울의 말에는 "예수님이 누구시고 너희의 구원을 위해 무엇을 행하고 계시는지를 이해하려면, 본래 하나님의 온전한 형상을 지녔던 아담과 하와를 생각해보라."라는 의미가 담겨 있다.

예수님이 아담을 선지자요 제사장이자 왕으로 세우신 이유도 우리에게 구원자가 누구이고, 어떻게 구원받는지를 보여주시기 위해서였다. 아담은 선지자로서 자기 자신과 아내를 위해 하나님의 말씀과 명령을 받았고, 제사장으로서 주님이 허락하신 동산에서 예배 드렸으며, 왕으로서 피조물을 다스렸다. 아담이 그런 역할을 충실히 감당하지 못하자 예수님이 오시어 그를 대신해 그 직임을 온전히 감당하셨다. 그리고 자기 백성 모두를 선지자와 제사장과 왕으로 세우셨다(계 1:6).

이와 같이 에덴동산에서 선지자와 제사장과 왕으로 살았던 인간의 본래 모습을 생각하면, 위대하신 구원자와 그분의 놀라운 구원을 훨씬 더 잘 이해할 수 있다.

구원의 소품들

세상이 놀라운 상상력과 창의력을 통해 창조되었다는 사실을 발견하고, 그 이유를 생각해본 적이 있는가? 왜 우리의 구원자는 이토록 다양하고 다채로운 세상을 창조하셨을까? 그 이유는 동물과 물질 같은 것을 이용해 죄인들에게 구원의 길을 가르치시기 위해서였다. 즉 주님은 장래에 사용하실 생각으로 시각적 보조물들을 준비하셨다.

하나님이 양을 창조하신 이유는 죄인들에게 자신이 선한 목자라는 사실을 가르치시기 위해서였고(요 10장), 새를 창조하신 이유는 구원받은 백성들에게 세상 걱정에 얽매이지 말라고 가르치시기 위함이었으며(마 6:25-27), 낙타를 창조하신 이유는 재물로는 천국에 갈 수 없다는 것을 가르치시기 위해서였고(마 19:24), 백합과 장미를 창조하신 이유는 구원자이신 자신이 그처럼 아름답다는 것을 가르치시기 위해서였다(아 2:1). 또 물을 만드신 이유는 영적 갈증에 시달리는 자들을 어떻게 새롭게 하시는지를 설명하시기 위해서였다(요 4:14).

따라서 만물이 창조된 지 약 4천 년이 흐른 뒤에 예수님이 그러한 것들을 유용하게 사용하신 것은 결코 우연의 일치가 아니다(저자는 천지창조가 BC 4004년에 이루어졌다는 제임스 어셔 주교의 견해를 따른다-역주). 즉 그분은 인간의 구원이라는 위대한 목적에 이바지할 수 있도록 그와 같은 것들을 의도적으로 창조하셨다.

이번에는 예수님께서 자신의 십자가 처형에 사용될 것들을 어떻게 창조하셨는지 생각해보자. 예수님은 자신의 고통과 죽음에 사용될 것들, 곧 구원의 소품들을 모두 창조하셨다. 과연 예수님은 언젠가 자신을 매달 형틀의 재료가 될 나무를 창조하시면서 무엇을 생각하셨고, 자신을 십자가에 못 박을 금속을 창조하시면서 또 무엇을 생각하셨을까?

구원의 보조자들

창세기 1-2장은 천사들이 창조된 시점을 밝히지 않는다. 아마 그들도 세상이 창조되는 6일 동안에 창조되었을 것이다.

그렇다면 예수님이 그들을 창조하신 이유는 무엇일까? 하나님이신 그분 자신에게 필요했기 때문은 아니었을 것이다. 주님은 홀로 외롭지 않으시며 동반자가 필요 없으시기 때문이다. 오히려 주님은 타락한 인간들에게 천사들이 필요하다는 것을 아셨다. 그래서 그들을 구원의 상속자들을 섬기는 영으로 사용하시기 위해 창조하셨다(히 1:14).

또한 하나님이신 예수님께서는 천사가 필요 없었지만 인간으로 오신 뒤에는 예수님께서도 그들의 도움을 받으셨다. 일례로 예수님은 광야에서 시험을 당하실 때 천사들이 자신을 도울 것을 미리 아셨다(막 1:13). 또 장차 겟세마네에서 심한 고통을 느낄 때에도 천사들이 자신을 도울 것을 미리 아셨다(눅 22:43). 즉 예수님은 천사들이 자신을 도울 때 그들이 누구인지 알고 계셨다. 이처럼 예수님이 천사들을 창조하신 이유는 위대한 구원사역을 돕게 하기 위해서였다.

구원의 전개

창조사역의 순서를 다룬 책들이 많다. 그리고 종종 이런 질문을 하게 된다. 창조사역은 왜 그런 순서로 이루어졌을까?

많은 사람이 그 순서가 매우 논리적이라는 점을 지적했다.

예를 들어 하나님은 물고기를 먼저 창조하시고 바다를 창조하지 않으셨다. 또한 동물들을 먼저 창조하시고 먹이를 창조하지 않으셨다. 오히려 그 반대다. 이처럼 하나님이 창조사역을 행하신 순서와 이유를 그러한 논리적 관점으로만 설명하는 경우가 많지만 그러한 논리적 추론은 하나님이 무에서 단번에 모든 것을 창조하실 수 있다는 사실을 간과한다. 즉 하나님은 물리적인 이유로 그런 순서에 따라 세상을 창조하실 필요가 없으셨다.

그렇다면 왜 하나님의 창조사역이 그런 순서를 따른 것일까?

그 이유는 바로 구원이 어떻게 전개되고 발전될지를 우리에게 보여 주시기 위해서였다. 예를 들어 모세는 창세기의 첫 독자였던 이스라엘 백성에게 하나님이 그들을 어떻게 애굽에서 구원해 약속의 땅까지 인도하셨는지를 설명하기 위해 창조 기사를 기록했다.

하나님은 애굽에서 마치 존재하지 않는 것처럼 하찮은 취급을 받으며 살아가던 그들을 구원해 생명을 주셨다. 그분은 그들을 어둠에서 빛으로 불러내셨고, 그들이 혼돈하고 공허한 상태라는 것을 아시고 그들에게 형태를 부여해 어엿한 민족으로 일으켜 세우셨다. 즉 창세기 1-2장은 이스라엘 백성에게 하나님이 어떤 구원자이시며, 애굽으로부터의 구원이 무엇과 같은지를 깨달을 수 있는 통찰력을 제공했다.

그러나 창세기 1-2장은 단지 구원받은 이스라엘 백성을 가르치는 목적에만 국한되지 않는다.

예수님과 사도들은 창조사역을 이용해 하나님이 우리의 영혼을 어떻게 구원하시는지 설명했다. 바울은 누구든지 예수님 안에 있으면 "새로운 피조물"이라고 말했다(고후 5:17). 그의 말에는 "너희의 구원이 무엇과 같은지 알고 싶으면 창조 기사를 바라보라"는 의미가 담겨 있다. 그렇게 할 때 우리는 다음과 같은 것들을 발견할 수 있다.

- 창조와 구원은 생명을 주시는 성령에 의해 시작된다(창 1:2, 요 6:63).
- 창조된 생명과 구원의 생명은 빛에서부터 시작된다(창 1:3, 고후 4:6).
- 창조된 빛과 구원의 빛은 어둠과 분리된다(창 1:4, 살전 5:5).
- 창조와 구원은 열매를 맺는다(창 1:11, 갈 5:22-23).
- 창조와 구원은 하나님의 형상을 지닌 인간에게서 절정에 이른다(창 1:27, 롬 8:28-29, 골 3:10).

- 창조와 구원은 정복과 통치로 끝난다(창 1:28-31, 롬 16:20, 엡 1:3, 히 2:6-9).

이와 같이 예수님과 사도들은 창조질서를 이용해 우리의 구원이 어떻게 전개되는지를 생생하게 보여주었다.

구원의 비유

창세기 1-2장은 아담이 온 인류를 대표한다고 분명하게 언급하지 않는다. 그러나 우리는 그의 죄로 인한 결과를 통해 그가 온 인류의 대표자였다는 사실을 발견할 수 있다.

반면 신약성경은 하나님이 아담을 인류의 대표자로 창조하셨다고 가르친다(롬 5:12-21, 고전 15:22).

아담이 그렇게 창조된 이유는 예수님의 구원이 어떻게 이루어지는지를 보여주시기 위해서다. 아담 한 사람으로 인해 모든 사람에게 파괴적인 결과가 미쳤듯이 그리스도 한 사람으로 인해 구원의 역사가 모든 사람에게 영향을 미쳤다(롬 5:12-21, 고전 15:21, 22, 45-49).

그러므로 첫 번째 아담의 사역을 이해해야만 비로소 우리는 마지막 아담의 사역을 이해할 수 있다.

구원의 유익

예수님은 창세기 1-2장에서 안식일과 결혼 제도를 제정하셨다. 그 이유는 구원의 유익을 확연하게 드러내시기 위해서다.

죄로 인해 고통과 소외가 생겨났지만, 구원을 통해 안식과 관계가 주어진다. 즉 안식일은 구원의 안식과 영원한 안식을 가리킨다(마 11:28, 히 4:1-12, 계 14:13).

또한 예수님이 에덴동산에서 제정하신 결혼 제도는 그리스도와 교회와의 놀라운 연합을 구체적으로 증언한다(엡 5:24-27, 계 19:9). 이처럼 예수님의 구원이 우리에게 주는 축복은 참으로 놀랍기 그지없다.

구원의 정점

구원받은 자들이 영원히 거할 장소도 창조사역이 이루어질 때 창조된 것이 분명하다. 그곳은 "창세로부터 너희를 위하여 예비된 나라"(마 25:34)로 불린다. 그리스도께서는 구원이 필요한 순간에 구원받은 자들이 거할 장소를 마련하기 위해 천국을 창조하지 않으셨다. 다만 그분은 '모든 것'을 창조하셨다. 다시 말해 그분은 구원이 필요해지기 전에 이미 구원받은 자들이 안식하게 될 천국을 창조하셨다(골 1:16). 아마도 첫 번째 순교자였던 아벨이 창세로부터 자기를 위해 예비된 천국에 최초로 들어가는 영예를 누렸을 것이며 그때의 기쁨은 말로 다할 수 없었을 것이다.

구원의 창시자

이처럼 창세기 1-2장은 창조론 대 진화론의 논쟁과 관련된 내용 그 이상의 의미를 지닌다. 즉 창세기 1-2장은 궁극적으로 구원자와 구원에 관한 내용이다. 우리는 단지 "그것이 세상에 관해 무엇을 말하는가?"라거나 "그것이 하나님에 관해 무엇을 가르치는가?"가 아니라 "그것이 우리의 구원자에 관해 무엇을 가르치는가?"라는 질문을 염두에 두고 그 내용을 상고해야 한다.

창조 기사는 하나님이 전능하신 분이시라는 사실을 보여준다. 그분은 무에서 유를 창조하셨다. 보이는 것은 물론이고 보이지 않는 모든 것을 창조하셨다. 창세기 1장 곳곳에서 "하나님이 말씀하시니 그대로 되었다"는 내용이 발견된다. 그리스도의 지고한 주권이 전면에 드러난다. 그분은 창조의 주님이시다. 그리스도께서 세상에 오셨을 때 그 놀라운 주권이 밝히 드러났다. "그가 누구이기에 바람과 바다도 순종하는가"(막 4:41). 또한 창조 기사는 하나님이 지혜로우시다는 사실을 보여준다. 질서와 진보가 이루어지고, 분리와 구별이 나타났고, 규정과 규칙이 제정되었다. 우연한 것이나 우발적인 것은 아무것도 없었다. 모든 것이 항상 목적을 향해 나아갔다.

무엇보다도 창조 기사는 하나님이 선하시다는 사실을 보여준다. 창조사역은 무미건조하거나 지루하지 않았다. 놀라운 창의성과 상상력과 다양성이 엿보였다. 그처럼 다양하고 흥미로운 세상을 인간에게 허락하신 예수님은 참으로 선하시다. 아울러 그분의 선하심은 풍성하고 관대했다(창 1:20-22, 29). 이처럼 창조와 관련된 모든 것은 '예수님이 지극히 선하시다'는 사실을 보여준다.

구원의 적용

창조사역을 행하실 때 예수님은 구원에 관한 모든 것을 준비하셨다. 그분은 구원을 계획하셨고, 구원의 무대를 마련하셨으며, 새 창조의 사역을 통해 우리가 어떤 존재가 되어야 하고, 또 될 수 있는지를 더 잘 이해하게 하시려는 의도를 가지고 인간을 창조하셨다. 또 그분은 우리에게 다양한 시각적 보조물을 제공해 날마다 우리에게 무언의 메시지를 전하게 하셨고, 천사들을 보내 구원의 상속자들을 섬기게 하셨으며, 구원의 단계를 설계해 구원이 우리의 영혼 안에서 전개되는 방법을 구체적으로 설명하셨다.

더불어 그분은 아담을 인류의 대표자로 세우셨다. 그는 불행히도 죽음을 선택했지만 예수님은 그런 사실을 통해 생명을 주시는 자신의 구원사역을 이해할 수 있게 하셨다.

그 외에도 그분은 결혼과 안식일 제도를 제정해 구원이 관계와 안식을 가져다준다는 것을 강조하셨고, 구원받은 자들이 들어갈 천국을 예비하셨다. 이 모든 것을 예수님께서 이루셨다. 그분은 참으로 선하시다.

거듭 말하지만 모든 것이 준비되고 예비되었다. 구원의 무대가 완성되었고, 구원의 소품들이 정해졌으며, 배경이 설정되었고, 음악이 연주되고, 조명이 켜졌다. 하나님은 예수님 안에서 구원을 얻으라고 우리를 부르신다.

지금 무엇을 하고 있는가? 무대에서 달아나 우리의 존재 이유와 역행하는 삶을 살아가고 있는가? 만물이 주님으로 말미암고 그분을 위해 창조되었다. 우리 모두도 그분을 위해 창조되었다. 그러므로 우리는 선택해야 한다. 자신의 역할에 충실할 것인가, 아니면 무대 공포증에 사로잡혀 꼼짝 못할 것인가? '주님을 위해서' 우리가 창조되었다는 사실을 깨닫기 바란다.

Study Questions

1. 이 장을 읽기 전에는 창세기 1–2장이 무엇에 관해 이야기하고 있다고 생각했는가?

2. 이 장은 그리스도를 통해 창조사역이 어떻게 이루어졌는지를 다루었다. 세상은 어떤 식으로 "그(그리스도)를 위해"(골 1:16) 창조되었는가?

3. 본래의 독자인 이스라엘 백성의 눈으로 창세기 1–2장을 읽으면 그런 말씀이 왜 기록되었는지를 이해하는 데 도움이 된다. 창세기의 다른 내용과 출애굽기를 비롯한 다른 구약성경을 읽을 때도 그런 방법을 적용해보라. 그런 방법을 적용하면 구약성경을 이해하는 관점이 어떻게 달라지는가?

4. 창조사역은 어떤 점에서 구원 사건에 해당하는가?

5. 세상의 창조를 이해하면 "새 창조"로 일컬어지는 구원의 목적을 이해하는 데 어떤 도움을 얻는가?

6. 예수님께서 자기 자신과 구원을 가르치시기 위해 어떤 피조물들을 만드셨는가?

7. 천사들은 구원의 상속자인 우리를 어떻게 섬기는가?(히 1:14)

8. 창조의 순서를 생각하고, 그것이 우리의 영혼 안에서 이루어지는 구원의 순서와 어떻게 같은지 설명해보라.

9. 안식일과 결혼 제도가 어떤 구원의 경험을 의미하는지 설명해보라.

10. 주님은 창조사역을 통해 자신을 어떻게 드러내시는가?(시 19:1-6, 롬 1:18-21)

11. 당신이 예수님에 의해, 또 그분을 위해 창조되었다는 사실을 어떤 식으로 보여줄 수 있는가?

구약의 인물들 안에서 예수님 발견하기
−그리스도의 백성

CHAPTER 2

우리는 대체로 구약성경을 도덕적 교훈을 찾는 데 활용한다. 그리고 그곳에서 우리는 우리에게 영감을 주는 영웅들과 경고의 메시지를 전하는 악인들을 찾는다. 요셉은 "유혹 앞에서 저항하라!" 말하고, 압살롬은 "자만하지 말라!" 말하고, 느헤미야는 "교회를 건설하라!" 하고, 모세는 "분노하지 말라"고 말한다. 실제로 그런 내용의 설교들을 많이 들어보았을 것이다. 아니, 어쩌면 당신 스스로 그런 설교를 전했을지도 모른다. 나도 그랬다.

하지만 구약성경을 그렇게 활용하는 것이 하나님의 의도였을까? 왠지 "저 사람이 행한 것을 보고 닮으려고 노력하라"거나 "무엇을 하든지 저 사람처럼 되지 말라"는 식으로 구약성경을 활용하는 것은 율법적이고 도덕적인 분위기를 풍긴다.

그리스도와 사도들이 제공한 복음의 열쇠를 이용해 구약성경을 읽고 가르치기 시작할 무렵, 나는 그런 식의 전기적인 접근 방식을 강하게 비판하는 설교와 책들을 접할 수 있었다. 처음에는 그런 비평가들에게 깊은 인상을 받았다. 하지만 나중에는 그들과 조금 거리를 두었다. 그들의 비판은 타당한 면이 있었지만 너무 지나친 나머지 구약성경에서 모범이 되는 본보기마저 거부하는 또 다른 극단에 치우쳤다는 생각이 들었기 때문이다.

그러면 지금부터 그런 사람들이 우려했던 것들 중 몇 가지를 생각하며 교훈을 얻고, 복음과 그 윤리적 가르침이 우리 삶에 미치는 영향을 잘 보존할 수 있는 길을 찾아보자.

타당한 비판

전기적인 접근 방식, 즉 '영웅들과 악인들'의 관점으로 구약성경을 바라보는 시도를 비판하는 말 가운데 중요하다고 생각되는 몇 가지를 설명하면 다음과 같다.

전기적인 접근 방식은 인간 중심적이다

이 접근 방식은 성경의 초점을 하나님으로부터 인간에게로 옮긴다. 즉 인간과 인간의 필요를 전면에 내세우고 하나님과 그분의 영광을 뒷전으로 몰아낸다. 설교학 교수 해돈 로빈슨은 "하나님은 성경을 통해 자신을 계시하신다. 성경은 윤리 교과서나 개인의 문제를 해결하는 방법을 가르치는 안내서가 아니다. 성경은 하나님에 관한 책이다. 따라서 성경 본문을 공부할 때는 '이 본문이 하나님을 어떻게 증언하고 있는가?' 물어야 한다. 우리는 성경에서 늘 하나님을 발견할 수 있다. 하나님을 찾아라."라고 말했다.[16] 또 그는 이렇게 덧붙였다. "성경은 하나님에 관한 책이다. 성경은 행복한 결혼생활, 성생활, 직업, 다이어트와 관련해 우리가 원하는 '대답'을 제시하는 종교적인 책이 아니다. 그런 주제들 가운데 많은 것을 성경이 다루고 있지만, 무엇보다 하나님이 어떤 분이시며, 그분이 생각하고 원하시는 것이 무엇인지에 초점을 맞춘다."[17]

통계조사는 오늘날 인간 중심의 설교가 너무 많다는 견해를 지지하는 것처럼 보인다. 『설교와 강단 다이제스트』의 조사에 따르면 "인간 중심적인 설교가 전체 설교의 85퍼센트를 차지하며, 하나님의 뜻과 성품과 본질을 다룬 설교는 찾아보기가 어렵다"고 한다.[18]

전기적인 접근 방식은 도덕주의적이다

주관적이고 개인적인 적용에 치중하지 말고, 성경 본문을 읽고 이해하려고 노력해야 한다. 성경 본문에 도덕적인 교훈을 덧붙이는 것은 해롭다. 확신이 필요한 사람들을 오히려 실망에 빠뜨릴 수 있기 때문이다. 즉 사람들은 그런 설교를 듣고 자신을 돌아보며 '다니엘처럼 용감해야 하는데 나는 그렇지 못해. 나는 기독교인이 될 수 없어.'라고 낙심하기 쉽다.

전기적인 접근 방식은 성경을 해체한다

전기적인 접근 방식은 성경 본문을 큰 맥락으로 파악하기보다 작고 사소한 내용에 초점을 맞추기 때문에 그것을 성경의 전체적인 역사로부터 분리하는 결과를 낳는다. 이 접근 방식은 마치 퍼즐 조각을 하나씩 낱개로 바라보는 것과 비슷하다. 이는 각각의 성경 본문을 하나로 통합된 하나님의 말씀이나 사역과 연관시키기보다 여기저기에서 신학적 내용, 도덕적 내용, 역사적 내용을 조금씩 끄집어내는 방식에 해당한다.

전기적인 접근 방식은 그리스도를 배제한다

구약성경을 구속사에서 분리하면, 예수님에 관한 복음은 없고 온통 유일신만을 강조하는 결과를 낳을 가능성이 높다. 실제로 구약성경의 인물들을 다룬 설교나 책이나 성경공부들 중에는 기독교와 무관한 다른 종교에서도 쉽게 배울 수 있는 것들이 적지 않다.

전기적인 접근 방식은 본래의 의미를 간과한다

우리는 자기중심적이다. 우리는 무엇을 읽든 '여기에 나를 위한 것이 있는가?'라는 질문을 가장 먼저 떠올린다. 즉 우리는 하나님이 우리 외에 다른 사람을 위해서도 구약성경을 허락하셨다고 생각하기 싫어한다. 그러나 사실이다. 성경의 메시지는 우리에게도 적용되지만 본래 이스라엘 백성을 위한 것이었다. 따라서 성경 본문을 곧바로 자신에게 적용하기 전에 '성경의 저자가 이스라엘 백성에게 어떤 메시지를 전하려 했을까?'를 먼저 생각해야 한다.

전기적인 접근 방식은 지나치게 개인적이다

전기적인 접근 방식은 우리의 집단적인 책임은 물론 교회와 국가와의 관계 및 그에 대한 의무를 배제한 채 개인의 경건만을 강조한다. 이 접근 방식은 개인의 작은 삶에만 초점을 맞추고, 미래에 새 하늘과 새 땅에서 하나님의 모든 백성이 함께 살아가게 될 것을 강조하지 않는다.

시드니 그레이다누스는 "성경은 성경인물들을 윤리적인 본보기나 본

받아야 할 영웅, 혹은 경고를 위한 사례로 활용하지 않는다. 그들의 이야기가 성경에 기록된 이유는 하나님이 그들을 위해, 또 그들을 통해 행하시는 일을 계시하기 위해서다. 우리도 성경의 인물들을 그런 식으로 활용해야 한다."라고 말했다.[19] 따라서 그들 개개인의 역사는 이스라엘 민족의 역사라는 더 큰 이야기의 일부로 간주되어야 하고, 이스라엘 민족의 역사는 구속사라는 훨씬 더 큰 이야기의 일부로 간주되어야 한다.

그레이다누스는 종종 다윗과 골리앗의 싸움을 이 접근 방식의 사례로 언급한다. 다윗이 골리앗에 맞서 놀라운 용기를 보여준 것은 사실이지만, 사무엘서의 저자는 그 이야기를 통해 이스라엘 백성에게 민족의 안위가 하나님의 기름부음을 받은 왕에게 달려 있다는 가르침을 전하려 했다고 지적했다(삼상 17장). 무엇보다 사무엘서의 저자는 다윗의 승리가 그의 싸움 기술이 특출했기 때문이 아니라 하나님께서 이스라엘 백성을 위해 싸우셨기 때문이라고 말했다(삼상 17:45-47). 이와 같이 성경에 나타난 개인과 민족의 싸움은 구원을 위한 우주적이고 영적인 싸움이라는 중대한 사건을 가리킨다. 이 영적 싸움은 예수님이 사탄을 정복하셨을 때 절정을 이루었다. 그 승리는 십자가에서 처음 이루어졌고, 장차 예수님이 재림하시어 사탄을 심판하시고 그를 "불과 유황 못"(계 20:10)에 던져 넣으실 날에 완성될 것이다.[20]

올바른 수용

그렇다면 우리는 이러한 비판을 어떻게 받아들여야 할까? 개인의 전기를 다룬 성경의 모든 내용을 무시하면 간단하게 해결된다. 그러나 구약성경에는 전기적인 이야기, 곧 하나님의 백성들이 겪은 투쟁과 성공담을 유익하면서도 흥미롭게 다룬 이야기들이 많은 비중을 차지한다. 따라서 그런 이야기들을 모두 무시하는 것은 교회를 영적으로 빈궁하게 만든다.

물론 우리는 개인적인 적용을 자제하면서 성경인물의 전기를 통해 하나님에 관해 배울 수 있다. 그러나 성경은 그들의 전기를 통해서도 우리에게 어떻게 믿고 행동해야 하는지를 가르친다. 바울은 아브라함의 믿음에 관해 구약성경의 기록이 우리를 위해서였다고 말했다(롬 4:22-24). 아울러 그는 구약성경 전체, 특히 이스라엘의 역사가 우리의 교훈을 위해 기록되었다고 했다(롬 15:4). 야고보도 욥과 엘리야를 본보기로 삼으라고 권고했으며(약 5:10, 11, 17), 히브리서 저자 역시 예수님과 구약성경의 성도들을 본보기로 내세웠다(히 11:1-12:2). 또한 주님은 친히 "롯의 처를 기억하라"(눅 17:32)고 경고하셨다. 그리고 존 오웬은 "구약의 본보기들은 신약의 교훈을 위한 것이다."라고 말했다.[21]

가장 좋은 방법은 전기적인 접근 방식에 대한 비판의 타당성을 주의 깊게 파악해 우리의 접근 방식을 건전한 방향으로 바꾸어 개인의 영적 전기를 좀 더 그리스도 중심적으로 활용하는 것이다. 그러려면 다음과 같은 목표에 충실해야 한다.

- 인간이 아닌 하나님을 전면에 내세운다.
- 기독교의 도덕과 단순한 도덕주의를 구별한다. 도덕적인 요구에 복종하려면 예수님의 은혜가 필요하고, 실패했을 때는 그분께 용서를 구해야 한다는 것을 잊지 않는다.
- 내향적인 주관주의에 치우치지 않는다. 은혜의 증거를 찾기 위해 우리의 내면을 바라보기보다 예수님을 바라봐야 한다.

- 모든 이야기를 원대한 구원의 계획과 연결시킨다.
- 예수님의 사람들에 관해 배울 때는 예수님을 찾으려고 노력한다.
- 본래의 청중을 위한 본래의 목적이 무엇인지 찾는다.
- 개인의 생활상을 살피면서도 집단적이고 영원한 차원을 포함시킨다.

감사하게도 나는 이런 목표에서 벗어나지 않으면서도 구약성경의 전기들로부터 본보기가 되는 교훈을 찾을 수 있는 방법을 발견했다. 그 방법을 소개하면 다음과 같다.

예수님의 주권

예수님은 만민과 만물을 주권적으로 통치하신다. 그분은 구약성경의 사건과 인물도 일일이 섭리하시고 인도하셨다. 심지어 예수님의 이름이나 그분을 가리키는 내용이 보이지 않을 때도 모든 본문에 그분이 암시되어 있다. 그 이유는 본문에 등장하는 사건과 사람들이 그분이 행하시는 구원사역에 포함되기 때문이다. 즉 모든 이야기는 구원이라는 전체적인 이야기와 연관되어 있다. 브라이언 채플 교수는 이 점을 다음과 같이 설명했다.

도토리에 관한 사실을 많이 알고 있더라도(색깔은 갈색이고, 모자 같은 껍질을 가지고 있으며, 땅에 떨어져 있고, 다람쥐들이 좋아한다는 등) 그것을 도토리나무와 연관시키지 않으면 그 본질을 설명하기 어렵다. 마찬가지로 설교자들도 성경 계시의 씨앗(일부)에 관해 아무리 많이 알고 있더라도 그것을 모든 성경이 궁극적으로 나타내고자 하는 하나님의 구원사역과 연관시키지 않으면 올바로 설명하기 어렵다. 이런 점에서 성경은 모두 그리스도 중심적이다. 성육신, 속죄, 부활, 중보기도, 통치를 통해 드러난 그리스도의 구원사역은 하나님이 자신의 백성을 대하시는 방식에 관한 모든 계시의 정점이다. 따라서 계시의 어떤 부분도 그리스도의 구원사역과 분리된 상태에서는 온전히 설명되거나 이해될 수 없다.²²

▌ 아브라함의 믿음과 욥의 인내는 그 전능하신 주권으로 그들의 삶을 섭리하셨을 뿐 아니라, 그들의 영혼 안에서 믿음과 인내로 역사하셨던 예수님을 가리킨다(롬 4:1-3, 약 5:11).

예수님의 성품

성경인물들이 이룬 선한 업적은 모두 그리스도의 영을 통해 이루어진 것으로 예수님의 형상을 반영한다(벧전 1:11). 아울러 그들의 성품은 종종 예수님의 성품을 비유하거나(그들은 그분을 닮았다) 증언한다.

▌ 요셉이 자기에게 죄지은 형제들을 용서하고 받아들인 것은 예수님의 정신을 반영하는 것이다. 즉 요셉은 예수님 안에 있는 용서의 정신을 가장 완벽하게 반영하는 본보기이자 그분의 긍휼을 가장 강력하게 증언하는 사례 중 하나다.

예수님의 교회

구약성경은 본래 "광야 교회"를 위해 기록되었다(행 7:38). 따라서 '이것이 내게 무슨 의미일까?' 생각하기보다 '이 본문이 본래의 독자들에게 어떤 메시지를 전달했을까?'를 먼저 생각해야 한다.

그렇다면 본래의 메시지가 무엇이었는지 어떻게 알 수 있을까? 이스라엘 백성이 구약성경을 읽으면서 무슨 질문을 떠올렸는지를 생각하면 된다.

구약성경은 우선적으로 이스라엘의 역사가 아닌 하나님의 계시다. 다시 말해 구약성경은 이스라엘 백성의 역사를 통해 그들에게 하나님을 계시했다. 따라서 이스라엘 백성이 구약성경을 읽으면서 가진 첫 번째 질문은 '하나님은 어떤 분이신가?'였다.

이를 좀 더 구체적으로 설명하면 다음과 같다. 이스라엘 백성은 구약성경을 읽으면서 '장차 오실 구원자는 어떤 분이실까?' 생각했다. 그리고 이에 대해 예수님은 동시대 유대인들이 구약성경을 올바로 읽는다면 자신을 발견할 것이라고 말씀하셨다. 구약성경 전체가 그분에 대해 증언하고 있기 때문이다(요 5:39).

거듭 말하지만 예수님에 관한 증언은 신약성경의 뒤늦은 깨달음으로 주어지지 않았다. 그분에 관한 증언은 이미 구약성경에 기록되어 나타났다. 구약성경은 고난당하는 메시아에 관한 약속에 근거한다. 이 약속은 창세기 3장 15절을 통해 처음 주어졌고, 구약성경이 전개되면서 더욱 확장되고 분명해졌다. 또 이 약속은 희망과 기대와 갈망을 불러일으켰다. 때문에 예수님은 "많은 선지자와 의인이 너희가 보는 것들을 보고자 하여도 보지 못하였고 너희가 듣는 것들을 듣고자 하여도 듣지 못하였느니라"(마 13:17)라고 말씀하셨다.

베드로는 신약시대의 성도들이 구약시대의 선지자들보다 더 확실한 이해에 도달했다 하더라도 그들 역시 예수님이 구원을 이루시기 위해 고난을 당하시고 그 후에 영광을 얻으실 것을 정확하게 예언했다고 설명했다(벧전 1:10-11).

또 그는 후대의 몇몇 선지자만 그 사실을 이해했다고 오해하는 일이 없도록 하기 위해 "하나님이 영원 전부터 거룩한 선지자들의 입을 통하여 말씀하신 바…… 사무엘 때부터 이어 말한 모든 선지자도 이때를 가리켜 말하였느니라"(행 3:21, 24)라고 강조했다.

구약성경의 계시가 그런 식으로 강력하게 확장되어 나갔기 때문에 이스라엘 백성은 구약성경을 읽으면서 '하나님은 어떤 분이실까?'뿐 아니라 '메시아는 어떤 분일까? 이 성경에서 구원자에 관해 무엇을 배울 수 있을까?' 물었다.

모세 자신도 "네 하나님 여호와께서 너희 가운데 네 형제 중에서 너를 위하여 나와 같은 선지자 하나를 일으키시리니"(신 18:15)라는 말로 이런 해석의 원리를 강조했다. 또한 모세는 출애굽기에서부터 신명기까지 읽으면서 우리가 물어야 할 중요한 질문을 제시했다. 그것은 '모세는 어떤 사람이었을까?'가 아니다. 물론 그것도 좋은 질문이지만, 우리는 거기에서 한 걸음 더 나아가 '메시아는 어떤 분이실까?'라고 물어야 한다. 그러므로 모세오경은 모세에 관한 책이 아니다. 정확히 말해 그것은 메시아에 관한 책이다(요 5:46).

▌ 룻기를 읽을 때는 '장차 오실 구원자는 어떤 분이실까?'라고 물어라. 그러면 생각의 초점이 즉시 룻에게서 보아스에게로 옮겨질 것이다. 룻기를 보아스서라고 불러도 괜찮다. 왜냐하면 그가 그 책의 중심이자 축이기 때문이다. 1장은 불행한 나오미로 시작하고, 마지막 장은 축복받은 나오미로 끝난다. 무엇 때문에 그렇게 바뀌었을까? 바로 보아스 때문이다. 따라서 모든 초점을 그에게 맞춰야 한다.

룻기의 핵심 용어는 보아스를 극적으로 부각시킨다. 즉 '가알'이라는 히브리어 동사가 열두 번 사용되었고, 그것의 명사형은 아홉 번 사용되었다.[23] 이 말은 다양하게 번역되지만 기본적으로 '관계와 구속'이라는 두 가지 의미를 담고 있다. 또한 이 말은 궁핍한 친척을 옹호하고, 보호하고, 보살피는 가까운 친척을 가리킨다. 이스라엘 백성을 애굽에서 구원하셨던 하나님의 행동을 묘사할 때도 이 용어가 사용되었고, 후대의 선지자들도 이 용어를 자주 사용해 하나님이 이루실 미래의 구원을 묘사했다. 아마도 이스라엘 백성은 출애굽기에서 과거에 이루어진 하나님의 구원에 관해 읽거나 이사야서에서 미래에 이루어질 하나님의 구원에 관해 읽을 때 서로를 바라보며 "성경 어딘가에 구원에 관한 또 다른 책이 있지 않을까? 맞아, 보아스에 관한 저 작은 책은 구원에 대해 많은 것을 말씀하고 있어. 저 책을 읽으면서 하나님이 어떤 구원자이시고, 메시아가 어떤 구원자가 되실지 알아보자."라고 말했을 것이다.

그러므로 당신도 이스라엘 백성처럼 룻기를 읽고 싶다면 '메시아가 어떤 분이실까?' 물어라. 그러면 '메시아는 보아스와 같다'는 아름다운 메시지를 발견할 것이다. 아울러 룻의 후손이 다윗 왕에게까지 이르게 되는 그녀의 계보에서도 메시아에 관한 사실을 발견할 수 있다(룻 4:17-22).

예수님을 거역한 죄

구약시대의 성도들이 율법을 어기는 것은 "천사들을 통하여 한 중보자의 손으로 베푸신" 율법을 어기는 것에 해당했다(갈 3:19, 행 7:53). 여기서 말하는 중보자는 하나님의 아들이신 예수님을 가리키기 때문에 그들이 어긴 율법은 그분의 율법이었다. 아울러 그들이 당했던 형벌도 그분이

정하시고 부과하신 형벌이었다.

▌ 다윗은 간음과 살인을 저지르고 나서 "내가 주께만 범죄하여 주의 목전에 악을 행하였사오니"(시 51:4)라고 고백했다. 그는 자신의 죄를 감당하기가 무척 힘들었다. 왜냐하면 장차 오실 메시아이자 구원자, 곧 자신이 사랑하고 신뢰했던 하나님의 아들을 거역한 죄를 저질렀기 때문이다.

예수님과의 대조

구약시대의 성도들은 죄와 결함을 지니고 있었다. 따라서 우리는 그들의 삶과 예수님을 대조시켜 그분에 대한 교훈을 얻을 수 있다. 그들은 실패했지만 예수님은 성공하셨다. 그들은 포기했지만 예수님은 인내하셨다. 그들은 악에 굴복했지만 예수님은 악을 정복하셨다. 따라서 예수님은 가장 훌륭한 성경인물과 비교할 때도 참으로 아름다우신 존재로 부각된다.

▌ 이스라엘 백성은 광야에서 거듭 유혹에 빠져 죄를 저질렀다. 그러나 예수님은 같은 광야에서 유혹을 물리치고 승리하셨다.

예수님의 필요성

성경인물들의 죄에 관한 기록은 그들이 구원자를 절실히 필요로 한다는 것을 보여준다. 하나님의 백성은 구원자를 갈망했다. 즉 구약성경의 가장 큰 바람은 하나님이 오셔서 자기 백성을 온전히 구원하시는 것이었다. 따라서 우리는 구약성경 도처에서 인간의 타락한 현실과 구원자의 필요성을 발견한다.

▎구약성경 중 가장 마지막에 기록된 책은 말라기가 아니라 느헤미야서다. 느헤미야서는 우울한 내용으로 끝을 맺는다. 앞선 복종과 찬양(느 12:27-13:3)이 마지막의 실패(13:4-31)와 극명하게 대조된다. 즉 에스라와 느헤미야의 시대는 큰 희망으로 시작되었지만 영적 실패로 끝나고 말았다. 포로생활에서 돌아온 이스라엘 백성은 예루살렘 성을 재건했지만 영적인 재건은 쉽게 부서질 만큼 무기력했다. 그래서 느헤미야는 "내 하나님이여 나를 기억하옵소서"라고 거듭 기도했다(느 13:14, 22, 29). 느헤미야서는 더 많은 것, 곧 승리를 가져다줄 구원자의 능력과 은혜를 갈구한다.

예수님의 고백

구약성경은 희생제사를 통해 이스라엘 백성에게 그들의 죄가 죽음에 해당한다는 것을 가르쳤고 그로 인해 이스라엘 백성은 마치 동물제사가 자신들을 죄에서 구원해줄 것이라 착각했다.

그러나 신약성경의 가르침은 분명하다. 황소와 염소의 피로는 능히 죄를 없앨 수 없다(히 10:4). 희생제사는 단지 이스라엘 백성에게 죄를 꾸짖고 기억하게 만들었다(히 10:3).

이처럼 희생제사는 양심을 깨끗하게 하거나 평화롭게 하지는 못했지만 육체를 정결하게 하는 역할을 했다(히 9:9, 13).

즉 희생제사는 의식을 통한 '용서'를 제공해 성막과 성전에서 제물을 바치는 자와 하나님의 임재가 이루어지는 곳을 물리적으로 가깝게 만들었다.

그러나 희생제사는 하나님께 영적으로 가까이 나아가게 하지 못했다. 어느 종교개혁자는 이렇게 말했다.

> 동물의 기름을 태운 역겨운 냄새를 바쳐 하나님과 화목하기 바라는 것이나 물과 피를 뿌려 스스로의 더러움을 씻어내리는 것보다 더 무익하고 터무니없는 것이 어디 있겠는가! 율법의 의식 체계를 진리를 가리키는 그림자나 비유가 아니라 사실 그대로 받아들이는 것은 진정 어리석은 일이다. 율법의 형식이 그 본래의 목적과 분리된다면 그것은 쓸모없는 허식에 지나지 않는다.[24]

영적인 생각을 지닌 이스라엘 백성 가운데 동물제사가 구원의 근거가 될 수 있다고 믿었던 사람은 없었다. 그들은 오랫동안 장차 더 낫고, 더 위대한 희생이 이루어질 것이라 믿었다.

또한 희생제사는 제사장이 주관했다.

제사장의 존재는 이스라엘 백성에게 하나님과 그들을 중재할 중보자의 필요성을 일깨워주었고, 아울러 백성들은 가장 훌륭한 인간 중보자도 결함을 지니고 있다는 사실에서 더 낫고 완전한 중보자가 필요하다는 것을 깨달았다.

▎다윗은 희생제사만으로는 부족하며 겸손한 심령이 필요하다고 고백했다(시 51:16-17). 이사야는 그 누구보다도 미래에 있을 희생을 생생하게 묘사했다(사 53장). 욥은 하나님과 자신을 중재해줄 중보자와 판결자를 구했고, 때로는 중보자의 역할을 할 구원자를 고대하는 믿음을 드러냈다(욥 9:33, 19:25).

예수님의 긍휼

예수님의 은혜와 긍휼은 신약시대에만 국한되지 않는다. 예수님은 신약시대의 무가치한 사람들을 구원하신 것처럼 구약시대에도 그와 똑같은 은혜를 베푸셨다. 예수님은 자신이 나중에 죄인들을 속량하기 위해 고난과 죽음을 당하고 부활하실 것을 알고 계셨지만, 미래에 있을 그 구원이 실제로 이루어지기 전에도 그 축복을 미리 베푸셨다.

▎예수님이 다윗을 구원하신 것은 참으로 놀라운 긍휼이 아닐 수 없다. 또한 그분은 삼손을 구하셨고, 창기였던 라합에게 용서를 베푸셨다.

예수님께로 돌이킨 영혼들

구약성경에는 죄를 뉘우치고 돌이킨 영혼들의 이야기가 많다. 그들은 메시아를 바라보았다. 또한 그리스도께로 돌이켰고, 복음을 듣고 장차 오실 구원자를 믿었다(히 4:2, 11:26). 구약과 신약의 죄인들이 메시아를 믿는 믿음으로 말미암아 은혜로 구원받았다는 사실을 이해하지 못하면 구약의 성도들을 도덕주의자와 의식주의자와 율법주의자로 간주할 수밖에 없고, 결국 그들에 관한 설교도 도덕주의와 의식주의와 율법주의로 치우칠 수밖에 없다.

신약의 성도들은 아브라함과 이삭, 야곱과 함께 천국의 식탁에 앉게 될 것이다(마 8:11). 그들과 우리 모두 똑같은 방법으로 천국에 간다. 예수님을 믿는 믿음으로 말미암아 은혜로 천국에 가는 사람들과 동물제사를 통해 행위로 천국에 가는 사람이 따로 존재하지 않는다.

만일 한쪽에는 예수님을 찬양하는 사람들이 있고 다른 쪽에는 스스로의 영광을 자랑하는 사람들이 있다면 천국에서 그들이 서로 친밀한 교제를 나누는 것이 불가능할 것이다.

간교한 모사꾼이었던 야곱이 어떻게 장차 오실 왕을 바라보는 겸손한 성도가 되었는지 생각하라(창 49:10). 예수님이 아니라면 그 누가 그런 변화를 일으킬 수 있었겠는가?

성경의 가르침을 요약한 신앙고백 중 하나인『웨스트민스터 신앙고백』은 예수님의 성육신 이전에 살다가 죽은 죄인들을 그분이 어떻게 구원하셨는지에 대해 아래와 같이 설명했다.

> 구속사역은 그리스도의 성육신이 있은 후에 이루어졌지만, 그 효능과 효력과 유익은 그분이 뱀의 머리를 상하게 하실 여인의 후손이시고 창세전에 죽임을 당하신 어린 양, 곧 어제나 오늘이나 영원토록 동일하신 분이라는 사실을 가리키는 약속과 예표와 희생제사를 통해 모든 세대의 선택받은 백성에게 세상이 처음 창조된 때부터 계속해서 주어져왔다.[25]

예수님을 믿는 믿음

히브리서 11장은 믿음의 본보기가 되는 구약시대 성도들을 소개한다. 그에 앞서 기록된 열 장의 내용은 구약시대의 제도와 의식이 예수님을 가리키는 예표라고 설명한다. 이런 사실은 구약시대 성도들의 믿음이 그리스도 중심적이었다는 것을 분명하게 드러낸다. 다시 말해 구약의 믿음은 그리스도 중심적이었다(히 11:13-26, 12:2).

물론 구약의 믿음은 그림자와 같은 믿음이었다. 그러나 그림자 안에도 약간의 빛이 존재하는 법이다. 구약시대 성도들은 신약시대 성도들

만큼 많은 것을 보지도 못했고, 그들만큼 성령을 충만하게 경험하지도 못했으며, 성부 하나님의 사랑을 강하게 의식하지도 못했지만, 희미하게나마 그 모든 것을 경험했다.

그렇다면 구약시대 성도들은 예수님에 관해 무엇을 믿었을까? 그들의 믿음은 세 가지로 요약된다. 그들은 메시아가 '인간의 형상으로 나타날 것이고, 고난을 당할 것이며, 원수들을 정복할 것'이라고 믿었다. 이 세 가지 진리가 창세기 3장 15절을 통해 복음이 처음 주어졌을 때 씨앗의 형태로 모습을 드러냈다.

창세기 3장 15절은 ① 메시아가 여자의 후손에서 나올 것이고, ② 마귀에게 발꿈치를 다치는 고난을 받을 것이며, ③ 마귀의 머리를 깨부수고 승리할 것이라고 분명하게 진술한다. 이 세 가지 복음의 씨앗이 구약시대를 통해 계속 펼쳐지고, 발전하고, 확장되었다.

어떤 경우에는 한 가지 진리가 다른 두 진리보다 더 분명하게 드러나기도 했다. 예를 들어 메시아가 여자의 후손일 것이라는 진리는 창세기 12, 15, 17장에 기록된 아브라함의 약속을 통해, 메시아가 고난을 당할 것이라는 진리는 출애굽기와 레위기의 제사제도를 통해, 메시아가 왕으로서 승리를 거둘 것이라는 진리는 다윗 왕조의 건설을 통해 가장 분명하게 드러났다.

때로는 정치적 상황에 따라 이 진리들 중 하나가 성도들의 삶 속에서 크게 강조되기도 했다. 예를 들어 이스라엘이 로마 제국에 의해 정복된 고통스런 상황에서는 많은 유대인을 비롯해 예수님의 제자들까지도 원수들을 정복할 메시아에 모든 관심을 기울였다.

이처럼 이따금 균형을 잃을 때도 있었지만 구약시대 성도들은 장차 오실 그리스도를 믿는 믿음을 지녔다.

목회자요 저술가인 찰스 드루는 히브리서 11장 1절-12장 2절을 주석하면서 이렇게 말했다. "그들의 믿음은 예수님을 가리킨다. 최소한 세 가지 점에서 그러하다. 즉 예수님은 그들의 믿음의 대상이셨고, 그들의 불완전한 믿음의 온전한 본보기이셨으며, 그들의 믿음을 세우는 분이셨다."[26]

예수님은 요한복음 5장 45-47절에서 동시대 유대인들에게, 그들의 위대한 영웅인 모세가 자신이 기록한 율법의 그리스도 중심적인 의미를 이해하지 못했다는 이유로 그들을 고발할 것이라고 말씀하셨다. 그리고 유대학 교수 마이클 라이델닉은 "모세는 자신이 메시아에 관한 것을 율법에 기록했다는 사실을 알고 있었다. 만일 그렇지 않았다면, 율법에 담겨 있는 메시아 신앙을 바르게 이해하지 못한 사람들을 고발할 자격이 없을 것이다."라고 말했다.[27]

찰스 드루는 구약의 믿음이 상당한 한계에도 불구하고 그리스도 중심적인 특성을 지녔다는 사실을 다음과 같이 설명했다.

모세가 그리스도의 인간적인 이름을 알고 있었을까? 그러지 못했다. 아브라함이 자신을 위해 천국이 예비되어 있다는 사실을 자세히 알고 있었을까? 아니다. 그러나 그런 제한된 지식에도 불구하고 그들은 우리가 믿는 구원자와 똑같은 구원자를 바라보았다. 그들이 예수 그리스도의 이름을 알든 모르든, 그분은 항상 선택받은 백성의 희망이셨다. 아벨, 에녹, 노아, 사라, 요셉, 라합, 기드온 등 많은 사람이 모두 예수 그리스도를 바라보았다. 그들은 예수 그리스도 안에서 "예"가 될 하나님의 약속들을 바라보며 "모두 믿음 안에서 죽었다."[28]

예수님을 본받는 삶

구약시대 인물들의 삶을 웅대한 구속사와 연결시키면서도 개인과 교회와 사회 등 복음의 틀 안에 있는 모든 것에 적용되는 도덕적 교훈을 보존하는 것이 중요하다.

목회자 찰스 드루는 『고대의 사랑 노래』(The Ancient Love Song)에서 구약의 성도들은 비록 불완전할지라도 그리스도 안에서 온전히 이루어질 믿음의 삶을 보여주는 본보기였다고 지적했다.

우리는 그들의 삶에서 예수님이 세상에서 살아가실 믿음의 삶을 암시하는 교훈을 발견할 수 있다.

드루는 이렇게 말했다. "그들의 신실함은 위대하신 구원자의 온전한 신실하심을 암시한다. 주님은 그들과 우리의 대리자로서 죽으셨고 또한 살아가셨다."[29]

▎아브라함은 하나님이 이삭을 죽은 자 가운데서 다시 살리실 것을 믿고 그를 제물로 바치려 했다. 그의 행위는 담대하게 자신의 생명을 내주신 예수님을 암시한다.

요셉은 자신의 형제들을 용서했다. 그의 행위는 미래에 있을 예수님의 사역을 보여준다. 그 사역은 이미 예수님의 영에 의해 요셉의 삶 속에서 이루어지고 있었다.

구약의 인물들은 이런 식으로 예수님을 예배하고 본받으려는 동기를 부여한다.

예수님의 명령

구약의 성도들은 종종 지도자의 역할을 감당했다. 그들은 하나님의 백성을 다스리고 인도하는 자로 세워졌고 주어진 역할을 충실하게 감당함으로써 언젠가 예수님이 감당하실 지도자의 역할을 예시하고 예고했다.

▌ 용기와 동정심을 갖춘 엘리야와 엘리사의 리더십은 그들을 불러 세우셨던 주님이 어떤 분이신지를 잘 보여줄 뿐 아니라 장차 주님이 그들보다 더 월등한 리더십을 발휘해 악을 물리치고 경건한 삶을 독려하실 것을 예고했다.

예수님의 십자가

구약의 성도들 중에는 지도자로서 고난을 당한 이들이 적지 않다. 의롭고 충실했던 그들이 지도자로서 고난을 당했던 일은 예수님의 고난을 예시할 뿐 아니라 모든 일을 바로잡고, 고난의 궁극적인 목적을 알려줄 구원자를 고대하게 만들었다.

▌ 모세와 여호수아, 사무엘은 좋은 본보기다. 그러나 가장 뛰어난 본보기는 다윗이다. 그는 하나님으로부터 기름부음을 받은 사람이었지만 사울과 아히도벨과 압살롬에게 고난을 당했다.
그리스도께서 다윗의 슬픈 시편으로 자신의 고난을 묘사하신 것은 결코 우연의 일치가 아니다.

예수님의 부르심

예수님은 구약시대 성도들의 삶을 통해 우리를 부르신다. 그리고 우리가 그들에게 배우고 그들을 본받게 하신다. 예수님이 구체적으로 언급되지 않았더라도 모든 말씀의 배후에는 그분의 생각과 구원이 숨겨져 있다. 즉 예수님은 다양한 방법으로 구약성경 어디에나 존재하신다.

▎구약시대 성도들에 관한 가장 큰 오해 중 하나는 그들이 세상의 나라와 보화와 보상을 갈구했다는 것이다. 그러나 히브리서 11장 9-10절, 13-16절은 그들이 하늘의 도성과 보화와 상급을 바라보았다고 증언한다. 그들은 복음의 약속을 옳게 이해하고 받아들였기 때문에 이 세상을 낯선 타국처럼 생각하고 나그네요 순례자요 이방인처럼 살아갔다. 그리고 믿음을 가지고 천국을 자신들의 "본향"으로 삼았다(14절). 기독교 신앙을 요약하고 있는 또 하나의 신앙고백 『성공회 39개 신조』의 제7조는 이렇게 선언했다. "구약성경은 신약성경과 모순되지 않는다. 구약과 신약 안에서 하나님과 인간 사이의 유일한 중보자이시며 하나님이요 인간이신 그리스도에 의해 인류에게 영생이 주어졌다. 따라서 옛 조상들이 일시적인 약속만을 구했다고 생각하는 사람들의 말에 귀를 기울이면 안 된다."[30]

예수님을 영화롭게 하는 삶

성경인물들의 삶을 통해 예수님을 바라볼 수 있는 또 하나의 방법은 그들이 세상에 살면서 그분을 어떻게 영화롭게 했는지 살펴보는 것이다. 그들은 세상에서 직접 예수님을 찬양하기도 했고, 다른 사람들에게 그분을 찬양할 수 있는 이유를 제공하기도 했다. 또한 그들은 지금도 천국에서 예수님께 영광을 돌리고 있다.

그러므로 우리 모두 시간과 공간을 초월해 영광스런 천국과 장자들의 교회와 그곳에 있는 구약시대 성도들을 바라보고 그들에게 귀를 기울이자(마 8:1).

▌ 다니엘의 용기와 요셉의 순결과 룻의 충실함을 보고 예수님을 찬양하지 않을 사람이 어디 있겠는가? 또 욥의 복종과 솔로몬의 지혜와 다윗의 예배를 보고 어느 누가 예수님을 찬양하지 않겠는가?

천국을 생각할 때, 곧 "하늘에 기록된 장자들의 모임과 교회와 만민의 심판자이신 하나님과 및 온전하게 된 의인의 영들과 새 언약의 중보자이신 예수"(히 12:23-24)를 생각할 때 어떻게 찬양을 드리지 않을 수 있겠는가?

영광, 영광! 예수님께 영광을! 만유의 주이신 예수님께 영광을 돌리자!

Study Questions

1. '영웅들과 악인들'의 관점에서 구약성경을 이해하려고 한 적이 있는가? 그리고 구약성경을 그렇게 읽고 가르치는 방식이 어떤 약점을 지니는지 설명할 수 있는가?

2. 시드니 그레이다누스는 한 가지 좋은 예를 들어 다윗의 이야기를 더 큰 구원 이야기에 비춰볼 수 있는 방법을 설명했다. 또 다른 구약의 이야기나 전기를 골라 같은 방법으로 설명할 수 있는 교훈을 찾아보라.

　① 개인적인 역사

　② 민족적인 역사

　③ 구원의 역사

3. 구약시대 성도들의 성품과 은사가 예수님을 어떻게 영화롭게 했는가?

4. 욥은 고난을 인내했고 요셉은 자신을 핍박했던 형제들을 용서했다. 그것은 그리스도의 영이 행하신 사역이며, 그들 안에서 그리스도의 형상이 이루어졌다는 증거다. 그밖에 구약의 어떤 인물들과 성품이 우리에게 그리스도의 사역과 형상을 보여주고 있는지 생각해보라.

5. 구약성경을 읽으면서 새롭게 떠오르는 의문이 있는가? 구약성경 중 몇 권을 읽으면서 그 대답을 찾아보라.

6. 우리 죄를 예수님을 거역한 죄로 이해하면, 죄를 뉘우치는 데 어떤 도움이 되는가?

7. 구약시대 성도들의 영적 경험 안에서 동물을 희생시키는 의식이 어떤 역할을 했는지 간단히 요약하라.

8. 예수님이 태어나 고난과 죽음을 당하시고 다시 살아나시기 이전인 구약시대 성도들이 그분을 통해 어떻게 구원받았는지 설명하라.

9. 구약시대 성도들이 어떻게 예배의 정신을 고취하고 예수님을 본받도록 독려하는가?

10. 구약시대 성도들은 하늘에서 어떤 삶을 누리고 있는가?(히 12:1-3, 22-24) 그런 사실은 이 땅을 살아가는 우리에게 어떤 도움을 주는가?

구약성경에 나타나신 예수님 발견하기
-그리스도의 임재

CHAPTER 3

    유명 작가가 죽으면 종종 가족들이 그가 남긴 원고 가운데서 출판되지 않은 원고들을 발견하고, 그것을 유작으로 펴낸다. 그러면 좋아하는 작가의 죽음을 애도하며 앞으로 그의 글을 읽지 못할 것이라고 체념했던 독자들은 보너스나 다름없는 유작을 구입하려고 서둘러 달려간다.

    대다수의 성도들은 사복음서에 기록된 예수님의 말씀을 즐거운 마음으로 읽는다. 그 네 권의 책은 우리의 보배로우신 구원자에 관해 많은 것을 계시한다. 그러나 내가 주님에 관한 보너스 자료를 알고 있다면 어떤 반응을 보일지 궁금하다. 대다수의 사람이 잘 모르는 다른 책이 있다고 말하면 사람들은 과연 어떻게 반응할까? 새로 발견된 영지주의 문헌이 있어서 이런 말을 하는 것은 아니다. 내가 지금 말하는 책들은 동쪽에서 샛별이 떠오르기 수천 년 전에 기록되었다.

그것은 바로 구약성경이다. 그렇다. 하나님의 아들은 베들레헴에서 태어나시기 오래전부터 세상에 존재하며 활동하셨다. 아마도 이것은 내가 구약성경에서 예수님을 찾기 시작했을 때 나를 가장 설레게 한 발견일 것이다. 조나단 에드워즈와 조나단 스티븐스를 비롯한 많은 저술가들이 그때까지 내가 간과해온 것을 발견할 수 있도록 내 눈을 열어주었다.[31]

그리스도께서는 4천 년이라는 구약의 역사 속에서 과연 무엇을 행하셨을까? 성육신하실 때까지 기다리며 하릴없이 시간을 보내셨을까? 아니면 죄인인 인간들 중 가장 훌륭한 사람들조차 하나님을 기쁘시게 하기 위해 율법을 지키고 희생제사를 드리는 헛된 노력을 지켜보시며 초조한 마음을 느끼셨을까? 그것도 아니라면 성부께서 구약의 역사 속에서 자신의 뜻을 이루어나가시는 동안 조용히 한쪽에 물러나 관망하고 계셨을까? 이 모든 추측 가운데 정답은 없다.

성자께서는 구약시대에도 하늘에서 바쁘게 활동하셨을 뿐 아니라 여러 모습으로 세상을 자주 방문해 자기 백성들에게 스스로를 나타내셨다. 그분은 주로 '여호와의 사자'와 '여호와의 영광'으로 나타나셨다. 보너스 자료를 탐구하기에 앞서 그리스도께서 베들레헴에서 탄생하시기 전에 세상을 방문하셨던 놀라운 사건들을 더 잘 이해하도록 도와주는 중요한 성경의 진리를 몇 가지 살펴보기로 하자.

영원하신 하나님의 아들

성삼위 하나님 가운데 2위이신 성자께서는 성부, 성령과 능력과 영광이 동등하시다. 성자께서는 하나님의 목적과 말씀과 사역에 따라 행동하시지만, 창조사역뿐 아니라 그 이후에 피조세계를 유지하고 다스리는 사역에서도 독특한 기능과 역할을 담당하셨다(요 1:3, 골 1:16-17, 히 1:2-3). 즉 그분은 영원 전부터 존재하셨으며 육신을 입고 이 세상에 오시기 전에도 중요한 사역을 행하셨다.

성자를 통해 말씀하신다

요한이 예수님을 영원하신 말씀이라고 일컬은 이유는 하나님이 구약시대에나 신약시대에나 오직 자신의 아들을 통해서만 죄인들에게 말씀하시기 때문이다(요 1:1, 14). 종교개혁자 가운데 한 사람은 하나님이 항상 성자를 통해서만 말씀하셨고, 인간에게 직접 말씀하신 적은 한 번도 없으셨다고 설명했다.

> 경건한 옛 사람들은 거울을 보듯 성자 안에서 성부를 봄으로써 그분을 알았다(고후 3:18 참조). 이 말은 하나님이 자신의 유일한 지혜이자 빛이요 진리이신 성자 외에 다른 방법으로 인간에게 자신을 나타내신 적이 없으시다는 뜻이다. 아담, 노아, 아브라함, 이삭, 야곱을 비롯해 많은 사람이 이 계시의 원천을 통해 하늘의 진리를 배웠고, 모든 선지자들도 그와 동일한 원천으로부터 자신들이 전했던 하늘의 계시를 받았다.[32]

성부께서는 때로 선지자들을 자신의 대변자로 세우셨지만 그분의 궁극적인 대변자는 언제나 성자셨다. 그렇다면 예수님이 세례를 받으신 때나 변화산에서 변형되셨을 때는 어떻게 된 것일까? 성부께서 직접 말씀하시고 성령께서 눈에 보이게 임하셨지 않은가? 이 전례 없는 독특한 구원 사건은 하나님의 일반적인 사역 방법에서 벗어난, 진기한 예외였다. 그런 사건이 필요했던 이유는 당시의 사람들과 제자들이 겉으로 보통 사람처럼 보였던 예수님이 보이지 않으시는 하나님의 형상이라는 사실을 깨닫지 못했기 때문이다. 성부께서 공식적으로 성자를 인정하시면서 "그의 말을 들으라"고 명령하신 것도 그런 이유 때문이었다.

구약성경은 신약성경과 마찬가지로 우리를 향한 예수님의 메시지를 담고 있다. 사도요한은 "예수의 증언은 예언의 영이라 하더라"(계 19:10)라고 말했다.

성자를 통해 나타나신다

하나님은 성자를 통해 인간에게 말씀하실 뿐 아니라 그분을 통해 인간에게 자신을 나타내신다. "본래 하나님을 본 사람이 없으되 아버지 품속에 있는 독생하신 하나님이 나타내셨느니라"(요 1:18, 출 33:20, 요 5:37, 딤전 6:16, 요일 4:12, 20). 성자께서는 귀로 들을 수 있는 하나님의 음성이실 뿐 아니라 눈으로 볼 수 있는 하나님의 얼굴이다. 모세는 그분을 통해 "보이지 아니하는 자"(히 11:27)를 보았다. 조나단 에드워즈는 이렇게 설명했다.

> 거룩한 역사를 통해 하나님이 때때로 자신의 교회와 백성을 위해 행하시고, 말씀하시고, 자신을 계시하신 사실들을 읽어보면, 그 모든 것이 특별히 성삼위 하나님 가운데 두 번째 위격의 사역이었다는 것을 알 수 있다. 인간이 타락한 이후 하나님은 이따금 가시적인 형상이나 외적인 상징을 통해 자신을 드러내셨다. 그것은 항상은 아닐지라도 대개 성삼위 하나님 가운데 두 번째 위격이신 성자의 사역에서 비롯한 것이다.[33]

초기 교부였던 테르툴리아누스도 다음과 같이 말했다.

> 태초부터 사람들을 심판하고, 높은 탑을 무너뜨리고, 언어를 혼잡케 하고, 온 세상을 홍수로 징벌하고, 소돔과 고모라에 불과 유황을 쏟아부으신 분은 바로 성자셨다. 그분은 세상에 오시어 아담으로부터 족장들과 선지자들의 시대에 이르기까지 환상과 꿈과 상징과 은밀한 암시로 사람들과 소통하셨고 처음부터 자신의 길을 예비하셨다. 세상에서 사람들과 소통하셨던 하나님은 바로 육신이 되실 말씀, 곧 성자셨다.[34]

여호와의 사자

구약성경에서 "여호와의 사자"라는 말은 50회 이상 사용되었고, "주의 사자"는 9회 사용되었다. "사자"는 일종의 '전령'을 의미한다. 그리고 천사의 본질이 아닌 기능을 묘사한다. 천사는 구원의 상속자를 섬기기 위해 보내진 하나님의 전령이며(히 1:14), 구약성경에는 이따금 특별한 천사가 나타났다. 그에게는 신성한 칭호가 주어졌다. 그는 하나님처럼 행동했고, 하나님이 받으시는 예배를 받았다. 그는 바로 하나님의 아들, 곧 특별한 때에 특별한 백성을 위해 나타나셨던 하나님의 특별한 사자였다. 말라기는 인간의 몸을 입으신 예수님의 강림을 이렇게 선포했다.

> "만군의 여호와가 이르노라 보라 내가 내 사자를 보내리니 그가 내 앞에서 길을 준비할 것이요 또 너희가 구하는 바 주가 갑자기 그의 성전에 임하시리니 곧 너희가 사모하는 바 언약의 사자가 임하실 것이라"(말 3:1, 눅 7:27).

여기서 말하는 "언약의 사자", 곧 장차 오실 주님은 성자 하나님이셨다. 그분은 하나님을 계시하기 위해 세상에 오셨다. 그리고 인간의 몸을 입으시고 "나를 본 자는 아버지를 보았거늘"(요 14:9)이라고 말씀하셨다. 즉 그분은 "하나님의 영광의 광채시요 그 본체의 형상"이시다(히 1:3).

여호와의 사자가 성자라는 것을 입증하려면 그가 신성을 지녔는지 확인하면 된다. 그리고 여호와의 사자가 하나님이라면 그는 성자인 것이 틀림없다. 앞서 말한 대로 하나님의 음성과 모습은 오직 성자를 통해서만 듣고 볼 수 있기 때문이다. 여호와의 사자가 신성을 지녔다는 증거를 몇 가지 제시하면 다음과 같다.

1. 여호와의 사자는 하나님의 권위를 주장했다. 그는 하나님처럼 말했고, 하나님처럼 자신을 가리켜 맹세했다(창 16:10, 22:15-16).

2. 여호와의 사자는 독특한 신성을 지녔다. 그는 때로 여호와와 동일시되기도 하고 그분과 구별되기도 했다. 이런 사실은 그가 신격 안에서 독특한 인격을 지닌 존재라는 것을 보여준다(삼하 24:16, 슥 1:12).

3. 여호와의 사자는 하나님의 속성을 나타냈다. 예를 들어 하갈은 여호와의 사자가 자신의 상황(자신의 이름, 신분, 장소)을 꿰뚫어보는 전지한 능력을 지녔다는 사실을 깨달았다(창 16:7-8). 그는 그녀가 임신한 사실과 태아의 성별까지 알고 있었고, 아이의 이름까지 직접 지어주었다(창 16:11). 하갈이 그런 그를 "나를 살피시는 하나님"(창 16:13)이라고 일컬은 것은 지극히 당연했다.

4. 여호와의 사자는 하나님처럼 행동했다. 그는 저주의 말로 거룩한 심판을 선언했고, 죄인들을 심판하기도 하고 구원하기도 했다(왕하 19:35, 창 48:15-16).

5. 여호와의 사자는 하나님처럼 경배를 받았다. 그는 하나님으로 대우받았고(출 23:20, 21) 기드온에게 희생제사를 받았으며, "여호와 살롬(여호와는 평강이시다)"으로 불렸다(삿 6:20, 21, 24).

6. 여호와의 사자는 하나님과 동일시되었다. 창세기 16장 13절에 기록된 하갈의 말을 문자대로 번역하면 '하갈이 자기에게 말씀하시는 여호와의 이름을 "나타나신 하나님"이라고 하였으니 이는 "내가 여기에서 나를 살피시는 하나님을 뵈었는가?"라고 말함이라'라는 뜻이다. 창세기 22장은 여호와의 사자와 여호와를 동일한 인격체로 언급한다(창 22:12, 15-16). 창세기 31장에서도 여호와의 사자와 하나님이 동일시되었다. "꿈에 하나님의 사자가 내게 말씀하시기를 야곱아 하기로……나는 벧엘의 하나님이라"(창 31:11-13). 삼손의 아버지 마노아는 여호와의 사자와 대화를 마치고 나서 자신의 아내에게 "우리가 하나님을 보았으니 반드시 죽으리로다"라고 소리쳤다(삿 13:21-22).

하나님은 자신의 사자를 가리켜 "내 이름이 그에게 있음이니라"(출 23:21) 말씀하셨다. 이 말씀은 하나님의 속성이 그 안에 계시되어 나타난다는 것을 의미한다. 찰스 하지는 여호와의 사자의 독특한 인격을 이렇게 설명했다.

이것이 우연한 현상이고 사자가 자신을 보낸 자의 이름으로 한두 차례 말을 전했다면 사자로 보내심을 받은 존재가 하나님을 섬기는 평범한 천사라고 생각할 수 있다. 그러나 이런 현상이 성경 도처에서 확인되고 또 이런 명칭들이 아무런 구별 없이 이런저런 천사들에게 적용된 것이 아니라 오직 하나의 특별한 천사에게만 적용되었다면 그는 하나님의 아들이

요 전능하신 하나님일 수밖에 없다. 그가 행한 사역은 성경의 다른 곳에서 하나님 자신이 행하신 사역으로 언급된다. 구약시대에 하나님의 백성을 인도했던 여호와의 사자는 현현하신 여호와로서 신약성경에서는 육신으로 나타나신 "로고스", 곧 하나님의 아들로 선포되었다. 이처럼 구약성경에 나타난 여호와의 사자는 성부와 구별되는 독특한 위격을 지닌 신성한 존재임이 분명하다.[35]

간단히 말해 여호와의 사자는 하나님이시고 하나님이 자기 아들을 통해 스스로를 나타내시기 때문에, 우리는 이 사자가 인간의 형상으로 나타나신 성자 하나님이라고 결론지을 수 있다. '인간의 형상'이라는 말에 주의하라. 구약시대에는 여호와의 사자가 인간의 형상으로 나타나셨을 뿐 아직 육신을 입지 못하셨다. 성육신은 신약시대에 비로소 이루어졌다.

여호와의 사자로서의 현현

이런 성경의 원리들을 염두에 두고 구약성경에 나타난 성자의 현현으로부터 몇 가지 교훈을 찾아보자. 먼저 성자께서 여호와의 사자로서 현현하신 사례를 살펴보고, 그다음 여호와의 영광으로 현현하신 사례를 살펴보면서 그 의미를 되새겨보기로 하자.

성자의 현현은 은혜를 전달한다

임신한 하갈이 광야에서 죽어갈 때, 겁에 질린 기드온이 미디안의 손에 이스라엘 백성이 진멸될 것을 우려할 때, 아브라함이 손에 칼을 들고 아들 이삭을 죽이려 할 때, 야곱이 에서의 손에 죽임당할 것을 근심할 때, 성자께서는 그들의 필요를 아시고 여호와의 사자로 현현하시어 은혜와 진리가 충만한 메시지와 구원의 손길을 베푸셨다.

성자의 현현은 하나님의 지속적인 사역을 보여준다

그리스도께서는 여호와의 사자로서 구약시대에 계속 활동하셨다. 그분을 통해 계시(출 3장), 구원(창 48:16), 언약(창 15:8-21), 중보(슥 12:1-3), 보호(시 34:7), 위로(창 16:7-13), 명령(삿 6:11-23), 심판(왕하 19:35)의 사역이 이루어졌다. 신학자 존 월부르드는 이렇게 말했다.

> 이 성경구절들은 모두 구약시대에 활동하신 성자를 묘사한다. 그분은 죄를 다스리고, 시련에 처한 이들을 도와주시며, 하나님의 뜻대로 살아가도록 인도하시고, 자기 백성을 원수들로부터 보호하시며, 하나님의 섭리를 이루셨다. 이 성경구절들은 그런 사역이 일시적이거나 예외적이 아니라 자기 백성을 향한 하나님의 지속적이고 일상적인 사역이었다는 점을 분명하게 보여준다. 성자의 인격에 관한 구약성경의 계시는 신약성경의 계시와 완벽한 조화를 이룬다.[36]

신학교수 안소니 핸슨은 신약성경의 저자들이 "예수님이 일찍부터 구약의 역사 속에서 활동하셨다고 확신했기 때문에 구약성경에서 신약의 사건들을 위한 예표들을 추적하기보다 구약시대와 신약시대 안에서 이루어진 동일한 예수님의 사역을 추적하는 데 초점을 맞추었다."라고 말했다.[37]

성자의 현현은 말씀의 계시가 증대되면서 점차 줄어들었다

성자께서 여호와의 사자로서 현현하신 경우는 구약시대 초반에 특히 많았다가 시간이 지나면서 차츰 줄어들었다. 왜 그랬을까? 그 이유 중 하나는 기록된 말씀의 계시가 증대되었기 때문이다. 말씀의 계시가 증대되면서 성육신 이전의 성자를 통한 계시의 필요성이 점차 줄어들었다. 성자의 현현이 희귀해지자 하나님의 백성은 더 온전하고, 더 오래 지속되는 성자의 계시를 간절히 고대하게 되었다. 이런 사실은 자연스레 다음의 교훈과 연결된다.

성자의 현현은 예수님을 위해 교회를 준비시켰다

찰스 드루는 성자의 현현이 하나님의 백성 안에서 어떻게 사랑과 갈망을 불러일으켰는지에 대해 다음과 같이 설명했다.

> 연인들은 서로 떨어져 있는 것을 못 견딘다. 전화나 장문의 편지만으로는 함께 있고 싶은 욕구를 달랠 수 없다. 그것은 오히려 욕구를 더욱 부추길 뿐이다. 구약시대에 이루어진 영원하신 성자의 현현도 그런 식의 전화나 편지와 비슷하다. 그것은 일시적이고, 불완전하고, 희미하기 때문에 성육신을 통한 하나님의 친밀하고, 은혜롭고, 항구적인 현현을 갈망하는 마음을 일깨운다.[38]

성자의 현현은 구원사역을 위해 그리스도를 준비시켰다

성자의 현현은 교회를 준비시키고 성도들에게 메시아의 사역을 미리 맛보게 했을 뿐 아니라, 그리스도에게도 자신을 준비시키고 메시아로서의 사명을 미리 맛볼 수 있게 했다.[39]

성자께서는 시련에 처한 인간에게 하나님의 메시지를 전달하심으로써 선지자의 사역을 미리 경험하셨고(창 16:10), 성막에 영광스럽게 임재하시고 마노아가 드린 희생제사의 불꽃을 타고 하늘에 오르심으로써 제사장의 사역을 미리 맛보셨으며(삿 13:19, 20), 이방인을 심판하고 자기 백성을 인도하고 다스리심으로써 왕의 사역을 미리 행하셨다(창 19장, 출 23:20-23). 따라서 그리스도는 자기 백성을 위해 선지자, 제사장, 왕으로 온전히 사역하실 때를 간절히 열망하셨을 것이 틀림없다.

그리스도가 구약성경에서 인간의 형상으로 현현하신 것은 사랑으로 불타는 하나님의 거룩한 마음을 드러낸다. 그런 사례들은 한시바삐 세상에 내려가 인간들을 구원하기 원하셨던 그분의 간절한 바람을 보여 준다.

스코틀랜드 고지대에 사는 기독교인들은 "그리스도께서는 자신이 입으실 성육신의 옷을 한 번씩 걸쳐보는 것을 즐기셨답니다."라고 말하곤 했다.

더 이상 인간의 형상으로 현현하지 않고 인간의 육신을 입고 위대한 복음사역을 이루실 때를 미리 맛보신 것은 참으로 즐거운 경험이었을 것이다.

여호와의 영광

성자께서는 여호와의 사자뿐 아니라 불과 연기의 형상으로도 구약시대 성도들에게 나타나셨다. 그 엄위한 불과 구름은 대개 "여호와의 영광"으로 불렸다.

출애굽기 3장은 여호와의 사자가 "떨기나무 가운데로부터 나오는 불꽃 안에서" 모세에게 나타났다고 이야기한다(2절). 이 특별한 사건은 신명기 33장 16절에서 "가시떨기나무 가운데에 계시던 이"라는 말로 다시 언급되었다. 그러므로 출애굽기 3장과 신명기 33장을 종합하면, 하나님의 아들이신 여호와의 사자가 가시떨기 가운데서 나오는 불꽃으로 여호와의 영광을 드러낸 것을 알 수 있다.

그렇다면 성자께서 거룩한 영광의 구름으로 현현하신 사실이 우리에게 주는 교훈은 무엇일까?

성자께서는 인도하신다

모세는 여호와의 사자가 이스라엘 백성 앞에 가시면서 낮에는 구름기둥으로, 밤에는 불기둥으로 그들을 인도하실 것이라 말했다(출 13:21, 14:19).

성자께서는 보호하신다

출애굽기 14장 19절은 구름기둥과 불기둥 가운데 거하는 여호와의 사자가 이스라엘 백성의 뒤에서 그들을 보호하신다고 이야기한다. 출애굽기 23장 20-23절도 이러한 사역을 언급한다. "내가 사자를 네 앞서 보내어 길에서 너를 보호하여 너를 내가 예비한 곳에 이르게 하리니 너희는 삼가 그의 목소리를 청종하고 그를 노엽게 하지 말라 그가 너희의 허물을 용서하지 아니할 것은 내 이름이 그에게 있음이니라 네가 그의 목소리를 잘 청종하고 내 모든 말대로 행하면 내가 네 원수에게 원수가 되고 네 대적에게 대적이 될지라 내 사자가 네 앞서 가서 너를 아모리 사람과⋯⋯ 여부스 사람에게로 인도하고 나는 그들을 끊으리니"

바울은 고린도전서 10장 1-4절에서 이 임재의 구름을 그리스도라고 밝혔다. 그리고 그리스도의 영적 임재가 이스라엘 백성에게 양식과 음료가 되었다고 말했다.

성자께서는 교제하신다

모세가 이스라엘 백성에게 언약의 피를 뿌리자 성자께서는 영광의 구름을 통해 사람들에게 자신을 나타내셨다. 그들은 "이스라엘의 하나님을 보았고" 모두 먹고 마시며 은혜로운 교제를 나누었다(출 24:10-11).

성자께서는 말씀하신다

성자께서 영광의 구름으로 성막에 임하시어 "사람이 자기의 친구와 이야기함같이…… 모세와 대면하여 말씀하셨다"(출 33:9-11).

성자께서는 긍휼히 여기신다

성자의 영광스런 현현은 여호와의 임하심(출 33:14-15), 곧 "우리의 연약함을 동정하시는"(히 4:15) 하나님의 임하심으로 일컬어진다.

"그들의 모든 환난에 동참하사 자기 앞의 사자로 하여금 그들을 구원하시며 그의 사랑과 그의 자비로 그들을 구원하시고 옛적 모든 날에 그들을 드시고 안으셨으나"(사 63:9).

성자께서는 명령하신다

엄위한 구름과 불의 형상으로 여호와의 영광이 나타났을 때 율법이 주어졌다(출 19:16-25, 24:16-18). 또한 스데반은 모세가 "시내산에서 말하던 그 천사와 우리 조상들과 함께 광야 교회에 있었고 또 살아있는 말씀을 받아 우리에게 주었다"(행 7:38)고 말했다.

성자께서는 앞일을 예고하신다

영광의 구름이 때로 성막을 가득 채운 현상은 성자께서 장차 육신을 입으시고 '우리 가운데' 거하실 때를 예고한다(출 40:34-38, 요 1:14). 영광의 구름은 특히 성막과 성전의 지성소에 있는 그룹 사이에 임했다. 하나님께서도 "내가 구름 가운데에서 속죄소 위에 나타남이니라"(레 16:2) 말씀하셨다(시 80:1 참조). 아울러 성자께서는 대제사장이 일 년에 한 차례 시은좌에 피를 뿌리게 하심으로써 죄인들을 위해 자신의 보혈을 흘리실 것을 예고하셨다.

성자께서는 계시하신다

모세가 "주의 영광을 내게 보이소서"라고 기도하자 성자께서는 "구름 가운데에 강림하사 그와 함께 거기 서서 여호와의 이름을 선포하셨다"(출 33:18, 34:5).

예수님은 세상에 계실 때도 변화산에서 영광의 구름에 둘러싸이셨다(마 17:5). 아마도 요한은 "말씀이 육신이 되어 우리 가운데 거하시매 우리가 그의 영광을 보니 아버지의 독생자의 영광이요 은혜와 진리가 충만하더라"(요 1:14)라고 기록하면서 그 일을 떠올렸을지 모른다. 또한 예수님은 영광스런 구름을 타고 하늘에 오르셨다. 그리고 언젠가 "하늘로 가심을 본 그대로" 영광의 구름을 타고 세상에 다시 오실 것이다(행 1:11). 그때에는 "각 사람의 눈이 그를 볼 것이다"(계 1:7). 구약성경과 신약성경에 나타난 것처럼 마지막 날에도 영광의 구름이 나타날 것이다.

Study Questions

1. 어떤 성경구절은 하나님을 보면 목숨을 부지할 수 없다고 가르친다(출 33:20, 딤전 6:15-16, 요일 4:12). 하지만 구약시대 성도들 중에는 하나님을 보고도 죽지 않은 사람들이 있다(하갈, 야곱, 모세, 마노아). 어떻게 그럴 수 있었을까? 요한복음 1장 18절, 고린도후서 4장 6절, 골로새서 1장 15절, 디모데전서 2장 5절을 찾아보라. 이 성경 본문들은 언뜻 모순처럼 보이는 이런 사실을 어떻게 이해하도록 도와주는가?

2. 현대의 성도들은 하나님을 보고도 살 수 있을까? 예수님은 오늘날 어떤 모습으로 우리에게 찾아오시는가?

3. 존 칼빈은 "과거 경건한 사람들은 거울을 보는 것처럼 하나님의 아들 안에서 그분을 봄으로써 그분을 알았다(고후 3:18 참조). 이 말은 하나님이 자신의 유일한 지혜요 빛이요 진리인 성자를 통하지 않고서는 다른 방식으로 자신을 드러내신 적이 없었다는 것을 의미한다"고 말했다.[40] 여기에는 매우 강한 의미가 담겨 있다. 즉 종교개혁자인 그는 하나님이 성자를 통하지 않고서는 계시를 허락하지 않으셨다고 말했다. 이 말을 입증하거나 반대하는 사례를 찾을 수 있는가? 칼빈의 말이 옳다면 그의 말이 성경, 특히 구약성경을 이해하는 데 어떤 영향을 미치는가?

4. 창세기 16장에서 여호와의 사자가 하갈에게 나타난 사건과 요한복음 4장에서 예수님이 사마리아 여인에게 나타나신 사건에서 어떤 유사점을 발견할 수 있는가?

5. 우리 대부분은 구약성경에 나타난 그리스도의 사역을 예외적이고 이례적인 사건으로 이해한다. 그러나 존 월브루드는 그것이 '흔하고 지속적인' 일이었다고 말했다. 이런 관점이 구약성경을 읽는 방식을 어떻게 변화시키는가?

6. 그리스도께서 구약성경에 나타나신 일이 우리와 함께 거하고 싶으신 열망을 드러낸 것이라면, 오늘날에는 그리스도께서 그런 열망을 어떻게 드러내시는가?

7. 그리스도께서 구약성경에 나타나신 일이 구약시대 성도들에게 그분의 초림을 고대하는 마음을 불러일으켰다면, 우리는 그분의 재림을 열망하고 고대하는 마음을 어떻게 배양하고 강화시켜 나가야 하는가?

8. 여호와의 사자가 나타난 사건을 묘사하는 다음 성경구절들을 읽어보라. 이 구절들을 통해 여호와의 사자의 성품과 역할에 관해 무엇을 배울 수 있는가?

    * 민수기 22장 22-38절
    * 사사기 2장 1-3절
    * 사사기 6장 11-24절
    * 스가랴 1장 12-21절
    * 여호수아 5장 13-15절

9. 구약성경의 하나님과 신약성경의 하나님이 서로 다른 것처럼 말할 때가 많다. 하지만 여호와의 사자는 구약성경의 하나님과 신약성경의 하나님이 동일하다는 것을 이해하는 데 어떤 도움을 주는가?

구약의 율법에서 예수님 발견하기
－그리스도의 계명

CHAPTER 4

　자유 국가에는 많은 법률이 있다. 국가 전체를 위한 연방법이 있고, 각 주마다 자체의 법률이 있다. 심지어 각 주 안에 있는 도시들도 제각기 규칙이 다르다. 따라서 어디에서 어떤 법이 적용되는지를 아는 것은 매우 중요하다. 예를 들어 만일 오하이오 주에서 운전 중에 휴대폰 문자를 발송했다면 미시간 주로 건너가기 전에 중단하는 것이 좋다. 그곳에서는 그 행위가 불법이기 때문이다. 또 법률을 제안하거나 고치기 원한다면 워싱턴에 편지를 보낼지, 아니면 주 의회에 연락해야 할지부터 판단해야 한다. 이처럼 우리는 다양한 방법을 통해 각종 법률을 적용하는 법을 구별해야 한다. 그러지 않으면 낭패를 보기 쉽다.
　마찬가지로 구약에 나타난 다양한 종류의 율법을 옳게 식별하지 못하면 영적으로 큰 손실을 피하기 어렵다. 이것이 내가 이번 장에서 구약

율법의 세 가지 유형(도덕법, 의식법, 시민법)을 각각 설명하고, 예수님이 어떻게 그 모든 율법을 성취하셨는지를 언급하려는 이유다(마 5:17). 그런 다음에는 예수님이 성경의 율법을 통해 어떻게 자신을 계시하셨는지 살펴볼 생각이다.

율법은 예수님의 계명이다. 그것은 그분에 관한 율법이고, 그분에게서 비롯됐다.

율법의 세 가지 유형

1) 도덕법

하나님은 인류의 첫 조상인 아담과 하와에게 도덕법을 허락하셨다. 비록 그들이 죄를 지어 하나님의 율법을 거역했지만, 그 흔적은 모든 인간의 양심에 남아 있다(롬 2:14-15). 또한 하나님은 시내산에서 도덕법을 열 가지 계명으로 간단히 요약해주셨다. 율법은 이스라엘 민족에게 처음 주어졌고 그중 일부는 특별히 그들에게만 적용되지만, 시대와 민족을 막론하고 이 열 가지 도덕적 원리는 모두에게 적용되는 항구적인 도덕법에 해당한다. 『웨스트민스터 신앙고백』은 "도덕법은 의롭다 하심을 받은 사람은 물론 모든 사람에게 영구히 복종을 요구한다."라고 진술한다.[41]

2) 의식법

의식법은 성막과 성전예배에 관한 지침이다. 영구적인 도덕적 원리와 의무가 의식법에도 계시되어 나타나지만(예를 들면 거룩한 예배의 원리와 거룩한 삶으로 예배를 준비해야 하는 의무), 의식 자체는 예수님이 성막과 성전을 대체하심으로써 모두 폐지되었다(요 2:19, 골 2:14).

『웨스트민스터 신앙고백』은 이것을 다음과 같이 설명했다.

하나님은 이스라엘에게 흔히 도덕법으로 불리는 이 율법 외에 의식법을 허락하셨다. 그 안에는 예표가 되는 여러 가지 의식이 포함되어 있는데 부분적으로는 그리스도와 그분의 은혜와 행위와 고난과 축복을 예표하고, 또 한편으로는 도덕적 의무를 일깨우는 다양한 교훈을 가르치고 있다. 그러나 이러한 의식법은 신약시대에 이르러 모두 폐지되었다.[42]

3) 시민법

시민법은 이스라엘 사회를 통치하는 데 필요한 법규와 형벌을 명시한다. 이 율법은 대부분 메시아가 오실 때까지 민족의 생존을 위협하는 내외적인 요인으로부터 이스라엘 사회를 보호하고 보존할 목적으로 주어졌다.

그러나 마침내 메시아가 오셨지만 이스라엘은 그분을 거부했다. 그리고 하나님은 70년에 로마 군대를 통해 이스라엘을 멸망시키셨다. 그와 함께 이스라엘의 독특한 시민법도 사라졌다. 그러나 이 율법의 기본이 되는 일반적인 정의의 원리는 적절히 연구하여 우리 시대에 적용해야 한다.

『웨스트민스터 신앙고백』은 이스라엘의 시민법에 관해 이렇게 말했다. "하나님은 정치체제를 구축하고 있던 이스라엘에게 여러 가지 사법적인 율법을 허락하셨다. 그러나 이 율법들은 그들의 국가와 더불어 모두 사라졌기 때문에 법률적 공정성이 요구하는 것 외에는 더 이상 아무런 구속력을 발휘하지 못한다."[43]

율법 대 복음?

이러한 근본적인 특성을 염두에 두고, 율법이 예수님을 계시하는 열 가지 방식을 살펴보기로 하자. 이런 시도가 조금 낯설게 느껴질지도 모르겠다. 또 '어떻게 율법이 예수님을 계시할까? 율법은 예수님과 우리 모두를 적대시하지 않는가? 종종 율법을 복음과 대조하는 설교를 듣지 않았던가? 그런데 어떻게 율법이 우리에게 예수님과 복음을 보여줄 수 있단 말인가?'라고 생각할 수도 있다.

충분히 이해한다. 나도 베른 포이드레스의 『모세의 율법 안에 나타난 그리스도의 그림자』(The Shadow of Christ in the Law of Moses)를 읽기 전까지는 그렇게 생각했다. 이 책의 제목은 율법을 통해서도 예수님을 발견할 수 있다는 것을 요약적으로 암시한다. 예수님은 율법에서 밝은 조명 아래 무대의 중심에 서 계시지 않고 그림자 속에 숨어 계신다. 따라서 주의 깊게 무대 전체를 살펴본다면 그분을 발견할 수 있다. 그러면 이제부터 율법 안에 숨어 계시는 그리스도를 찾아보자.

율법에 드러난 그리스도

사람의 말은 그 사람의 많은 것을 드러낸다. 하나님은 특별히 더 그러하시다. 그분의 말씀은 거짓, 위선, 가식과 무관하기 때문에 그분의 실체를 온전히 드러낸다. 또한 하나님의 말씀은 우리에게 그분이 어떤 분이신지를 알려준다. 하나님이 처음에 계시하신 말씀 가운데 율법이 큰 비중을 차지한다는 사실 자체가 그분의 성품에 관해 많은 것을 시사한다. 크리스토퍼 라이트는 이렇게 말했다. "사람들에게 율법을 가르치기 전에 먼저 그 배후에 계시는 하나님과 앞서 전개된 사건을 설명해야 한다. 율법은 은혜의 하나님과 은혜의 이야기를 전한다."[44]

예수님은 하나님의 영원하신 말씀이고(요 1:1), 성부, 성령과 동등하신 하나님으로서 기록된 말씀에 영감을 주셨을 뿐 아니라(딤후 3:16), 친히 육신을 입은 말씀이 되셨다. 따라서 율법은 성부와 성령은 물론 성자의 성품을 드러낸다. 사실 신약성경은 시내산에서 모세에게 율법을 주신 여호와의 사자가 성자였다고 증언함으로써 예수님을 율법과 더욱 밀접하게 연관시켰다(행 7:38). 그렇다면 율법은 그 수여자인 예수님을 어떻게 계시할까?

예수님은 주권자이시다

구약성경의 율법은 그것의 수여자이신 하나님의 주권적인 권위를 드러낸다. 하나님이 시내산에서 율법을 주실 때 놀라운 표적과 기사가 뒤따랐다. 즉 율법은 더 이상 논의의 여지가 없는, 확실한 방법을 통해 주어졌다. 따라서 "이것을 행하라", "이것을 행하지 말라"는 계명은 더 이상의 논의나 조정이나 타협을 용납하지 않는다.

예수님은 거룩하시다

도덕법이 가르치는 완전무결한 윤리, 의식법이 가르치는 정결과 성별, 시민법이 가르치는 이스라엘의 독특한 신분은 모두 "거룩하고 악이 없고 더러움이 없고 죄인에게서 떠나 계시는"(히 7:26) 그리스도의 거룩하신 속성을 드러낸다. 즉 예수님은 하나님의 완전한 이스라엘이시다.

예수님은 정의로우시다

도덕법은 하나님과 인간, 인간과 인간의 공정하고 공평한 관계에 관심을 기울이시는 그리스도를 보여주고, 시민법에 포함된 형벌의 원칙은 그리스도께서 율법을 수여하는 데 그치지 않고 그 준행 여부를 살피신다는 것을 보여준다. 따라서 율법의 형벌은 정의와 정당한 배상에 관한 그분의 관심을 드러낸다.

예수님은 지혜로우시다

하나님의 율법은 그리스도의 지혜를 드러낸다. 지금까지 도덕법에 표현된 하나님의 지혜를 외면하고 번영을 구가했던 나라는 어디에도 없다. 역사상 가장 큰 성공을 거둔 나라와 제국과 문명사회는 모두 시민법의 일반적인 원리와 관습을 기조로 삼았다.

예수님은 선하시다

하나님이 이스라엘에게 율법을 주신 것은 그들을 향한 사랑과 선하심의 표현이었다(신 4:8). 다시 말해 그들 외에는 그 어떤 나라도 그런 율법을 소유하는 특권을 누리지 못했다. 율법을 지키는 한, 이스라엘 민족의 생존과 번영은 안전하게 보장되었다(신 4:40, 28:1-14). 또한 도덕법은 인간 생활의 모든 측면(예배, 언행, 가정생활, 노동, 가난, 압제 등)에 관한 하나님의 자애로운 관심을 드러낸다.

예수님은 구원자이시다

도덕법과 시민법은 죄가 야기한 불법과 혼란을 올바로 시정하는 데 초점을 맞추었다. 율법은 회복, 즉 구원의 목적을 지녔다. 또한 율법은 질서와 규칙을 회복하고, 타락한 세상을 구원하시려는 하나님의 뜻을 나타낸다. 정결한 것과 부정한 것을 다루는 의식법은 부정한 것을 가중하게 여기시는 하나님의 성품을 반영할 뿐 아니라 그것을 깨끗하게 씻어 없애고, 부정한 사람을 회복시켜 자신과 생명의 교제를 나누게 하시려는 하나님의 의지와 능력을 계시한다.

간단히 말해 율법은 세상에 질서를 회복하고, 세상을 부정한 것에서 깨끗하게 하며, 사람들과 교제를 나누고자 하시는 하나님의 의도를 보여 준다. 그런 기능을 통해 율법은 그리스도의 아름다운 성품을 계시한다.

예수님에 관한 해설

율법은 성육신 이전의 예수님, 곧 하나님의 영원한 아들이신 그분의 성품뿐 아니라 성육신 이후의 예수님, 곧 인자이신 그분의 성품까지 계시한다.

예수님은 어제나 오늘이나 영원토록 동일하시기 때문에, 그분이 세상에 오셨을 때도 그분의 마음속에는 여전히 도덕법이 존재했다(시 40:8). 더욱이 그분은 "율법 아래 나셨다"(갈 4:4). 이 말은 예수님이 스스로 하나님의 종이 되어 율법에 복종하고, 그것을 온전히 이루시기 위해 세상에 오셨다는 것을 뜻한다(마 5:17, 빌 2:7-8).

따라서 우리는 십계명의 본질로부터 예수님의 지상생활의 본질을 추론할 수 있다. 즉 예수님은 하나님과 인간에게 똑같이 충실하셨다. 또한 그분은 겉과 속이 일치하는 삶을 사셨다(마 5:21-48). 하나님이 선택하신 이스라엘 백성은 거듭 실패했지만, 하나님의 독생자이신 예수님은 단 한 번도 실패하지 않고, 온전하고 영광스러운 승리를 거두셨다(눅 4:1-13). 이 놀랍고, 완전하고, 온전한 그리스도의 의가 믿음으로 그분과 연합하는 사람들에게 전가된다(고후 5:21).

가르침을 위한 본보기

율법은 예수님의 삶뿐 아니라 그분의 가르침도 계시한다. 예수님의 첫 번째 설교는 도덕법에 관한 것이었다. 그분은 단순히 도덕법을 되풀이하는 데 그치지 않고 그것을 더 확대하고, 강화하고, 심화시키셨다(마 5:21-48).

또한 예수님은 의식법의 요구를 내면화시키셨다. 그분은 성막에 나가기 위해 육체를 깨끗하게 하는 정결의식을 강조하는 대신 "마음이 청결한 자는 복이 있나니 그들이 하나님을 볼 것임이요"(마 5:8)라고 가르치셨다.

더불어 예수님은 십일조에 관한 신명기의 율법을 근거로 과부의 온전한 헌금과 바리새인의 위선을 드러내셨다(신 26:12-15, 막 12:41-44, 마 23:23).

신구약성경을 함께 읽을수록, 신약성경의 가르침과 예수님의 말씀 안에 구약성경의 용어와 개념이 깊이 스며들어 있는 것을 거듭 확인할 수 있다.

자기 성찰의 빛

『웨스트민스터 신앙고백』은 율법이 "그들(성도들)의 본성과 마음과 삶이 죄로 인해 부패했다는 것을 일깨워주어 스스로를 살펴 죄를 더욱 깨닫게 하고, 죄를 미워하게 하며, 겸손한 태도를 취하도록 이끌고, 그리스도와 그분의 완전하신 복종의 필요성을 더욱 분명히 의식하게 만든다"고 말한다.[45]

이스라엘 백성은 종종 율법을 통하여 죄를 깨달았고 그 두려운 형벌을 의식했다. 때문에 그들은 구원의 필요성을 더욱더 절감했을 것이다.

결국 그들의 불순종은 하나님께서 새로운 구원의 방법으로 그들의 마음에 율법을 기록하셔야 할 필요성을 분명하게 보여주었다.

따라서 율법을 통해 그 온전하신 성품을 드러냈고, 직접 율법을 실천하셨을 뿐 아니라 율법의 참된 취지를 정확하게 가르치셨던 예수님이 종종 율법처럼 사람들의 양심을 일깨우셨던 것은 너무도 당연하다. 귀신들은 그분을 보고 두려워하며 소리를 질렀고(마 8:29), 베드로는 예수님의 거룩하심을 목격하고 "주여 나를 떠나소서 나는 죄인이로소이다"(눅 5:8)라고 부르짖었다.

예수님이 가르치고 친히 실천하신 도덕법은 은혜의 복음을 위한 길을 예비한다(갈 3:24-25). 이것이 존 패튼이 요한복음 3장 16절이 아닌 십계명으로 뉴헤브리디스의 이교도들을 위한 선교 사역을 시작했던 이유요, 존 엘리엇이 아메리카 원주민들을 향한 첫 번째 설교로 십계명을 전했던 까닭이다.

예수님의 죽음

율법은 예수님이 죽으셔야 할 필요성만이 아니라 그 죽음의 본질까지 설명한다.

율법의 위반 예수님의 죽음은 가장 극악한 무법행위였다. 그분의 삶이 전례 없는 방식으로 율법의 취지를 드러냈다면, 그분의 죽음은 전례 없는 방식으로 인간의 무법함을 드러낸다.

율법의 저주 율법의 저주가 예수님께 쏟아져 그분의 백성이 그 저주로부터 자유롭게 되었다(갈 3:10-13). 또한 율법에 대한 예수님의 복종이 십자가에서 절정에 달했듯이 율법의 저주에 의한 그분의 고난도 십자가에서 절정을 이루었다. 그러므로 예수님이 자기 백성을 위해 당하신 고난을 더 깊이 이해하고 싶다면 신명기와 레위기에 기록된 율법의 형벌과 저주를 읽어보라.

율법의 정의 베른 포이드레스는 구약성경이 가르치는 정의의 근본 원리 가운데 예수님의 죽음을 통해 나타난 하나님의 정의를 미리 예고하는 네 가지 원리를 찾아냈다.

첫째, "눈에는 눈으로 이에는 이로"라는 보응의 원리다(레 24:20, 욥 1:15). 예수님은 자신이 대표하는 자들을 위해 죽으셨고, 그 죽음으로 "눈에는 눈, 손에는 손, 생명에는 생명, 영혼에는 영혼으로"라는 하나님의 보응을 직접 감당하셨다.
"친히 나무에 달려 그 몸으로 우리 죄를 담당하셨으니"(벧전 2:24).

둘째는 배상의 원리다.

이것은 피해자나 재물이나 명예에 대한 보상이 이루어지는 것을 말하며(출 21:30, 30:12), 신약성경은 이 개념을 적용해 예수님의 죽음을 대속물로 나타냈다(마 20:28, 벧전 1:18-19).

이것이 구약성경이 "내가 빼앗지 아니한 것도 물어주게 되었나이다"(시 69:4)라는 말로 예수님의 죽음을 예언한 이유다.

세 번째는 억제의 원리다.

이것은 구약성경이 가르치는 가장 위대한 정의의 원리 중 하나다. 정의가 집행되어야 했던 이유는 그것을 보고 더 이상 죄를 짓지 못하도록 억제하기 위해서였다(신 13:11, 19:20).

이에 대해 사도바울은 예수님의 십자가가 죄를 억제하는 궁극적인 방책이라고 설명했다(롬 6:2-3, 갈 5:24).

넷째는 회복의 원리다.

구약성경의 정의는 특정한 상황에서 죄인을 다시 회복시킬 수 있는 방법을 제시하며, 이것은 예수님이 죽으신 궁극적인 목적이 죄인들의 회복에 있다는 것을 보여준다. 신약성경의 여러 구절도 이 점을 강조한다(롬 8:3-4, 고후 3:18, 5:17).

질서와 생명의 회복

율법은 피조세계 전체에 미친 죄의 영향력을 극복하는 데 초점을 맞추었다. 이는 예수님의 죽음도 마찬가지다. 즉 죄가 우주적인 차원을 지니는 것처럼 그리스도의 죽음도 우주적인 차원을 지닌다. 예수님의 죽음으로 세상의 모든 죄인이 구원을 받는 것은 아니지만, 그 궁극적인 목적은 혼란에 빠져 죽어가는 세상에 질서와 생명을 회복하는 것이다(롬 8:19-22, 엡 1:10-12, 골 1:20).

심판에 대한 예고

구약에 나타난 율법의 형벌은 하나님의 성품을 반영한다. 장차 마지막 심판을 집행하실(행 17:31, 고후 5:10) 예수님의 성품도 반영한다. 더불어 율법의 형벌과 그 집행은 모든 불순종하는 자들과 경건하지 못한 자들에게 임할 마지막 심판을 예고한다. 따라서 율법의 형벌은 예수님의 마지막 심판을 예고하는 희미한 그림자요 작은 본보기다. 그런 형벌이 주어진 이유는 죄인들로 하여금 구원자이신 예수님 안에서 피난처를 찾게 하기 위해서다.

예수님의 임재

도덕법은 불순종하는 자를 저주하고 복종하는 자를 축복하시는 예수님의 능력을 보여준다(신 28:1-14). 또 율법을 지킨다고 해서 구원받을 수 있는 것은 아니지만, 율법은 구원받은 영혼의 영적 생활에 즐겁고 형통한 영적 삶을 가져다준다. 즉 구원받은 이스라엘 백성이 죄와 죽음과 부정함을 멀리했다면, 하나님의 복된 임재를 더 많이 누렸을 것이다(레 26:12).

이미 살펴본 대로 구원, 관계, 계명, 보상이라는 은혜의 순서를 이해하는 것은 매우 중요하다(출 19:3-6). 이스라엘처럼 우리도 은혜로 구원받아 예수님과 살아있는 관계를 맺게 되었다. 우리는 그분의 계명을 지킴으로 감사를 표현해야 하고, 그로써 그분의 임재를 더 많이 경험하는 은혜로운 보상을 받는다.

사랑의 복종은 예수님을 성도의 영혼 안으로 모셔들이고, 또한 영혼이 그분께로 나아가게 만든다.

예수님은 "나의 계명을 지키는 자라야 나를 사랑하는 자니 나를 사랑하는 자는 내 아버지께 사랑을 받을 것이요 나도 그를 사랑하여 그에게 나를 나타내리라"(요 14:21) 말씀하셨다(고후 3:18 참조). 이처럼 우리는 변하지 않는 도덕법에 복종함으로써 예수님에 대한 사랑을 표현한다. 더불어 사랑의 마음으로 율법을 지키는 행위는 예수님이 더 많은 사랑을 우리에게 베푸시는 길을 열어준다.

예수님의 집

율법이 요구하는 질서는 이스라엘 민족의 역사 속에서 실현되지 못했다. 광야에서는 물론이고 약속의 땅에 정착했을 때도 마찬가지다. 약속의 땅은 주님의 이상적인 거처를 암시하는 불완전한 그림자에 불과했다. 이 세상에 유토피아를 건설하려는 시도가 많았지만, 그 꿈은 아직도 이루어지지 않고 있다. 따라서 율법의 질서가 완벽하고 아름답게 확립되어 거룩한 예배와 안식과 관계와 교제가 이루어지는 곳은 천국뿐이다.

이처럼 율법은 예수님의 거룩한 거처, 곧 그분이 거하며 다스리시는 장소를 암시한다. 우리 모두 언젠가 그곳에서 그분을 만나기를 희망하고 있다.

예수님의 영광

『웨스트민스터 신앙고백』에 따르면, 성도는 율법을 통해 "그리스도와 그분의 완전하신 복종의 필요성을 더욱 분명하게 의식한다."[46]

율법은 성도의 생각과 마음속에서 예수님을 드높인다. 심지어 도덕법에 대한 우리의 불완전한 복종도 예수님을 드높인다. 우리는 예수님이 정해주신 방법으로 하나님이신 그분을 예배함으로써 그분을 찬양한다. 또한 우리는 예수님의 이름, 곧 모든 이름 위에 뛰어난 이름을 존귀하게 여김으로써 그분을 드높인다. 우리는 예수님 안에서 안식하고, 또 주일에 안식함으로써 그분을 존중한다. 주님이 우리를 축복하기 위해 허락하신 역할과 관계에 충실함으로써 그분을 공경한다. 또 예수님이 창조하신 생명을 귀하게 여김으로써 그분의 영광을 드높이고, 그분의 진리를 널리 전함으로써 그분을 찬양하며, 세상의 그 어떤 소유보다 그분을 더욱 만족스럽게 여김으로써 그분을 영화롭게 한다.

이와 관련하여 크리스토퍼 라이트는 율법이 이스라엘 백성을 하나님의 형상으로 변화시키고자 했던 선교 목적을 지녔다고 강조했다.

> 율법은 이스라엘 민족을 인류의 대표자로 만들어 하나님의 성품과 계명을 모든 민족에게 알리는 기능을 담당했다. 그것은 선교적 기능이었다. 다시 말해 율법의 목적은 이스라엘을 성별해 그들이 경배하는 하나님을 증언하고, 그분에 대해 말하고, 그분께 관심을 기울이게 하는 것이었다.[47]

우리도 그래야 한다. 위에서 제시한 열 가지 방법을 충실하게 활용할수록 예수님이 우리와 세상 안에서 더욱 위대해지고 더욱 존귀해지실 것이다.

예수님이 율법을 확장하고 존귀하게 여기신 것처럼(사 42:21), 율법은 그분을 높이고 존귀하게 만든다. 따라서 우리는 율법을 적이 아닌 친구로 생각하고, 하나님이 본래 의도하신 대로 율법을 잘 활용해 우리의 삶 속에서 예수님을 높이고 영화롭게 해야 한다.

Study Questions

1. 구약의 율법을 세 가지로 나눠 구별하는 것이 중요한 이유는 무엇인가?

2. 구약의 율법이 오늘날까지 지속되는 도덕법, 예수님의 죽음으로 폐지된 의식법, 정의의 원리를 이해하는 데 도움을 주는 이스라엘의 시민법으로 이루어졌다고 생각하는가?

3. 성자께서 모세에게 십계명을 주셨다는 것을 이해하면, 십계명을 바라보는 관점에 어떤 변화가 생기는가?(행 7:38)

4. 예수님의 율법을 읽고 그분의 성품에 대해 무엇을 배울 수 있는가?

5. 예수님이 가르치실 때 구약의 율법을 사용하신 사례를 말해보라.

6. 복음전도에서 율법이 차지하는 역할은 무엇인가?

7. "십자가는 예수님의 복음뿐 아니라 그분의 율법을 나타낸다"는 말의 의미를 어떻게 설명할 수 있는가?

8. 구약성경은 하나님께서 죄를 심판하신 사례들을 기록하고 있다. 그런 사실은 마지막 심판에 관해 무엇을 가르치는가?

9. 율법은 예수님과의 교제에서 어떤 역할을 하는가?

10. 율법은 우리의 마음과 생각 속에서 예수님을 어떻게 증언하는가?

구약성경의 역사 속에서 예수님 발견하기
—그리스도의 과거

나는 착시현상 인지에 능숙하지 못하다. 깃털 모자를 쓴 우아한 여성의 흑백 사진을 몇 시간씩 바라보면서도 나는 그녀가 숄을 두른 비쩍 마른 여성처럼 보인다는 생각을 단 한 번도 해본 적이 없다.

한때 수천 개의 작은 사진으로 이루어진 사진이 유행했던 것을 기억하는가? 눈의 초점을 조금만 흐리게 하면, 혼란스러운 사진들 속에서 큰 그림을 발견하게 된다. 그러나 나는 눈이 아플 때까지 아무리 초점을 흐릿하게 해도 도무지 큰 그림을 발견할 수가 없었다. 다른 사람들이 큰 그림을 발견하고 즐거워하면 할수록 짜증만 더해갔다.

그런데 이러한 착시현상은 구약성경과 예수님을 연관시키는 또 다른 방법이 될 수 있다. 즉 신약성경은 언뜻 보기에 아무 관계가 없어 보이는 구약성경의 말씀들을 들여다보게 하고, 마침내 거기에서 예수님이라는 큰 그림을 발견할 수 있도록 도와준다. 참으로 놀라운 경험이 아닐 수 없다.

구약성경 전체가 예수님과 연관되어 있고, 그분의 강림으로 절정에 이르렀다는 사실을 보여주는 설교자들과 저술가들의 글을 발견하기 시작했던 때가 기억난다. 내 마음과 생각에서 큰 기쁨이 넘쳐났다. 물리적 착시현상도 아니고 신학적 착시현상도 아니었다. 그것은 참으로 가슴을 설레게 만드는 진리, 너무나도 기쁜 현실이었다. 도널드 밀러는 하나님의 구원계획을 다음과 같이 연극에 빗대었다.

> 극작가가 희곡 전반부에서는 혼란스럽지만 절정에 이르면 뚜렷하게 드러나는 개념들을 도입하는 것처럼 하나님도 구원사역이 예수님을 통해 획기적으로 전개되는 순간, 본래의 상황에서는 발견할 수 없었던 명확한 구원의 요소들을 구원사의 전반부에 도입하셨다.
>
> (이 말을 그레이다누스는 다음과 같이 이어받았다)
>
> 하나님은 구원의 계획을 인간의 역사 속에서 점진적으로 펼쳐나가신다. 신약성경의 저자들은 구약성경을 토대로 그리스도께서 구원사역의 기나긴 과정 중 절정을 이루셨다고 선언했다.[48]

옳은 말이다. 그러나 큰 그림을 발견하려는 초기의 성급함이 어느 정도 가라앉은 후, 나는 예수님이 구약성경 역사의 목적이자 절정이시라는 것을 보여주고 싶은 열정 때문에 그분의 큰 그림을 구성하는 작은 그림들을 간과하는 일이 빚어지기 쉽다는 것을 깨닫게 되었다.

작은 그림들

내 말의 의미를 다시금 착시현상에 빗대어 설명하면 다음과 같다. 작은 그림들을 자세히 살펴보라. 무엇이 보이는가? 대개는 서로 무관한 그림이 제멋대로 널려 있는 것처럼 보인다.

예를 들어 조지 워싱턴이 큰 그림이라면 당근, 바나나, 말, 컴퓨터, 책 등이 작은 그림에 해당할 것이다. 그런 작은 그림들은 그 자체로는 조지 워싱턴과 아무 관계가 없다. 그러나 그것을 큰 그림의 일부로 보면, 조지 워싱턴의 형상을 발견할 수 있다.

안타깝게도 어떤 사람들은 구약성경을 큰 그림으로만 보고 또 그렇게 활용한다. 그들은 구약성경 역사의 마지막에서 예수님이라는 큰 그림을 발견하지만, 큰 그림을 구성하는 작은 그림에서는 그분을 발견하지 못한다. 그들의 눈에는 그 작은 그림들이 단지 당근이나 바나나처럼 보인다.

예를 들어 어떤 사람들은 구약성경의 제사장들이 예수님의 제사장 사역을 예표한다고 생각한다. 맞다. 어떤 사람들은 구약성경의 왕들이 만왕의 왕이신 예수님을 예표한다고 생각한다. 그 또한 맞는 얘기다. 그러나 왕과 제사장들의 긴 계보 가장 마지막에서만 예수님을 볼 수 있는 것일까? 신약성경의 눈으로 뒤를 돌아봐야만 그 그림에서 그리스도를 발견할 수 있는 것일까? 물론 때로는 그렇게 느껴지기도 한다.

그렇다면 구약시대의 성도들은 어땠을까? 그들은 단지 아론의 제사장직과 다윗 왕가만을 의지했을까? 그렇지 않다. 그들은 믿음으로 아론의 제사장직과 다윗 왕국 안에서 장차 오실 메시아를 보았다. 즉 그들은 작은 그림들 속에서 예수님을 발견했다. 물론 그림자의 형태로 그분을 발견했지만, 그림자도 조금은 빛이 있어야 볼 수 있는 법이다.

조나단 에드워즈의 『구원사역의 역사』(History of the Work of Redemption)는 작은 그림들 안에서 예수님을 발견할 수 있도록 내 눈을 열어주었다. 그 책의 목적은 구원의 큰 그림을 보여주는 것, 곧 하나님의 구원사역이 베들레헴이 아니라 에덴동산에서부터 시작되었다는 것을 보여주는 것이었다.

에드워즈는 성부와 성령은 물론 세상에 오시기 전이나 그 후에나 우리의 중보자로 일하셨던 그리스도께서 행하신 모든 일이 구원사역에 포함되어 있다고 말하면서 구원의 역사가 성경 전체를 통해 어떻게 전개되었는지를 설명했다.[49]

아울러 에드워즈는 그 과정에서 개인의 영혼이 구원받은 사실을 강조했다. 그는 "하나님의 교회와 백성을 위한 작은 구원과 해방들"을 "그리스도께서 세상에 오셔서 이루신 큰 구원의 전조이자 형상"으로 간주했다.[50]

또한 그는 "작은 구원들" 안에서 참된 기독교의 구원을 발견했고, 예수님이 구속사의 목적이실 뿐 아니라 그 전 과정에 능동적으로 참여하셨다는 것을 보여주었다. 즉 예수님은 다른 모든 과정을 배경으로 하는 마지막 무대는 물론이고, 구속사의 첫 무대와 그 이후에 전개된 모든 무대의 주인공이셨다.

그러면서도 에드워즈는 예수님의 성육신이라는 절정의 단계를 평가절하하지 않았다. 그는 예수님의 인격과 사역이 구약성경의 구속사적 의미를 부여하는 데 반드시 필요했다는 사실을 부인하지 않았다. 그는 예수님이 세상에 오지 않으셨다면, 구약시대의 성도들 그 누구도 구원받지 못했을 것이라고 생각했다. 그러나 그는 구약성경의 사건들을 단지 예수님께로 향하는 디딤돌로만 여기지 않았다. 다시 말해 그는 모든 것을 큰 그림에만 집중시켜야 한다고 생각하지 않았기 때문에 작은 그림들 안에서도 큰 그림을 발견할 수가 있었다.

구속사에 나타나신 예수님

앞에서 언급한 에드워즈의 『구원사역의 역사』를 직접 읽어보는 것이 가장 좋지만, 여기에서 그의 책 내용 일부를 발췌해 예수님의 과거, 곧 구약성경의 역사를 통해 그분을 전하는 방법 중 그분을 가장 영화롭게 할 수 있는 방법을 몇 가지 소개하고자 한다.

첫 번째 구원 에드워즈는 창세기 3장에서 그리스도를 발견했다. 창세기 3장은 성경의 첫 번째 구원을 다루고 있다.

> 인간이 타락하자 하나님의 영원한 아들이신 그리스도께서 중보자로 나서시어 성부 앞에 자신을 드리셨다. 그분은 거룩하고 무한하신 하나님과 그분의 권위를 거스른 인간 사이에 즉각 개입해 중재에 나섰고, 하나님은 그분의 중재를 받아들이셨다. ……그리스도께서는 인간이 타락하자마자 하나님과 인간 사이의 중보자로서 일하기 시작하셨다. 왜냐하면 인간에게 그 즉시 긍휼이 주어지기 시작했기 때문이다.[51]

그밖에도 에드워즈는 창세기 3장 15-22절에서 그리스도께서 아담과 하와를 위해 선지자(여자의 후손이 마귀를 정복할 것이라는 약속), 제사장(희생제도의 제정), 왕(아담과 하와의 구원)이라는 세 가지 직임을 감당하셨다는 사실을 발견할 수 있다고 말했다.

단정할 수 없지만 그리스도께서는 인간이 타락하자마자 중보자의 역할을 담당하셨고 그 순간부터 구원사역을 즉각적이고 효과적으로 시작하셨을 가능성이 매우 높다. 결국 그분은 자신의 원수인 마귀를 물리쳐 정복하심으로 그의 첫 번째 포로였던 두 사람을 구원하셨다.[52]

첫 번째 희생 에드워즈는 하나님이 아벨의 삶을 통해 희생제도를 정하셨고, 그로써 메시아의 희생을 예고하셨다고 설명했다. 장차 오실 메시아를 믿는 믿음으로 드려진 희생제사는 하나님을 기쁘시게 했다. 에드워즈는 아벨이 하나님이 제정하신 희생제도에 순종했다는 사실을 근거로 희생제도는 "하나님이 창세기 3장 15절을 통해 은혜의 언약을 계시하신 직후에 제정되었다"고 말한 뒤 "언약과 약속이 희생제도의 토대였다"고 덧붙였다.[53]

첫 번째 영화 첫 번째 박해를 통해 첫 번째 순교자가 나타났다. 바로 가인이 의로운 아벨을 살해한 것이다. 이에 대해 에드워즈는 다음과 같이 말했다.

아벨은 그리스도의 구원을 통해 천국에 들어간 최초의 영혼이다. 그리고 그가 천국에 들어간 최초의 인간이라면, 동시에 영화를 경험한 최초의 인물이기도 하다. 왜냐하면 회심과 칭의를 통해 그리스도의 구원을 받은 사람들의 영혼은 결국 영화롭게 되기 때문이다. 천사들은 아벨을 상대로 그리스도를 섬기는 영으로서의 역할을 최초로 수행했고, 구원받은 영혼들을 영광으로 인도하는 일에 착수했다. 선택받은 천사들은 아벨을 통해 타락한 인간의 영혼 하나가 죄와 불행의 깊은 심연 속에 깊이 가라앉아

있다가 천국에 올라와 하늘의 영광을 누리는 놀라운 광경을 처음 목격했다.[54]

첫 번째 영적 부흥 에드워즈는 "사람들이 비로소 여호와의 이름을 불렀던"(창 4:26) 에노스의 시대가 "성령의 임재라는 놀라운 사건이 최초로 이루어진 시대였다"고 설득력 있게 주장했다. 그는 "전에는 몇몇 사람들의 마음속에서만 하나님의 구원사역이 일어났지만, 이제는 하나님이 영혼들을 추수하여 그리스도께 인도하실 목적으로 자신의 영을 더욱 풍성하게 부어주시기를 기뻐하셨다"고 말했다.[55]

그러므로 성령께서 오순절에야 비로소 강림하셨다고 생각하면 안 된다. 오순절의 성령 강림은 그 한도나 범위가 이전에 비해 훨씬 컸을 뿐이다. 구약시대의 성도들도 "죄와 허물 가운데 죽은" 상태였기 때문에 성령의 사역 없이는 회심하거나 믿음을 가질 수 없었다. 즉 그들도 우리처럼 성령의 지속적인 사역 없이는 잠시도 믿음을 유지할 수 없었다.

구약시대에 이루어진 성령의 내주하심은 마치 뜨거운 여름날, 스펀지에 물을 조금씩 계속해서 떨어뜨리는 워터드리퍼와 같았다. 그러나 스펀지는 단지 젖어있을 뿐, 밖으로 물을 흘려보낼 만큼 충분한 물을 흡수하지는 못했다. 그러다가 신약시대에 이루어진 성령의 내주하심이 마치 힘껏 물을 쏟아대는 호스처럼 사방으로 물이 넘쳐흐르게 만들었다. 예수님에 관한 하나님의 계시가 풍성하게 나타나자 성령께서도 풍성하게 임하셨다(요 7:35-39). 충만하고, 영속적이고, 광범위하고, 명백한 성령강림이 오순절에 이루어졌다. 그리고 오늘날 성령께서는 더욱 강력하고, 광범위하고, 확실하게 역사하신다.

정도와 깊이의 차이가 있다고 해서 구약시대 성도들에게 성령의 내주하시는 사역이 이루어지지 않았다고 생각하는 것은 곤란하다. 성령의 내적 사역이 없으면 누구도 거듭나거나 믿거나 회심할 수 없다. 구약시대든 신약시대든 성령의 내적 사역이 지속적으로 이루어지지 않으면 잠시도 믿음을 유지할 수 없다. 뿐만 아니라 성령께서 우리 안에 거하면서 역사하시지 않으시면, 우리는 즉시 믿음을 내던지고 타락할 수밖에 없다.

첫 번째 설교자 에드워즈는 에녹을 그 당시의 사람들 중 가장 위대한 성도로 간주했다. 에녹은 이전에 살았던 그 어느 누구보다 구원의 사역을 훨씬 더 많이 경험했을 뿐 아니라 그리스도와 매우 친밀한 관계를 맺었다(창 5:22). 신약성경도 에녹이 그리스도를 전한 설교자였다고 이야기한다(유 1:14-15). 이에 대해 에드워즈는 다음과 같이 설명했다.

> 에녹은 그리스도의 강림을 예언했다. 그의 예언은 어느 한 시점에서 이루어진 그리스도의 특별한 강림을 가리키는 데 국한되지 않고, 일반적 차원에서 자신의 나라와 함께 임하시는 그리스도의 강림을 가리키는 듯하다. 그의 예언은 그분의 초림과 재림을 통해 성취된다. 그리고 그리스도께서는 자기를 세상에 나타내실 때마다 언제나 자기 백성을 구원하고 원수들을 물리치신다.[56]

첫 번째 부활 에녹 안에서 이루어진 하나님의 구원사역은 그가 죽지 않고 하늘에 들어간 사건을 통해 그 독특성이 더욱 강조된다(창 5:24). 에드워즈는 이렇게 말했다. "에녹이 살아서 하늘로 옮겨진 것은 타락으로 파괴된 인간의 육체가 회복된 최초의 사건이었다. 그리스도의 구원을 통해 인간의 영혼이 회복된 경우는 많지만, 실제로 육체가 속량되어 구원받은 경우는 지금까지 단 한 번도 없었다."[57]

이밖에도 에드워즈는 많은 이야기를 했다. 지금까지 인용한 내용은 그의 책 『구원사역의 역사』의 맛보기에 지나지 않는다. 그러므로 그 책을 직접 읽어보면서 영적인 단순함과 아름다움을 갖춘, 그의 그리스도 중심적인 성경해석을 마음껏 즐기라고 권하고 싶다. 간단히 말해 에드워즈는 예수님과 그분의 구원을 구속사의 절정이자 그 전 과정에 지속적으로 나타난 필수불가결한 요소로 생각했다. 그런 생각은 절대 착각이 아니다.

구속사의 활용

구약의 역사를 그리스도 중심적으로 바라볼 수 있는 또 다른 방법이 있다. 예수님은 구약성경의 역사교육을 받으셨고, 거기에서 동기를 얻으셨으며, 그것을 지도적 원리로 삼으셨다. 이는 지금까지 깊이 있는 탐구가 제대로 이루어진 적이 없는 주제다.

나는 예수님의 성장과 학습과정을 다룬 설교를 준비하면서 이 주제를 더욱 깊이 생각하기 시작했고, 결국 예수님의 인성에 함축된 의미(눅 2:40)에 관심을 기울이게 되었다.

예수님의 인성은 가르침을 필요로 했다

여기에서는 예수님의 전지하신 신성을 논하지 않는다. 우리의 주제는 예수님의 유한하고 제한적인 인성이다. 그분은 모든 것을 완벽하게 아는 지식을 구비하고 태어나지 않으셨다. 그분이 알지 못하시는 것들이 있었다. 거기에는 심지어 하나님에 관한 일도 포함되었다(막 13:32).

예수님의 지식은 성장하면서 자랐다
나이가 들고 성숙해지시면서 예수님의 지식과 이해력도 발전했다.

예수님은 듣고, 읽고, 공부하면서 배우셨다
성령께서 예수님의 인성에 직접 진리를 계시하신 적도 있었겠지만, 대부분은 읽기와 듣기 같은 정상적인 인간의 방법을 통해 배우셨다.

예수님이 지식을 배우신 가장 중요한 출처는 구약성경이었다
구약성경은 예수님의 가장 중요한 책이었다. 그분은 부모에게 가르침을 받고, 스스로 성경을 읽고, 회당에서 읽어주는 성경말씀과 설교를 듣고 지식을 얻으셨다.

예수님은 그 누구보다 구약성경을 잘 알고 계셨다
세상에 머무시는 짧은 기간 동안, 예수님은 매우 효율적으로 성경을 배우고, 성경을 이해하셨다. 그분보다 성경을 더 잘 배우고 더 잘 이해한 사람은 전에도 없었고 앞으로도 없을 것이다.

크리스토퍼 라이트는 예수님의 삶 가운데서도 이 부분에 관하여 깊이 있고 아름다운 글을 썼으며 자신이 깨달은 통찰력을 다음과 같이 전했다.

구약성경을 공부하는 것이 유익한 까닭은 여러 가지다. 그 흥미로운 이유들 중에서도 나를 가장 설레게 만드는 이유는 매번 예수님에 관한 이해를 한층 더 새롭고 깊이 있게 이끈다는 점이다. 히브리 성경을 읽으면 그 어떤 고고학적 유물을 대할 때보다 예수님과의 관계가 더 깊어지는 것 같다. 왜냐하면 이것이 그분이 읽으셨던 말씀이고, 그분이 알고 계셨던 이야기이며, 그분이 부르셨던 노래이고, "삶과 우주와 모든 것"을 바라보는 그분의 관점을 형성시킨 깊은 지혜와 계시와 예언이기 때문이다. 예수님은 그곳에서 성부 하나님의 생각을 읽어내셨고, 무엇보다 자신의 정체성과 사명의 목적을 발견하셨다. 때문에 구약성경을 깊이 이해할수록 우리는 예수님의 마음에 더 가까이 다가갈 수 있다(예수님은 사실상 신약성경을 읽으신 적이 없다).[58]

예수님이 무엇을 알고 계셨고, 어떻게 배우셨는지에 관한 문제는 여전히 신비에 가려져 있다.

"예수님이 영감을 주어 구약성경을 기록하게 하셨다는 사실은 그분의 인간적인 지식에 어떤 영향을 미쳤을까?", "예수님은 성령의 사역을 통해 직접적으로 얼마나 많은 것을 배우셨을까?", "그분의 인성이 자신의 신성에 접근할 수 있었을까?" 등 궁금한 점이 한두 가지가 아니다. 그러나 위에서 언급한 다섯 가지 요점을 기억하면, 예수님이 자기 자신(자신의 인격과 사역)에 관해 구약성경으로부터 얼마나 많은 것을 배우셨는지를 이해하는 데 필요한 충분한 근거를 확보할 수 있다. 그런 노력을 기울이는 동안, 우리는 그분의 인성이 보통의 인간들처럼 정상적인 성장 과정을 거쳤다는 사실을 잊지 않도록 주의해야 한다.

예수님의 과거

인간의 가장 근본적인 의문 가운데 하나는 '나는 어디에서 왔는가?' 이다. 우리가 조상들에게 깊은 관심을 기울이는 이유도 바로 이러한 의문 때문이다. 우리는 누가 지금의 우리를 존재하게 했는지 알고 싶어 한다. 우리는 우리의 과거에 영향을 미친 사람들을 귀하게 여기고, 용기 있고 지혜로운 결정으로 지금의 우리를 있게 만든 사람들을 존경한다. 반대로 우리 가문의 수치, 곧 우리 과거에 별로 덕스럽지 못한 역할을 했던 사람들의 존재를 알게 되면 부끄러움을 느낀다.

예수님도 다르지 않으셨다. 인류사에서 가장 뛰어난 인물이셨던 예수님도 분명 자신을 그렇게 만든 역사에 각별한 관심을 기울이셨을 것이다. 그분은 부모가 들려주는 성경 이야기를 얼마나 흥미롭게 경청하셨을까? 뿐만 아니라 지혜롭고 용기 있는 행동으로 자신의 출생과 신분에 기여한 사람들을 사랑하시면서 그들에게 특별한 관심을 기울이지 않으셨을까? 그분은 자신의 "형제 곧 골육의 친척"(롬 9:3)인 이스라엘을 얼마나 귀하게 여기셨을까? 물론 이방인들도 예수님의 과거에서 특별한 위치를 차지했다. 예수님의 계보에 등장하는 여성 가운데 네 사람이 이방인이니까 말이다.

한편, 예수님의 계보에 등장하는 죄인들은 또 어떻게 생각해야 할까? 아브라함은 달을 숭배하던 이방인이었고, 다말과 라합은 창기였으며, 다윗과 밧세바는 간음죄를 저질렀고, 므낫세는 어린 아들을 제물로 바치고 박해를 일삼았다. 참으로 수치스런 뿌리가 아닐 수 없다. 어쩌면 예수님은 수치스런 죄인들이 계보에 포함된 것을 아시고, 겸손하면서도 측은한 동정심을 느끼셨을지 모른다.

예수님의 인격

예수님은 '나는 누구인가?'라는 인간의 매우 기본적인 질문을 던지셨고, 구약성경에서 많은 대답을 찾으셨다. 라이트는 이렇게 말했다.

> 예수님이 자신이 예수라는 사실을 이해하게 된 것은 구약성경을 통해서였다. 그분은 자신이 누구라고 생각하셨을까? 자신이 무엇을 해야 한다고 생각하셨을까? 그 대답을 예수님은 성경에서 찾으셨다. 그분은 히브리 성경에서 예배의 상징과 예언의 말씀과 역사적 인물들로 구성된 태피스트리(여러 가지 색실을 엮어서 만든 직물. 주로 벽걸이 등 실내장식용으로 쓰임-편집자주)를 발견하셨다. 그리고 다른 사람들은 그 태피스트리에서 다양한 인물과 단편적인 희망만을 발견했지만, 예수님은 그곳에서 자신의 얼굴을 보셨다. 즉 그분의 히브리 성경은 그분의 정체성을 형성했다.[59]

예수님은 "오실 그이가 당신이오니이까 우리가 다른 이를 기다리오리이까?"라는 질문을 받으시고 구약성경을 인용해 대답하셨다(마 11:3-5). 그분은 구약성경에서 자신에 대해 자세히 언급하고 있는 내용을 읽으셨다. 그분은 자신이 세계 만민의 복이 될 아브라함의 후손이라는 사실을 아시고 크게 설레셨을 것이고, 어렸을 때 자신이 그 왕국과 이름이 영원할 것이라는 다윗 왕의 자손이라는 사실을 깨닫고 크게 놀라셨을 것이다. 그렇다면 구약성경에서 메시아, 여호와의 군대장관, 모사, 평강의 왕, 여호와의 종, 질고를 아는 자, 반석, 어린 양과 같은 자신의 여러 가지 이름을 읽으시면서 그분은 과연 어떻게 느끼셨고, 어떻게 반응하셨을까?(신 32:4, 수 5:14, 사 9:6, 52:13, 53:3, 61:1-3) 또 이스라엘 민족을 통해 자신에 관한 무엇을 배우셨을까?

신약성경은 이스라엘 백성이 본래의 역할을 감당하지 못하고 실패한 것을 예수님께서 온전히 이루시고 구현하셨다고 가르친다. 실제로 이스라엘은 하나님과 그분의 구원을 온 세상에 전하기 위해 선택되었다.[60] 하지만 그들은 처참하게 실패했고, 예수님은 극적인 성공을 거두셨다. 즉 하나님은 예수님을 통해 이스라엘이 이루지 못한 것을 온전히 이루셨다.

예수님의 목적

'나는 어디에서 왔는가?'와 '나는 누구인가?'라는 질문에 관한 대답을 발견한 뒤에 이어지는 또 다른 중요한 질문은 '나는 무엇 때문에 이곳에 있는가?'이다.

예수님은 구약성경에서 이 질문의 답도 발견하셨다. 구약성경은 여러 가지 본보기와 사례와 표상을 통해 예수님이 세상에 무엇을 행하기 위해 오셨는지 일깨워주었다.

예수님이 희생제사에 관한 구약성경의 말씀을 읽으면서 얼마나 많은 것을 배우셨을지 생각해보라. 어쩌면 예수님은 죄책의 전가와 가죽을 벗겨 피가 흐르는 짐승을 번제로 바치는 것에 관한 내용을 읽으시며 크게 고민하고 불안해하셨을지 모른다.

그분은 성전이 아무리 위대해 보일지라도 "성전보다 더 큰 이가 여기에 있다"는 것을 알고 계셨다(마 12:5-6).

또한 이사야서에서 이스라엘 백성이 자신이 전할 설교를 강퍅한 마음으로 거부할 것이라는 예언을 읽으며 눈물을 흘리셨을 것이고(막 4:12), 예레미야서를 읽으실 때는 예루살렘을 구원하기 위해 기존의 종교 체제에 맞서 밤낮으로 고군분투해도 결국 반역자로 낙인 찍혀 조롱을 받게 될 거라는 고통스런 현실 때문에 고뇌하셨을 것이다. 그밖에도 요나서를 통해서는 자신이 고난을 받아 무덤에 장사되었다가 다시 살아날 것을 알게 되셨을 것이고(마 12:39-41), 스바 여왕이 솔로몬을 방문한 내용을 읽으실 때는 이방인들이 회심할 거라는 희망을 품으셨을 것이며(마 12:42), 다윗의 즉위식에 관한 내용을 읽으실 때는 장차 온 우주의 왕으로 등극하게 될 날을 기대하셨을 것이다(눅 20:41-44).

예수님의 지침

구약성경의 영적, 도덕적 원리들은 예수님의 삶과 가르침 가운데 분명하게 드러난다.

예수님은 평생 동안 구약성경에서, 특히 유혹에 맞서 싸우는 순간에 자신을 인도해줄 확실한 지침을 발견하셨다(눅 4:1-14).

아울러 구약성경은 예수님이 전하신 가르침의 형태와 내용에도 많은 영향을 미쳤다.

예수님의 첫 번째 설교는 산상수훈이었고 첫 번째 요점은 팔복이었다. 팔복을 새로운 가르침으로 생각하는 사람이 많지만 사실은 그 형태와 내용이 모두 구약성경에서 비롯되었다(시 1편, 37:11).

목회자이자 강사인 리처드 트랜스는 이렇게 말했다. "산상수훈에는 구약성경을 직접 인용한 내용이 거의 없다. 그러나 구약성경의 표현과 개념이 깊이 스며들어 있어 그곳에서 구약의 가르침에 근거하지 않거나 그와 비슷한 가르침을 전하지 않는 대목을 찾기는 매우 어렵다."[61]

예수님의 백성

지금까지 살펴본 대로, 예수님은 본래 의도된 이스라엘 민족의 운명으로부터 자신에 관한 많은 사실을 알게 되셨을 뿐 아니라 구약시대의 이스라엘에 관한 내용을 통해 자신의 백성, 곧 신약시대의 백성에 관해서도 많은 것을 알게 되셨다. 프랜스는 예수님이 자신의 제자들을 "명맥을 이어온 하나님의 백성, 곧 구약시대 이스라엘의 운명과 희망을 궁극적으로 성취할 참된 이스라엘"로 간주하신 증거가 많다고 했다.[62] 사도바울의 말처럼 나도 참감람나무의 가지(이스라엘)가 잘려나가고 돌감람나무(이방인)가 접붙임을 받았다 해도 나중에는 참감람나무의 가지가 다시 접붙임을 받아 그리스도의 교회가 훨씬 큰 축복을 누리게 될 것이라 확신한다(롬 11:15-22).

예수님의 찬양

누가 어떤 음악을 좋아하고 어떤 노래를 즐겨 부르는지 알면 우리는 그 사람에 관해 많은 것을 알 수 있다. 예수님도 즐겨 부르신 노래가 있었다. 바로 구약성경의 시편이다. 시편은 그분의 찬송가였다.

라이트는 이렇게 말했다. "예수님은 기도하는 법과 노래하는 법을 알고 있었던 백성들 가운데서 태어나셨다. 이스라엘 안에 보존된 풍성한 경배의 유산은 예수님의 사고구조에 깊이 뿌리를 내렸다. 따라서 예수님이 종종 시편을 인용하셨고, 심지어 마지막 숨을 거두시는 순간에도 그렇게 하셨다는 사실은 조금도 놀랍지 않다."[63]

예수님은 인성을 가지신 상태로 하나님을 온전히 경배하셨고 특히 시편이라는 완벽한 찬양을 활용하셨다. 이 점에 대해서는 '그리스도의 시인들'이라는 장에서 좀 더 자세히 살펴볼 것이다. 그러므로 시편을 읽을 때는 예수님이 그것을 어떻게 읽고, 또 어떻게 노래하셨는지를 생각해보라.

참인간, 참하나님

예수님이 인성을 가지신 상태로 얼마나 많은 것을 배우셨는지에 대해서는 대체로 신비에 가려져 있다. 따라서 이런 주제를 다룰 때는 교조적인 태도보다는 제안적인 태도를 취하는 것이 바람직하다. 물론 그렇다고 해서 예수님이 온전한 인성을 취하셨다는 것을 부인해서는 안 된다. 존 맥아더 목사는 누가복음 2장 52절을 이렇게 설명했다.

> 누가는 예수님이 온전한 인간으로 성장하셨던 (지적, 영적, 사회적) 발달과정의 모든 측면이 초자연적이 아니라 자연적으로 이루어졌다고 말한다. 따라서 그분의 의식적인 사고는 유한한 인간의 정상적인 한계에 종속되었다. 누가의 말처럼 예수님은 실제로 많은 것을 배우셨다. 그분은 하나님으로서 모든 것을 빠짐없이 알고 계시는 전지한 능력을 지니셨지만 인간의 의식 안에서 항상 모든 것을 온전하게 인식하셨던 것은 아니다. 때문에 그분이 랍비들에게 물었던 질문들은 그들을 무안하게 만들기 위한 교묘한 말솜씨가 아니라 배워가는 과정의 일부였다. 그분은 진정으로 그들에게 배우셨고, 그들이 가르친 것을 습득하셨다.[64]

또한 프린스턴신학교 교수였던 워필드는 예수님의 인성 발달과정을 다룬 독특한 논문에서 예수님의 질문에 진지함이 담겨 있었다고 설명하며 "그분은 종종 질문을 통해 진리를 배우셨다. 그러나 그분의 질문은 스스로 아무것도 확신하지 못한 채 단지 외부의 정보에만 의존했다는 의미와는 거리가 멀다. 다만 경이로움을 표출하시며, 새로운 상황을 시험해보려는 의도를 지니셨던 것으로 보인다."라고 덧붙였다.[65] 아울러 워필드는 한 가지 본성을 공공연하게 거부하고 다른 한 가지 본성만 붙잡아 강조하면 오류를 저지를 수 있다고 경고했다. 다음에 인용한 그의 통찰력 넘치는 말을 되새겨보면서 그와 함께 그리스도를 경배하자.

성육신의 영광은 인격화된 하나님이나 신격화된 인간이 아니라 인성과 신성, 곧 하나님의 본성과 인간의 본성을 모두 지니신 존재를 우러러보게 한다. 우리는 그분의 전능하신 팔에 안겨 안식을 누리며 그분의 인간적인 긍휼에 호소할 수 있다. 인간 안에 계시는 하나님과 하나님 안에 존재하는 인간, 그 어느 것도 포기하면 안 된다. 우리의 마음은 성경이 증언하는 대로 온전한 신성과 인성을 갖추신 분을 향해 부르짖는다.[66]

Study Questions

1. 구약성경의 구원과 신약성경의 구원의 유사점과 차이점은 무엇인가?

2. 그리스도께서 죄인들을 구원하기 시작하신 시점은 언제인가?

3. 창세기 3장 15절에 기록된 최초의 복음의 약속과 창세기 4장에 기록된 최초의 동물 희생은 어떤 관계가 있는가?

4. 천국에 첫 번째로 들어간 성도는 누구인가?

5. 구약시대의 성도들은 성령을 어떻게 경험했는가?

6. 최초의 설교자는 누구였고, 그의 메시지는 무엇이었는가?

7. 예수님의 교육에 대해 설명하라.

8. 예수님은 구약성경을 읽고 무엇을 배우셨는가?

9. 예수님이 구약을 읽고 배우신 것을 생각하며 구약성경을 읽어보라.

10. 예수님의 노래를 부르면 어떤 유익이 있는가?

11. 예수님의 인성은 성도인 우리에게 어떤 도움을 주는가?

구약의 선지자들 가운데서 예수님 발견하기
—그리스도의 선지자들

CHAPTER 6

예수님에 대해 분명하게 예언하는 잘 알려진 성경구절 몇 곳을 제외하면, 구약시대 선지자들의 글은 우리 대다수에게 마치 미지의 땅과 같다.

우리는 예레미야서를 펼쳐 들고 읽으며 '힘들게 읽어야 할 가치가 있을까?' 생각한다. 그러고는 요엘서와 같은 소선지서를 잠시 뒤적거리면서 메뚜기 재앙이 오늘날의 디지털혁명과 무슨 관계가 있는지 궁금해 한다. 나라와 문화와 연대의 간극이 너무 커서 도저히 넘나들 수 없을 것처럼 보인다.

그렇다면 성경에서 그토록 많은 분량을 차지하고 있는 선지서가 과연 21세기 기독교인들과는 아무런 관계가 없는 것일까? 선지서가 그리스도를 계시하지 않는다면 그럴 수도 있다. 그러나 선지서는 놀랍고도 다양한 방법으로 예수 그리스도를 계시한다.

이 '메시아의 광산'에서 금맥을 발견하려면 약간의 수고가 필요하다. 그러나 그런 수고를 기꺼이 감당한 만큼의 충분한 보상이 있을 것이다. 나는 당신 곁에서 그런 수고를 어느 정도 덜어주고 싶다. 그러면 선지서의 그리스도 중심적인 메시지를 살펴보기 전에, 먼저 선지자라는 직임의 그리스도 중심적인 본질을 간단히 살펴보자.

선지자들의 사역

선지자들을 이해하는 열쇠를 발견하려면 수천 년을 거슬러 올라가 모세가 기록한 신명기부터 살펴봐야 한다. 모세는 그곳에서 하나님이 궁극적이고 최종적 선지자이신 그리스도를 위해 이스라엘 백성을 준비시키실 목적으로, 친히 선지자의 직임을 고안해 제정하고 발전시키셨다고 말했다(신 18:15-19, 행 3:20-22).

따라서 구약의 선지자들이 쓴 글을 읽을 때는 그들이 담당한 사역이나 직임의 측면, 특징 중 어떤 것에 예수 그리스도의 선지자적 직임을 가리키는 의미가 담겨 있는지를 생각해야 한다. 그런 경우를 몇 가지 살펴보면 다음과 같다.

선지자의 필요성 첫째, 선지자들의 존재 이유를 생각해야 한다. 선지자들이 필요했던 이유는 하나님과 죄인들 사이에 서서 하나님 대신 말씀을 전해야 했기 때문이다.

하나님은 이스라엘을 위한 최초의 선지자로 모세를 세우셨다. 그 까닭은 이스라엘 백성이 하나님께서 자신들에게 직접 나타나 말씀하시는 것을 두려워했기 때문이다(출 19:18-21). 그러나 모세는 자신이 이스라엘을 위한 처음이자 마지막 선지자가 아니라는 사실을 알았고, 자기보다 훨씬 더 위대한 선지자가 나타날 것이라고 예언했다(신 18:15-19).

따라서 하나님은 구약의 역사를 통해 줄곧 위대한 선지자들을 일으켜 세우셨지만 이스라엘 백성은 가장 위대한 선지자가 아직 나타나지 않았다는 것을 알고 있었다. 그것이 예수님이 모습을 드러내셨을 때 많은 유대인이 하나님이 약속하신 선지자가 혹시 그분이 아닌지 궁금해 했던 이유다(요 6:14, 7:40).

이와 같이 구약의 선지자들은 선지자적 중보자의 필요성을 상기시켜 주고, 하나님이 궁극적인 선지자이신 예수 그리스도를 보내실 것이라고 기대했다.

예수님의 소명 두 번째, 누가 선지자들을 일으켜 세웠는지 생각해야 한다. 하나님께서는 모세를 선지자로 임명하셨다. 모세뿐 아니라 구약의 많은 선지자들의 삶을 살펴보면, 하나님께서 먼저 부르시고 그들에게 권위를 부여하신 사실이 분명하게 드러난다(신 18:15, 암 7:14, 15).

이처럼 구약의 선지자들이 하나님의 부르심을 받고 자신에게 위탁된 사명을 수행했다는 사실은 궁극적 선지자이신 예수 그리스도의 소명과 사명을 예고한다.

다양한 표현 세 번째, 선지자를 묘사하는 다양한 표현들을 생각해야 한다. 그런 표현들은 그들의 사역이 다양한 측면을 지녔다는 것을 보여준다.

예를 들어 선지자를 뜻하는 히브리어는 '부르심을 받은 자'를 의미한다. 이를 헬라어로 번역하면 '말씀을 전하다, 예언하다'의 뜻이다. 그밖에도 선지자는 (환상을) 보는 자, 종, 사자, 파수꾼, 하나님의 사람 등으로 불렸다.

이와 같이 선지자를 가리키는 다양한 명칭이나 표현은 이런 명칭과 표현에 완벽하게 일치하는 유일한 선지자, 예수 그리스도에 관한 사실을 일부분 보여준다.

하나님의 계시 넷째, 하나님의 계시가 선지자에게 주어졌다는 사실을 생각해야 한다. 선지자의 메시지는 스스로의 추론이나 통찰력, 또는 관찰에서 비롯한 것이 아니라 하나님의 계시였다. 하나님은 "내 말을 그 입에 두리니 내가 그에게 명령하는 것을 그가 무리에게 다 말하리라"(신 18:18) 말씀하셨고 선지자들은 자기에게 주어진 말씀을 정확하게 전달하는 일에 철저히 관심을 기울였다. 그들은 오로지 온전한 진실만을 전했다.

그리고 선지자들이 충실하고 신중하게 하나님의 말씀을 들은 대로 가감 없이 정확하게 전달한 것처럼, 궁극적인 선지자이신 예수 그리스도께서도 하나님이 계시하신 말씀을 충실하고 신중하게 들은 대로 전하셨다(요 12:49, 14:10).

언약적인 역할 다섯 번째, 선지자들의 언약적인 역할을 기억해야 한다. "종주"(宗主)로 불리는 고대 근동 지역의 강력한 군주는 종종 속국의 봉신들과 언약을 맺었다. 그리고 언약을 통해 충성을 바칠 경우에는 은전을 베풀고, 그렇지 않을 때는 징벌을 가하겠다고 약속했다. 그런 다음 사자들을 보내 복종할 경우에는 축복을 약속하고, 그렇지 않을 때는 징벌을 가했다.

선지자들이 그런 사자의 임무와 비슷한 표현을 사용했다는 사실을 알면 그들의 역할을 좀 더 정확하게 이해할 수 있다.

즉 여호와는 선지자들을 사자와 중보자로 보내 봉신인 이스라엘이 언약을 충실하게 지킬 수 있도록, 약속을 어길 경우에는 징벌을 가하고 약속에 복종할 경우에는 번영과 안전을 보장하겠다고 선언하신 위대한 종주셨다.

또한 하나님의 언약을 중재했던 선지자들은 언제나 궁극적 언약의 사자이신 예수 그리스도를 가리켰다.

반대와 배척 여섯째, 모든 선지자가 반대와 배척에 부딪쳤다. 에덴동산에서 최초의 거짓 선지자가 "하나님이 참으로 그렇게 말씀하시더냐?"라고 말한 것을 시작으로 하나님의 선지자들은 거짓의 아비인 마귀, 그리고 그의 대변자들과 영적 싸움을 벌였다.

이와 같이 하나님의 사자들과 그들의 메시지가 배척당하는 것은 하나님의 가장 위대한 사자요 메시지이신 예수 그리스도께서 배척당하실 것을 예고했다.

완전한 선지자 일곱째, 선지자의 직임이 궁극적으로 그리스도 안에서 실현되었다. 구약의 모든 제도와 직임처럼, 선지자들의 직임과 그 직임을 완수하려고 애썼던 사람들도 늘 완전하지 못했다.

이처럼 구약의 선지자들은 모두 불완전하고 부족했지만 하나님의 선지자이신 예수 그리스도께서는 완전하고 온전하셨다. 때문에 지금 우리는 그 완전함을 돌아보고, 구약의 성도들은 그 완전함을 내다보았다.

지금까지 선지자들의 사역과 직임이 그 직임을 궁극적으로 감당하신 그리스도를 어떻게 예시했는지 살펴보았다. 이번에는 선지자들이 실제로 무엇을 말했는지 살펴보기로 하자.

선지자들의 메시지

기관차의 엔진을 처음 다루는 초보 기술자는 어디에서부터 무엇을 시작해야 할지 잘 모른다. 그것이 초보 기술자가 단계별 지침에 따라 행동하는 이유다.

우리가 선지자들의 '엔진'을 처음 열어젖힐 때도 그 초보 기술자와 같은 심정을 느낄 것이 분명하다. 우리도 '어디에서부터 시작해야 하지? 무엇부터 해야 하지?' 하며 당황할 수밖에 없다. 나도 이따금 그런 심정을 느끼곤 한다.

그러나 나는 차츰 그들의 메시지를 이해하는 데 도움을 주었던 세 가지 단계를 깨닫기 시작했다.

1) 첫 번째 단계 : 본래의 메시지(엔진)

기관차 기술자가 지침서의 첫 장을 무시하고 건너뛴다면 엔진을 망치게 될 위험성이 매우 높다. 우리도 첫 단계, 곧 '이 선지자의 메시지는 본래의 청중에게 어떤 의미였을까?'라고 질문하지 않는다면 그런 위험에 직면할 것이다. 그런데도 우리 중에는 성경의 메시지를 삶에 성급하게 적용하려는 사람들이 많다. 다음 두 가지 질문에만 정확하게 대답한다면 우리는 올바른 길로 나아갈 수 있다.

역사적 상황 기술자는 공구를 꺼내기 전에 엔진의 모델, 연식, 주행 거리, 과거의 고장 수리 내역, 최근의 징후와 같은 기본 정보를 파악하기 원할 것이다. 그런 정보가 없으면 그릇된 진단을 내리기 쉽기 때문이다. 마찬가지로 우리도 선지자의 메시지에 관한 역사적, 지리적 배경을 알아야 한다. BC 700년에서 AD 2000년으로 바로 건너뛰는 탓에 많은 실수가 생긴다. 그러므로 본래의 청중이 선지자의 메시지를 어떻게 이해했고 그들의 삶과 상황에 어떻게 적용했는지를 파악해야 한다.

다양한 표현 양식 선지서는 대개 이스라엘의 미래보다는 과거와 현재를 다룬다. 그리고 복종하면 복을 주고 불순종하면 벌을 내리겠다는 하나님의 약속이 글자 한 획도 틀리지 않고 그대로 성취되어왔다는 것을 이스라엘 백성에게 보여주었다. 그런 과거와 현재에 관한 메시지는 미래적 차원도 지닌다. 영원히 불변하는 하나님의 통치 원리가 그분이 모든 시대의 성도들을 어떻게 다루실지 정확하게 보여주기 때문이다(사 52:11, 고후 6:17, 계 18:4).

선지자들은 이따금 과거와 현재를 뛰어넘어 미래의 일을 직접 예언하기도 했다. 때로는 매우 분명하고 사실적인 용어로 미래를 예언했고, 때로는 시나 노래로 메시지를 전달하거나 '묵시 언어'로 일컬어지는 상징적 표현을 사용하기도 했다(단 7-12장, 겔 33-48장).

이런 다양한 표현 양식을 구별하는 것은 매우 중요하다. 예를 들어 프랭클린 루스벨트처럼 전쟁 시대의 대통령에 관한 전기는 2차 세계대전 당시 프랑스에서 싸웠던 군인에 관한 실화 소설과는 다른 방식으로 메시지를 전달한다. 또 전쟁 중에 활동했던 영국 가수 베라 린의 노래는 전쟁의 고통스런 손실과 감격스런 승리를 감동적으로 전달한다. 이 세

가지 매체가 전하는 메시지는 모두 같지만, 전달 방식은 모두 다르다. 마찬가지로 선지자들의 글을 이해하려면 그들의 표현 양식에 따라 접근 방식을 달리해야 한다.

▍미가 선지자는 메시아가 베들레헴에서 탄생할 것이라고 예언했다(미 5:2). 그 예언의 문맥과 용어는 상징적이라기보다는 사실적이다. 즉 그의 예언은 메시아가 실제로 베들레헴에서 태어나실 것이라는 기대를 갖게 만든다. 반면 에스겔 선지자는 홍수가 미래의 웅장한 예루살렘 성전 문에서부터 흘러나올 것이라고 예언했다(겔 47:1). 그러나 그것은 상징 언어로 가득한 환상 속에서 일어난 사건이기 때문에 예언을 해석할 때도 상징적인 방식을 적용해야 한다. 예수님은 신약성경에서 자신의 몸이 새로운 성전이며, 성령께서 생명의 강수를 흘러내실 것이라고 말씀하셨다(요 2:21, 7:38-39). 바로 이 말씀에서 에스겔이 말한 예언의 의미를 찾을 수 있다.

2) 두 번째 단계 : 예언의 성취(선로)

기관차의 기술자가 엔진을 다시 가동시키면 수리가 잘 되었는지 시험하기 위해 시운전을 해야 한다. 기차의 선로는 여러 갈래다. 즉 어떤 선로로 운행하느냐에 따라 목적지가 달라진다. 그러므로 기관차의 기술자는 자신이 고친 열차에 적합한 선로를 선택해야 한다. 마찬가지로 우리도 선지자들의 메시지가 어떤 경로를 거쳐 성취되었는지 파악해야 한다. 그리고 올바른 목적지에 도착하려면 올바른 경로를 선택해야 한다. 그 성취 경로를 몇 가지로 나눠 설명하면 다음과 같다.

명확한 성취　성취 여부를 비교적 쉽게 확인할 수 있는 예언이 많다. 왜냐하면 신약성경에서 "……함을 이루려 하심이라"라는 문구를 종종 사용하고 있기 때문이다. 그런 식으로 예언의 세부적인 내용이 한 치도 어긋남 없이 이루어진 사례가 적지 않다.

▎ 스가랴 선지자는 이스라엘의 왕이 나귀를 타실 것이라고 예언했고(슥 9:9) 그 예언은 문자 그대로 이루어졌다(마 21:4-5). 그런 예언의 성취는 예수님이 어쩌다가 구약의 예언을 성취하신 것이 아니라는 사실을 분명하게 보여준다. 구약의 선지자들은 분명하게 예수님을 기대했고 매우 자세히 언급했다. 그러므로 자신들의 예언을 예수님께서 그대로 성취하신 것을 직접 보았다 해도 조금도 놀라지 않았을 것이다.

암묵적인 성취 예언의 내용은 분명하지만 신약성경이 그 성취를 확실하게 언급하지 않은 예언들이 있다. 그 이유는 예언과 성취의 관계가 너무 분명하여 굳이 언급할 필요가 없었기 때문일 수도 있고, 신약성경의 저자들이 판단할 때 독자들이 가지고 있는 구약성경에 관한 지식만으로도 충분히 그 상관관계를 파악할 수 있을 것이라고 생각했기 때문일 수도 있다.

▎ 발람은 "별"와 "홀"(笏)이라는 표현을 사용해 메시아의 강림을 예언했다(민 24:17-20). 반면 별이 나타나 동방박사들을 아기 예수님에게 인도했지만, 마태는 그 예언의 성취를 분명하게 언급하지 않았다(마 2:1-10). 그러나 성경은 나중에 그 예언이 암묵적으로 성취되었다고 말씀했다(계 22:16). 그리고 월터 카이저는 "요한계시록이 그 어떤 신약성경보다 구약의 상징과 표현을 많이 간직하고 있지만 구약성경의 구절을 정식으로 인용한 사례는 단 한 차례도 없다"고 말했다.[67]

나중에 드러난 성취 구약성경에 기록된 본래의 예언이 신약성경의 계시의 빛 안에서만 확실하게 드러나는 경우가 있다. 이것은 본래 내용

안에 숨겨져 있던 예언이 성취를 통해서 밝히 드러나는 경우다.

▎마태복음 13장 35절은 예수님이 군중에게 비유로 가르치신 것이 시편 78편 2절의 성취라고 이야기한다. 그러나 시편의 이 구절은 본래의 문맥에서 예언적 특성이 전혀 드러나지 않는다. 이에 대해 시드니 그레이다누스는 이렇게 설명했다. "마태는 그리스도의 현실로 구약성경을 돌아보았다…… '마태는 구약성경 전체를 약속으로 간주했다. 따라서 (선지자들의 예언뿐 아니라) 구약성경에 기록된 모든 말씀을 예수님을 가리키는 약속으로 이해할 수 있다.'"[68]

신학적인 성취 이것은 구약성경에서 나온 신학적인 주제들이 신약성경으로 옮겨졌을 뿐 아니라 더욱 깊고 넓게 강화되어 성취된 것을 의미한다.

▎요한복음과 빌립보서 2장이 가르치는 종의 신학은 구약성경이 가르치는 "종"의 개념이 성취된 것에 해당한다(사 41:9, 42:1, 53:11).

결합된 성취 신약성경의 저자들은 이따금 구약성경의 본문을 한 군데 이상 언급하면서 그 말씀들이 성취되었다고 말했다.

▎"그들에게 이르시되 기록된 바 내 집은 기도하는 집이라 일컬음을 받으리라 하였거늘 너희는 강도의 소굴을 만드는도다 하시니라"(마 21:13). 이 말씀은 이사야서 56장 7절과 예레미야서 4장 5절의 성취다.

요약적 성취 신약성경에 인용된 구약성경의 말씀 가운데 네 곳은 구약에서 그 구체적인 근거를 찾을 수가 없다(마 2:23, 요 7:38, 엡 5:14, 약 4:5).

월터 카이저를 비롯해 다른 구약학자들은 이를 "핵심적인 인용", 또는 "구약성경의 여러 곳에서 가르친 말씀을 간결하게 요약한 것"으로 설명한다.[69] 이 경우에 성취는 하나의 구체적인 예언이나 말씀이 아닌 구약성경 전체를 가리킨다.

▌구약성경은 메시아가 영광을 입으시기 전에 무명인으로 사시면서 온갖 수치를 당하실 것이라고 예언했다(사 53장, 시 22장). 이 점을 기억하면 마태가 예수님이 나사렛에서 사신 것을 구약 예언의 성취로 언급하는 이유를 알 수 있다(마 2:23). 구약성경은 나사렛이 메시아의 고향이 될 것이라고 예언하기는커녕 그 지명조차 언급하지 않는다. 그러나 이스라엘에서 가장 시시하고 궁벽한 나사렛이야말로 그와 같은 구약의 예언을 이루기에 가장 적합한 장소가 아닐 수 없다.

단회적인 성취 어떤 예언의 성취는 단회적인 성격을 띤다. 그리고 그런 예언은 특별한 한 가지 사건으로 성취되기 때문에 비교적 식별하여 설명하기가 쉽다.

▌미가는 메시아가 베들레헴에서 탄생할 것이라고 예언했고(미 5:2), 마태는 그 예언이 성취되었다고 선언했다(마 2:5-6).

반복적인 성취 하나의 예언이 여러 차례 반복해서 성취될 수 있다. 이방인의 구원에 관한 예언이 대표적인 경우다(사 42:6, 49:22). 이 예언은 한 차례의 성취로 끝나지 않고 그리스도께서 오신 때부터 지금까지 반복적으로 성취되어왔다.

또 구약성경의 예언은 물론이고 예수님과 사도들의 예언 가운데는 예수님의 초림과 관련된 사건들을 통해 성취되기 시작한 것들이 많다. 그런 예언들은 신약성경 시대부터 오늘날에 이르기까지 교회의 역사와 관련된 사건들을 통해 계속 성취되어왔고, 장차 예수님의 재림과 관련된 사건들을 통해 궁극적으로 성취될 것이다.

이처럼 성경의 예언은 단계별로 성취되곤 한다. 정확히 말해 성경의 예언은 성취, 더 많은 성취, 온전한 성취라는 세 가지 단계를 거친다.

▌ 에스겔은 포로시대 이후의 성전 재건과 회복을 예언했다. 그러나 그가 예언한 성전은 시온산을 넘어서 먼 시골 지역까지 확대될 만큼 규모가 크고 웅장했다(겔 42:17-19). 이 예언은 그리스도께서 이 땅에 신약의 교회를 설립하신 일을 통해 그 영적 규모가 더욱 크게 성취되기 시작했고, 교회가 세상에 널리 확장되면서 계속 성취되었으며, 궁극적으로 장차 모든 민족과 종족 가운데서 나온 수많은 성도가 하늘의 예루살렘에 거하게 될 날에 성취될 것이다.

단계적 성취 반복적인 성취는 예언의 씨앗이 세월이 지나면서 자라고, 확장되고, 발전하는 것을 의미하고, 단계적 성취는 한 예언 안에 두 가지 예언이 포함되어 하나는 역사의 특정한 시대를 지나면서 꽃을 피우고, 다른 하나는 그 이후에 꽃피우는 것을 의미한다.

예언한 선지자가 멀리서 바라보면, 그것은 마치 하나의 씨앗이나 꽃처럼 보인다. 그러나 시간이 흐르면서 서로 다른 시대의 사건들이 그의 예언 안에서 하나로 합쳐져 마치 하나의 사건을 가리키는 것처럼 보이곤 한다.

▌ 이사야는 이사야서 61장에서 큰 축복의 때(사 61:1)와 큰 심판의 때(사 61:2, "우리 하나

님의 보복의 날")를 예언했다. 그러나 예수님이 이 예언을 회당에서 읽으실 땐, "보복의 날"에 관한 예언을 생략하셨다. 이는 이 예언이 두 단계를 거쳐 성취될 것을 암시한다. 즉 첫 번째 축복은 예수님의 초림과 관련이 있고, 두 번째 보복의 단계는 그분의 재림과 관련 있다(눅 4:17-19).

본질적인 성취 경우에 따라 선지자들은 과거에 일어난 사건들의 개념과 표현을 사용하여 미래를 예언했다. 그러나 그것이 과거의 사건이 정확하게 반복될 것을 의미하지는 않는다.

그들은 단지 그 사건들의 본질적인 요소가 대개는 훨씬 더 큰 방식으로 되풀이될 것을 예고했을 뿐이다.

▌ 출애굽은 구약성경에서 가장 중요한 구원사건일 뿐 아니라 선지자들의 많은 예언에 구원에 관한 용어와 개념을 제공했다(사 1:27, 29:22, 35:9, 41:14, 43:16-21, 44:6, 22-24, 47:4, 48:17, 20, 49:7, 26, 51:10). 이런 예언은 이스라엘 백성에게 출애굽의 구원과 비슷한 구원(더 잦고 더 큰 구원)에 관한 희망을 심어주었다.

상징적 성취 구체적인 예언과는 대조적으로, 상징적 표현으로 제시된 예언들이 적지 않다. 어떤 사람들은 역사적 사건들을 예고한 예언들은 역사처럼 기록되어야 한다고 생각한다.

물론 신약성경에는 역사적 예언이 역사 속에서 구체적으로 성취되었다고 말씀하는 구절들도 있지만 그렇지 않은 경우도 많다(창 3:15 참조).

크리스토퍼 라이트는 예언에 상징적 표현이 사용되었다는 사실은 약속의 구체적인 성취가 본래의 약속을 명시한 문자적 형식과 다를지라도 여전히 그 본래의 취지를 성취한 것으로 이해할 수 있는 이유라고 이야기했다.

특별히 그는 말과 자동차를 예로 들어 이 점을 사실적으로 설명했다.

기계화된 교통수단이 개발되기 전에 한 아버지가 다섯 살 된 아들에게 스물한 살이 되면 말을 사주겠다고 약속했다 가정해보자. 그런데 아들이 자라는 동안 자동차가 개발되었다. 그리고 아들이 스물한 번째 생일 아침에 잠에서 깨어 보니 '아들아 사랑한다'라는 카드와 함께 집 밖에 자동차가 한 대 놓여 있었다.

그 순간 만일 아들이 말이 아니라는 이유로 아버지에게 약속을 어겼다고 따진다면 참으로 이상할 것이다. 성능이 훨씬 좋은 자동차를 받았는데도 말을 사주어야만 약속을 지키는 것이라고 주장한다면 그야말로 가관인 것이다.

아버지가 처음 약속할 때와 달라진 상황의 변화를 고려해 그런 식으로 약속을 지킨 것은 자신이 약속한 것 이상의 노력을 기울인 것이다. 즉 아버지의 약속은 당시의 교통수단을 염두에 둔 것이지만, 나중에는 그 약속을 능가하는 방법으로 자신의 약속을 지켰다.

이와 같이 성경에 나타난 약속도 당시에 통용되던 용어로 표현되었고, 새로운 역사적 사건들의 빛 안에서 성취되었다.[70]

▎ 요엘은 새 언약의 더 놀라운 영적 축복을 예언할 때 당시 비교적 보편적이고 일반적이었던 꿈과 환상을 언급했다(욜 2:28). 그렇게 예언한 이유는 당시에는 영적 축복이 하나님의 사역을 암시하는 꿈이나 환상과 연관되어 있었기 때문이다. 그러나 그의 예언이 성취되었을 때는 하나님께서 과거에 사용하시던 의사전달 방식(곧 상징적인 꿈과 환상)이 그보다 훨씬 더 분명하고 직접적인 말씀으로 대체되었다. 이것이 오순

절 사건을 비롯해 신약성경에서 꿈과 환상이 많이 언급되는 대신 사도들이 성령의 영감을 통해 받은 진리의 말씀이 전례 없이 폭넓게 전달되었던 이유다.

라이트는 이렇게 말했다. "20세기 중동 지역에서 에스겔의 예언이 직접적으로 성취된 증거를 찾으려고 애쓴다면, 그것은 그리스도 안에서 이미 그 위대한 확신이 온전히 성취되었다는 사실을 무시하고 외면하는 처사가 아닐 수 없다. 마치 자동차를 받았는데도 여전히 말을 기대하는 것처럼 말이다."[71]

따라서 선지자들의 예언을 직접 살펴보기 전에 사도들이 구약의 예언이 신약에서 성취되었다는 것을 확실하고 설득력 있게 전했다는 사실을 기억해야 한다. 사도들은 사도행전에서 유대인과 이방인 청중 가운데 가장 회의적인 사람들에게조차 단순하고 일관된 메시지(예수님이 구약의 예언을 정확하고 온전하게 성취하신 주님이자 그리스도라는 사실)를 전달했다(행 3:18-24, 4:8-12, 7:52, 8:34-35, 13:23, 27, 33-37, 17:1-3, 10-15, 26:22-23, 28:23).

3) 세 번째 단계 : 현재의 메시지(목적지)

지금까지 예언이 본래의 청중에게 어떤 의미를 지녔느냐는 문제에서부터 예언이 성취된 다양한 경로를 살펴보았다. 따라서 이제는 올바른 목적지에 멈춰야 할 때다. 열차의 문이 열리고 차장이 플랫폼에 있는 승객들을 향해 소리친다. 그는 이방 민족들과 그리스도의 교회에 전할 메시지를 가지고 있다. 지금부터 이 부분을 살펴보자.

이방 민족들을 향한 메시지

호세아서와 학개서를 제외한 모든 예언서는 하나님의 백성을 압제하던 이방 민족들을 향한 메시지를 전하고 있다(사 13-24장, 겔 25-32장, 나 1-3장). 선지자들은 그들에게 두 종류의 메시지(심판과 구원)를 전했다.

민족들에 대한 심판 이스라엘의 원수들은 여자의 후손과 마귀의 후손이 서로 대적할 것이라는 하나님의 약속이 성취된 결과다(창 3:15). 아울러 성경은 이들 민족을 새 언약의 백성이 마주하게 될 미래의 원수들을 가리키는 의미로 활용한다.

예를 들어 예수님은 미래의 적그리스도가 다니엘이 예언한 대로 신구약 중간기에 이스라엘 민족을 탄압했던 안티오쿠스 에피파네스와 같을 것이라고 예고하셨다(단 11:31, 마 24:15). 그리고 요한계시록은 하나님의 백성을 항상 위협하는 원수들이 바벨론, 애굽, 소돔, 곡, 마곡과 같을 것이라고 예언했다(계 18:10, 11:8, 20:8).

따라서 선지자들이 이방 민족과 국가들에 대한 심판을 선언하는 것은 곧 하나님의 백성을 대적하는 원수들이 역사의 전 과정은 물론 마지막 때에 궁극적으로, 온전하게 심판을 받게 될 것이라는 내용을 읽는 것과 같다(마 25:32-34, 눅 21:25).

그것이 전부가 아니다. 이스라엘을 향한 이방 민족의 무서운 적의는 그리스도를 좇는 나라들을 말살함으로써 그분을 대적하려고 애쓰는 마귀의 의도를 보여준다.

또한 이들 민족은 예수님이 세상에 계실 때 그분을 대적했던 보이지 않는 정사와 권세들을 상징한다. 그리고 이방 민족들에 대한 선지자들의 심판 선언은 하나님의 백성을 박해했던 나라들의 배후에 도사리고 있는 영적 권세가 그리스도의 죽음과 부활에 의해 정복된 사건을 예고한다(골 2:15).

따라서 오늘날의 성도들은 하나님과 이스라엘의 원수들에 대한 구약성경의 심판 선언을 통해 큰 위로를 얻을 수 있다. 그런 말씀은 하나님이 자신을 거역하고 자신의 백성을 박해하는 자들을 어떻게 처리하시는지를 보여줌으로써 오늘날의 국가들과 민족들에게 경고의 메시지를 전한다.

민족들을 위한 구원 선지자들의 메시지에는 민족들을 향한 부성적인 내용이 많이 포함되어 있지만 그들이 전한 하나님의 말씀은 때로 구원의 목적을 지닌다.

일례로 니느웨 백성을 향한 요나의 사역은 심판을 선언하는 메시지가 죄를 뉘우치고 돌이킬 수 있는 기회를 제공한다는 것을 분명하게 보여준다.

또한 선지자의 예언에는 청중의 믿음과 복종을 독려해 하나님의 심판을 모면하고 그분의 축복을 받게 하려는 의도가 담겨 있었다. 더욱이 선지자의 메시지는 암묵적인 구원의 가능성을 제시하는 데 그치지 않았다. 선지자들은 때로 이방 나라들을 구체적으로 언급하면서 그들이 이스라엘을 박해했음에도 불구하고 그 구원에 동참하게 될 것이라는 약속의 말씀을 전하기도 했다(사 16:5, 17:6-7, 19:16-25).

그밖에도 선지자들의 메시지에서는 이방인의 구원에 관한 일반적인 약속이 발견되기도 한다(사 60:3, 5). 그런 말씀은 하나님을 대적하는 가장 사악한 원수들에게까지 희망의 밝은 빛을 전했다.

구약성경에는 이방인들을 하나님의 구원계획에 포함시키는 말씀이 많다. 그러한 말씀은 모두 그리스도의 사역을 통해 성취되었다. 또한 민족들에 대한 예수님의 경고는 회개와 믿음을 요청하는 의미를 담고 있다. 아울러 그분은 복음이 모든 민족에게 전해질 것이라 예고하셨고, 복음을 온 세상에 전하라고 명령하셨다(마 24:14, 28:19). "이방의 갈릴리"에서 사역을 시작하셨고, 그들이 이스라엘에게 주어진 구원에 동참할 것이라고 언급하셨다(마 4:15, 12:21). 그분의 마지막 말씀은 흑암 가운데 있는 이방 나라들에게 큰 희망을 전한다(마 28:19).

교회를 향한 메시지

선지자들이 전한 말씀은 대부분 이스라엘을 향한 것이었다. 그들은 대개 불충실한 이스라엘을 강력히 단죄하고 심판하는 메시지에서부터 시작했지만, 나중에는 남은 자들을 위한 약속과 희망을 전하는 내용으로 끝을 맺었다.

그런 사실은 선지자들의 메시지를 오늘날의 이스라엘에 적용해야 한다는 뜻일까? 아니면 희망이 가득한 메시지를 우리 시대의 교회 안에 있는 남은 자들에게 전해야 할까?

대답은 반반이다.

신약성경이 교회를 이스라엘의 성취로 간주한다는 점에서는 그럴 수 있다. 사도바울은 이스라엘 민족 가운데 많은 사람이 장래에 하나님께로 돌아올 것이라는 희망을 예고했지만(롬 9-11장), 신약성경은 신약시대의 교회를 구약시대의 교회인 이스라엘의 연장으로 간주한다(행 7:38, 히 8:8, 10, 12:22, 계 21:2, 10).

반면 신약성경이 예수님을 이스라엘의 궁극적인 성취로 간주한다는 점에서는 그럴 수 없다.

잠시 후 예수님께서 이스라엘의 역사를 어떻게 성취하셨는지에 대해 네 가지로 나눠 살펴볼 것이다. 그러나 그 전에 먼저 오늘날의 교회가 하나님이 이스라엘 민족에게 전하셨던 메시지를 어떻게 받아들여야 하느냐 하는 문제부터 살펴보는 것이 좋을 듯하다.

이스라엘과 교회

하나님의 말씀은 변하지 않는다

선지자들은 미래의 일을 예언하는 것보다 이스라엘에게 과거(하나님께서 그들에게 하신 말씀과 그들 가운데서 행하신 사역)를 일깨워주는 데 더 많은 노력을 기울였다. 하나님의 말씀과 모순되는 인간의 말과 귀를 즐겁게 하는 메시지가 많았지만 선지자들은 결단코 타협을 불허했다. 그들은 하나님의 말씀, 특히 신명기의 은혜로운 약속과 두려운 경고를 전하고 적용하는 일에 충실했다.

교회와 성도도 이스라엘처럼 새로운 계시가 아니라 하나님께서 계시하신 말씀에 새롭게 관심을 기울여야 한다. 즉 인간의 목소리에 귀를 기울이기보다 하나님의 말씀을 귀담아 들어야 한다.

하나님은 믿음과 회개를 요구하신다

이스라엘 백성에게는 많은 국가적, 경제적, 사회적, 영적 축복과 특권이 뒤따랐다. 그러나 이스라엘 백성이라고 해서 저절로 구원이 보장되는 것은 아니었다. 외적인 특권과 형식적인 의식으로는 아무도 구원받을 수 없었다. 하나님은 포피를 베는 할례가 아니라 마음의 할례를 요구하셨다. 이스라엘 백성이 죄로 인한 결과를 생각하면서 깊이 뉘우치고 통회하는 마음을 갖기 원하셨다. 단순히 성전에 나오는 것 이상의 것을 원하셨다. 그분은 이스라엘 백성의 영혼 안에 거하기 원하셨고 겉옷을 찢는 데 그치지 말고 마음을 찢을 것을 요구하셨다. 단지 몸을 씻는 데 그치는 것이 아니라 마음을 깨끗하게 하기 바라셨다. 때문에 선지자들은 겉이 아닌 속을, 외적인 것이 아닌 내적인 것을, 육신이 아닌 영혼에 관심을 기울이라고 거듭 촉구했다.

하나님은 자기 백성을 징계하신다

하나님은 이스라엘을 특별한 백성이요 민족으로 선택하시고 구원의 말씀과 사역을 통해 그들을 축복하셨다. 그러나 그런 특권을 지녔더라도 하나님의 말씀을 거부하고 그분의 사역을 멸시하는 경우에는 징계를 피할 수 없었다. 즉 그들을 향한 하나님의 사랑에는 그들이 그분을 저버릴 경우 그들을 올바로 징계할 것이라는 의미가 담겨 있었다(잠 3:12). 실제로 이스라엘의 역사는 현대 교회와 성도들에게 징계가 어떤 식으로 이루어지는지를 생생하게 보여준다.

주님이 사랑하는 자들을 징계하신다는 것이 의아스럽다면 구약성경의 선지서를 읽어보라.

하나님은 남은 자를 보존하시고 위로하신다

이스라엘 백성들 대다수는 뻔뻔한 반역자요 거짓된 위선자요 냉담한 세속주의자였지만, 그 안에는 항상 소수의 진실한 성도들이 존재했고 선지자들은 약속과 격려의 말씀으로 그들을 위로했다. 선지자들의 메시지에는 죄인들의 비참한 운명을 선언하는 내용이 많았지만 충실한 자들에게 하늘의 위로를 전할 때는 그런 어두움 속에서도 아름다운 희망의 빛줄기가 간간이 모습을 드러냈다.

오늘날에도 교회나 국가 안에 남아 있는 신실한 성도들은 죄인들과 함께 하나님의 징계를 받는다. 그러나 그들에게는 죄인들과 달리 어려움 속에서도 힘과 도움을 약속하는 하나님의 위로가 주어진다.

지금까지 고난받는 성도들 가운데 많은 사람이 이사야서 54장과 에스겔서 9장과 같은 귀한 말씀에서 말로 다할 수 없는 위로와 도움을 발견했다.

하나님은 구원을 베푸신다

거의 모든 선지자가 심판을 전하는 내용에서 시작해 약속의 말씀을 전하는 것으로 끝을 맺는다. 예를 들어 이사야서는 심판을 엄중히 경고하는 내용이 서른아홉 장이고, 영광스런 구원의 약속을 담고 있는 내용이 스물일곱 장이다. 아모스서도 여덟 장에 걸쳐 심판을 경고하고, 마지막 아홉 번째 장에서 아름다운 회복의 약속을 전한다. 이것이 선지서의 일반적인 유형이다. 선지서는 희망이 가득한 약속을 전한다. 그런 희망적인 흐름을 가지고 장차 오실 메시아와 그분의 나라에 관한 약속의 말씀을 전한다. 그리고 항상 약속으로 끝을 맺는다.

이스라엘과 예수님

앞에서 이스라엘을 향한 선지자들의 메시지는 교회를 통해 종종 성취되지만, 궁극적으로는 예수님 안에서 온전히 성취된다고 말했다. 예수님이 이스라엘 역사를 어떻게 성취하셨는지를 네 가지로 나눠 살펴보면 다음과 같다.

예수님의 출애굽 신약성경은 메시아를 이스라엘의 역사를 요약하고, 성취하고, 재현하고, 반복하신 분으로 제시함으로써 이스라엘의 역사에 대한 선지자들의 기대가 더욱 온전한 의미를 지니게 되었다고 암시한다. 예를 들어 예수님께서 애굽으로 피신했다가 다시 돌아오신 사건은 이스라엘 민족이 애굽에서 살다가 해방된 사건의 성취로 이해할 수 있다(호 11:1, 마 2:15).

호세아는 구약성경의 역사를 통해 하나님이 자신의 '아들'인 이스라엘 백성에게 선을 베푸시어, 요셉을 미리 보내 그들이 애굽에 머무는 동안 보호와 보살핌을 받게 하셨다고 증언했다. 그리고 마태는 성령의 영감으로 복음서를 기록하면서 이 사건을 하나님께서 '독생자'이신 예수님이 애굽에 머무시는 동안 육신의 아버지인 요셉의 보살핌을 받게 하신 일을 예언하는 의미로 받아들였다. 이처럼 이스라엘의 초기 역사는 예수님이 애굽에 내려가셨다가 자신에게 주어진 하나님의 사역을 완수하기 위해 이스라엘 땅으로 다시 돌아오신 사건을 통해 재현되었다.

예수님의 추방 이스라엘과 다윗 왕가가 포로로 잡혀 살다가 회복한 사건은 선지서의 중심 주제에 해당한다. 선지자들은 이스라엘이 정당한 죗값을 치르기 위해 포로로 잡혀가는 파국을 맞이할 것을 알고 그들을 준비시키는 한편, 미래에 하나님의 은혜로 나라를 되찾아 다윗 왕가를 새롭게 건설함으로써 온 세상에 복을 전할 것이라는 희망을 독려했다. 또 이스라엘의 출애굽이 이스라엘을 죄에서 구원하는 예수님의 사역을 예시한 것처럼, 이스라엘의 추방과 회복은 예수님이 선택받은 백성들의 죄를 대신 짊어진 채 버림을 받으셨다가 나중에 영광스럽게 회복되어 자신의 나라를 온 세상에 확장시키실 것을 암시했다.[72]

예수님의 왕국 다윗 왕가를 위한 큰 희망에도 불구하고, 다윗과 그의 계승자들은 이상을 실현하는 데 실패했다. 그러자 어떤 사람이 이스라엘 왕이 되었든 '저 왕보다 나은 왕이 필요해.'라는 기대감이 커졌다.

그런 기대와 바람은 왕들이 번번이 실망을 안겨줄 때마다 증폭되었고, 결국 인간은 그와 같은 기대를 충족시켜줄 수 없다는 생각으로 발전했다. 따라서 선지자들은 왕과 백성들에게 끊임없이 회개를 요구하면서도 이상적인 왕, 곧 인간보다 더 위대한 왕과 이 세상에 속하지 않은 왕국의 도래에 초점을 맞추었다.

예수님이 처음 외치신 말씀은 "회개하라 천국이 가까이 왔느니라"(마 4:17)였다. 즉 그분은 "그 왕이 세상에 왔고, 지금 왕국을 건설하는 중이다."라는 메시지를 전하셨다.

예수님의 날 선지자들은 "여호와의 날"을 하나님이 임하시어 자신의 원수들을 심판하시고 자신의 백성을 구원하실 날로 묘사했다. 어떤 선지자들은 "여호와의 날"이 "가까왔다"고 말했다(겔 30:3, 욜 1:15, 욜 1:15, 습 1:7, 14). 이처럼 하나님이 개입하시어 심판을 행하고 구원을 베푸실 날이 임박했다는 메시지는 미래에 있을 최종적인 "주님의 날", 즉 주님이 자기 백성을 구하시고 원수들을 심판하실 날을 예고했다.

신약성경은 요엘과 다른 선지자들이 전한 용어와 개념을 빌려 "여호와의 날"에 관한 성경의 가르침을 좀 더 확대시켰고, 그날에 죄인들에 대한 심판과 전쟁으로 세상이 황폐해진 후 구원받은 하나님의 백성들 가운데 의의 통치가 확립될 것이라고 예언한다(마 24:21, 벧후 3:10-12, 계 9:6-9).

"여호와의 날"은 예수님의 초림을 통해 이미 시작되었다. 그날은 장차 예수님의 재림을 통해 절정에 달할 것이다. 그리고 예기치 않은 때에 하나님의 임재가 이루어져, 회개하지 않은 자들은 마지막 심판을 받고 선택받은 백성들은 온전한 기업을 상속할 것이다.

예수님을 발견했다!

선지자들이 무슨 말씀을 전했든, 그들의 말은 모두 예수님에 관한 것이었다. 바울은 "하나님의 도우심을 받아 내가 오늘까지 서서 높고 낮은 사람 앞에서 증언하는 것은 선지자들과 모세가 반드시 되리라고 말한 것밖에 없으니 곧 그리스도가 고난을 받으실 것과 죽은 자 가운데서 먼저 다시 살아나사 이스라엘과 이방인들에게 빛을 전하시리라 함이니이다 하니라"(행 26:22-23)라는 말로 자신이 선지자들이 전한 것을 전하고 있다고 말했다.

이 글을 읽는 모든 독자가 빌립처럼 "모세가 율법에 기록하였고 여러 선지자가 기록한 그이를 우리가 만났으니 요셉의 아들 나사렛 예수니라"(요 1:45)라고 말할 수 있기를 간절히 기도한다.

Study Questions

1. 구약성경의 여러 선지자들로부터 하나님의 궁극적이고 최종적인 선지자에 관해 무엇을 배울 수 있는가?

2. 구약성경에 나타난 문자적인 예언과 상징적인 예언의 사례를 알고 있는가? 이런 구별이 중요한 이유는 무엇인가?

3. 이 장에서 설명한 다양한 종류의 예언 성취 사례들을 생각해보라.

4. 선지자들에 따르면 우리는 이방나라들을 위해 어떤 사명을 감당해야 하고, 또 어떤 메시지를 전해야 하는가?

5. 이스라엘 백성에게 주어진 예언들로부터 교회가 배워야 할 교훈은 무엇이 있는가?

6. 구약의 선지자들이 당신이 출석하는 교회에 나타난다면 무슨 말을 전할 것 같은가?

7. 예수님이 이스라엘의 궁극적 성취시라면, 이스라엘에 관한 구약성경의 기록을 읽는 방식에 어떤 변화가 일어날 것 같은가?

구약의 예표에서 예수님 발견하기
—그리스도의 그림

CHAPTER 7

    때로 사진은 수천 마디 말보다 낫다. 사진은 기억과 이해를 돕고, 미래에 대한 생각을 용이하게 한다.

    결혼식의 추억을 떠올리고 싶을 때는 일기장이 아니라 사진 앨범을 열어본다. 로켓이 어떻게 발사되는지 알려면 미국우주항공국의 '로켓 작동 설명서'를 읽을 필요 없이 단지 사진 몇 장을 보는 것만으로 충분하다. 휴가를 계획할 때도 '위키피디아'를 읽어보는 대신 '구글 항공사진'을 보면 된다.

    이것이 하나님이 구약에서 많은 그림을 사용하신 이유다. 유월절 어린 양, 홍수, 성막과 같은 생생한 시각 자료는 이스라엘 백성의 기억과 이해를 도왔고, 미래를 더 잘 기대하게 만들었다.

    하나님이 그림으로 자신의 백성을 가르치신 것을 연구하는 학문은 대개 '예표론'으로 불린다. 대다수 사람들에게는 매우 낯선 용어다. 이 말은 '그림학'을 의미한다. 일종의 시각적인 신학인 셈이다. 즉 하나님은 진리를 전하기 위해 그것을 그림으로 나타내셨다.

예표론을 생각할 때 우리는 흔히 두 가지 어려움에 부딪친다.

첫째, 우리는 그림에 능숙하지 못하다. 우리는 말과 숫자, 곧 과학, 독서, 기술, 논리, 수학에 능하다.

우리는 정확하고 명확하고 간결한 것을 좋아하고 그림, 즉 예술, 상징, 은유, 묵상, 시 같은 것을 낯설어한다. 명제적 신학은 좋고 시각적 신학은 나쁘다는 식이다.

이런 편견은 상징과 비유를 많이 사용하는 구약성경을 해석할 때 큰 불이익을 초래한다. 하나님은 왜 글로 된 '설명서'를 작성하지 않으신 걸까?

두 번째 어려움은 훨씬 더 당혹스럽다. 그동안 교회에서 예표론이 지나치게 남용되어 왔다.

예표에 관한 설교는 대부분 레오나르도 다빈치의 그림보다는 기괴한 추상적 그림에 더 가깝다.

다시 말해 구약성경을 본문으로 하는 설교는 터무니없는 논리적 비약을 거쳐 예수님께로 곧바로 이어질 때가 많다. 대부분의 청중은 그런 설교를 듣고 크게 놀라기 일쑤다. 그런 설교를 들으면서 '저게 대체 무슨 말이람?' 하고 의아해한다.

나는 구약성경에서 예수님을 발견했기 때문에, 영혼을 덕스럽게 하는 건전한 예표론이 교회 안에서 회복되어 (앞장에서 다룬) 예수님의 예언적인 말씀뿐 아니라 그분의 예언적인 그림을 통해서도 많은 유익을 얻었으면, 하는 마음이 간절하다.

문제는 오늘날 이 주제를 다룬 좋은 책이 극히 드물다는 것이다. 예표를 잘못 다루는 설교에 크게 당황한 나머지 예표에 관심을 기울이기를 꺼리는 사람들이 너무나 많다.

스코틀랜드 목회자이자 신학자인 패트릭 페어베언의 고전 『성경의 예표』(Typology of Scripture)는 건전한 성경적 지식에 근거한 훌륭한 책이다(페어베언은 19세기의 뛰어난 스코틀랜드 학자다). 그러나 오래 전에 쓰인 책이기 때문에 말이 너무 장황하고 부피가 크다(700쪽).

나는 이번 장에서 그 700쪽을 10쪽으로 압축하고 싶다. 그러면 먼저 '예표'에 관한 정의부터 시작해보자.

예표란 하나님의 작정에 따라 예수님의 인격과 사역, 또는 그분의 인격과 사역을 반대하는 세력을 나타내는 예언의 의미가 담겨 있는 인물, 장소, 물건, 사건을 가리킨다.

이를 자세히 설명하면 다음과 같다.

- 예표는 실제 인물, 장소, 물건, 사건을 가리킨다. 인위적으로 만든 비유가 아니라 사실이고, 현실이고, 실제다.
- 하나님의 작정 : 예수님의 인격과 사역을 나타내는 예표는 우연의 산물이 아니라 하나님의 계획에 따른다.
- 예언적 의미를 담고 있는 구약의 예표는 신약에서 성취된다.
- 예수님의 인격과 사역에 관한 예표 : 이 진리는 성취를 통해 더욱 확대되고, 강화되고, 명료해진다.
- 반대하는 세력에 관한 예표 : 하나님은 예수님의 원수들도 예언적인 예표를 통해 나타내셨다.

▌유월절 어린 양은 예수님에 대한 예표다. 유월절은 실제의 사건이었고, 이스라엘 백성을 대신해 희생제물이 바쳐졌으며, 피를 통해 구속이 이루어졌다. 이 진리가 예표와 원형에서 동시에 발견된다(원형이란 예표로 예시된 것, 곧 예표의 성취를 의미한다). 이 진리는 성취를 통해 더 확대되고, 강화되고, 명료해졌다. 예표의 성취는 어린 양이 아닌 하나님이요 인간이신 그리스도다. 즉 그분은 물리적이고 일시적인 속박이 아니라 영적이고 영원한 속박으로부터 선택받은 백성들을 구원하셨다.

이제 예표론에 관해 어느 정도 예비지식을 갖추게 되었다. 그러면 이제부터 구약의 예표들을 자신 있게 식별해 그 의미를 해석하고, 그리스도 중심적인 아름다운 진리를 발견하는 데 유익한 질문을 몇 가지 생각해보기로 하자.

예표에 관한 질문

첫째, 예표에 관해 물어야 할 질문들은 다음과 같다.

예표가 실제인가?

허구적인 비유(예를 들면 『천로역정』)와 달리 예표는 항상 실제 인물이나 물건을 가리킨다. 구약성경에 나오는 다양한 예표와 그 구체적인 본보기를 명시하면 다음과 같다.

- 인물 : 인류의 대표자인 아담은 예수님의 예표다(롬 5:19).
- 장소 : 예루살렘은 교회와 천국의 예표다(갈 4:25, 26, 히 12:22, 계 21:2).
- 물건 : 성막은 예수님을 통해 사람들과 함께 거하시는 하나님과 하늘

에 거하시는 하나님을 예표한다(요 1:14, 히 9:8-9, 계 21:3).
- 사건 : 노아의 홍수는 세상 마지막 때의 멸망을 예고하는 예표다(창 6-8장, 마 24:37-39).
- 직임 : 기름부음을 받은 선지자, 제사장, 왕은 성령의 기름부음으로 가장 위대한 선지자, 제사장, 왕이 되신 예수님을 예표한다(행 3:22, 히 3:1, 계 7:15).

예표를 비유로 생각하는 오류를 피하려면 예표의 실제성을 강조하고 거기에 초점을 맞추어야 한다. 예표를 비유로 생각하면 구약의 사람들과 사건들이 하찮게 무시된 채 오직 거기에 숨어 있는 의미, 곧 본래의 역사적 인물이나 사건과는 거의 무관한 의미를 찾는 데만 집착하기 쉽다.

예표가 명백한가, 암시적인가?

어떤 예표는 명백하다. 신약성경이 명백하게 밝히고 있는 예표가 여기에 속한다.

어떤 학자들은 예표를 찾아내는 데만 집착하는 탓에 오직 성경이 명백하게 밝히는 예표만이 합법적인 예표라고 주장한다. 그들의 의도는 충분히 이해할 수 있지만 성경의 예표를 축소하는 것은 바람직하지 않다. 그 이유를 설명하면 다음과 같다.

- 예표가 그림으로 주어진 예언이라면, 신약성경이 예언으로 명시한 것에만 구약의 예언을 국한시키는 것은 곤란하다.
- 히브리서의 성도들은 멜기세덱의 예표를 이해하는 데 둔하다는 책망을 들었다. 그러나 멜기세덱이 예표라는 사실은 그때야 비로소 명백해졌다(히 5:10-14).

- 명백한 예표에 국한한다면, 즉 신약성경이 명시한다는 이유로만 예표를 판별한다면 멜기세덱과 요나처럼 비중이 작은 성경인물은 예표가 되고 요셉과 여호수아처럼 비중이 큰 인물은 오히려 예표가 되지 못하는 결과가 발생한다.
- 예표의 목적은 예수님의 초림에 대비해 하나님의 백성을 준비시키는 것이었다. 따라서 예표를 몇 가지 명백하게 드러난 것에만 국한시킨다면, 그런 목적이 이루어지지 못했을 것이다.[73]

명백한 예표를 본보기나 표본으로 이용하면 암시적인 예표와 그 성취를 식별하고 해석하는 데 도움이 되는 특징과 원리와 규칙을 발견할 수 있다.

▍모세는 하나님이 세우신 이스라엘의 중재자요 지도자로서 그리스도를 나타내는 명백한 예표다. 그의 역할을 생각하면, 그와 비슷하게 이스라엘의 중재자요 지도자로서 활동했던 여호수아 역시 예수님을 나타내는 암시적인 예표에 해당한다는 것을 알 수 있다.

성경은 일반적으로 구약시대의 의식을 가리켜 "장차 올 좋은 일의 그림자"(히 10:1)라고 말한다.

그리고 진설병, 황금촛대, 장막절과 같은 세부적인 요소를 일일이 언급하지는 않지만 성경의 일반적인 진술 안에는 그와 같이 구체적인 것들이 포함되어 있다.

중요한 신학적 진리

예표를 찾아낸 다음에는 '그 안에 어떤 중요한 신학적 진리가 담겨 있는가?'라고 물어야 한다.

본래의 청중에게 무엇을 가르치기 위해 고안된 것인가?

예표론과 관련하여 가장 흔한 잘못 중 하나는 너무 성급하게 그것의 성취만을 찾으려고 하는 것이다. 누구든 본래의 청중에게는 예표의 성취가 없었던 것처럼 속단하면 안 된다.

먼저 '이 예표가 당시의 청중에게 무엇을 가르치기 위해 고안된 것인가?' 묻고, 나중의 계시와 상관없이 예표 자체만을 생각하는 노력이 필요하다. 즉 본래 청중의 관점에서 생각하면서 그 예표가 그들의 필요를 어떻게 채워주었고 그들의 영혼을 어떻게 굳건하게 했는지를 파악해야 한다.

▎유월절은 본래의 청중인 이스라엘 백성에게 다음과 같은 중요한 진리를 깨우쳐 주었다. ①죄에 대한 하나님의 분노는 맹렬하다. ②하나님의 분노는 완전한 대속물의 피로 가라앉는다. ③하나님은 피 '아래' 있는 자들에게만 안전을 보장하신다. ④하나님의 구원은 속박으로부터의 해방을 의미한다.

오늘날 '이스라엘 백성이 예표를 얼마나 많이 이해했을까?' 의심하는 사람들이 많다. 하지만 근동 지역 사람들의 사고 성향은 특별히 상징으로 진리를 배우는 데 익숙하다. 그밖에도 기억해야 할 것이 더 있다.

첫째, 그들은 앞서 주어진 계시로부터 도움을 얻을 수 있었다. 즉 예표는 앞서 주어진 계시와 분리하지 않고, 그동안 누적된 성경의 진리를 토대로 이해되어야 한다.

창세기 3장 15절부터 구원자에 대한 희망과 기대가 하나님과 그분의 종들의 사역을 통하여 계속 독려되었다. 이스라엘 백성이 과거를 얼마나 많이 떠올리며 현재를 위한 교훈을 얻었는지는 정확히 알 수 없지만, 그들이 '여자의 후손', '아브라함의 후손', '다윗의 후손'으로 알려진 구원자를 항상 고대했다는 것에는 의심의 여지가 없다. 다시 말해 그들은 올바른 방향을 바라보고, 진정한 구원자를 찾기 위해 성경의 예표(인물, 장소, 물건, 사건)들을 이정표로 삼았다.

둘째, 예표와 함께 주어진 계시의 도움을 받을 수 있었다. 족장들이나 선지자들이 예표의 의미를 직접 설명한 적은 거의 없지만, 그렇다고 그런 설명이 아예 없었다고 단정하는 것은 곤란하다. 즉 성경에 기록되지 않았다는 이유만으로 하나님이 그런 설명을 허락하지 않으셨다고 단정해서는 안 된다(요 20:30, 21:25).

셋째, 실천을 통한 유익이 있었다. 이스라엘 백성은 초창기부터 시내산에서 상징적 제도를 활용하는 훈련을 받았다.

넷째, 미성숙한 교회였던 이스라엘 백성의 필요를 충족시키기 위해 예표가 필요했다. 하나님은 문장 형태로 신학적 진리를 가르치면 이스라엘 백성이 어려워한다는 것을 아셨다. 때문에 그분은 감각적인 형태로 가르치셨다.

그분은 이스라엘 백성이 보고, 듣고, 만지고, 냄새 맡고, 맛볼 수 있게 하셨다. 광경, 소리, 감촉, 냄새, 맛 등 모든 것이 하나님의 성품에 관한 진리를 전달했다. 그런 예언적인 상징을 통해 하나님은 미성숙한 교회인 이스라엘 백성에게 영적 알파벳을 가르치셨고, 그들은 그 가르침들을 종합해 '예수'라는 철자를 깨우쳤다.

나중에 주어진 구약성경의 계시가 예표에 어떤 빛을 드리우는가?

제자들이 예수님의 가르침 중 많은 것을 나중에야 비로소 깨달았던 것처럼(요 12:6), 구약의 예표도 계속되는 구약의 계시들을 통해 그 의미를 점진적으로 드러냈다.

▌ 첫 번째 유월절을 통해 대리 속죄를 경험한 후, 이스라엘 백성은 세대를 거듭하면서 레위기에 명시된 희생제도가 궁극적인 대리 속죄를 예표하는 사건이라는 것을 조금씩 더 잘 이해했을 것이다.

구약성경의 계시가 계속되면서 선지자들은 이전에 구약에 기록된 사건과 사람들이 예표였다는 것을 더욱 깊이 이해하게 되었다. 또 과거의 사건 자체에는 미래를 가리키는 예언적 의미가 담겨 있지 않더라도, 선지자들은 과거의 사건이 미래에 다시 나타날 것을 인지했고, 그것을 예언의 말로 전달했을 수 있다.

▌ 이사야는 미래에 훨씬 더 큰 출애굽, 즉 이스라엘 백성이 알고 있는 그 어떤 구원보다 더 큰 구원이 있을 것이라고 예언했다(사 40-66장).

페어베언의 표현대로, 알려진 것에 대한 지식이 알려지지 않은 것에 형태와 모양을 부여했다.[74] 즉 과거의 형상들이 미래에 새겨졌다.

선지자들은 예표와 미래의 사건에서 똑같이 중요한 진리와 원리를 감지했지만, 미래에는 그런 진리와 원리가 더 낫고, 더욱 분명하게 나타날 것을 알았다. 페어베언의 표현을 조금 고쳐 말하면, 구약의 역사 안에는 비슷하지만 그보다 더 나은 미래의 씨앗이 배태되어 있었다.[75]

예표의 불완전함은 무엇인가?

예표는 본질적으로 불완전하다. 예표를 올바로 이해한 사람이라면 누구나 그 점을 느낄 수 있다. 성경학자 베른 포이드레스는 "구약성경은 모든 부족함을 채워주고, 모든 약속을 이루어주실 그리스도를 갈망했다."라고 말했다.[76]

▌ 유월절은 영적 속박이 아닌 물리적 속박으로부터의 해방을 가져다주었고, 희생제사는 매년 되풀이되어야 했으며, 흠이 전혀 없는 양은 단 한 마리도 존재하지 않았다. 설혹 그런 양이 발견되었더라도 생각이 있는 사람이라면 이성 없는 피조물이 지성적이고 이성적인 인간을 대신하기에는 부적합하다고 생각했을 것이다.

예표와 믿음

구약시대의 성도들은 예표를 어떻게 믿음으로 활용했으며 그것과 어떤 관련을 맺었을까?

'구약의 성도들은 예표를 어떻게 활용했고, 그것과 어떤 관계를 맺었을까? 또 예표는 그들의 신앙생활에서 어떤 역할과 위치를 차지했을까?'라는 질문에는 두 가지로 대답할 수 있다.

첫째, 어떤 사람들은 예표 안에 담겨 있는 중요한 진리를 이해한 이스라엘 사람들이 그것을 통하여 구원을 받았다고 말한다. 그들은 가장 명백한 구약성경의 예표인 희생제사를 예로 들면서 제물을 바치는 사람이 그 안에 담겨 있는 중요한 진리를 이해하고 믿었다면, 그 예표의 성취를 기대했든 기대하지 않았든 하나님께서 인정하시는 예배를 드린 것이라고 설명한다. 이것은 패트릭 페어베언의 견해이다.

그러나 나는 한 가지 점에서 그와 견해를 달리한다.

그는 구약시대의 성도가 예표 안에 담겨 있는 진리와 그것이 예언하는 것을 옳게 이해하기 바라는 것은 너무 지나치다고 주장했다. "구약의 희생제도는 그 자체로 의미를 지녔다. 그것은 고대의 예배자들이 이해할 수 있는 의미였다. 그 의미를 이해함으로써 그들은 그것이 구원자의 죽음을 가리킨다는 사실과 관계없이 그 제도를 통해 하나님이 받으시기에 합당한 예배를 드렸다."[77]

하지만 이에 대한 내 생각은 다르다. 그러한 견해는 구약시대의 성도들 안에서 이루어진 성령의 조명과 예표의 계시적 능력을 축소시키기 때문이다.

그 말은 곧 메시아를 전혀 모르고 지내다가 천국에 가서야 비로소 그분을 처음 만난 성도들이 있다는 말밖에 되지 않는다.

둘째, 예표를 통해 믿음으로 위대한 미래의 원형을 바라본 사람들만 구원받았다. 나는 이것이 정확한 견해라고 생각한다.

나는 신약시대의 성도들이 구약의 가장 위대한 성도보다 성숙했다는 페어베언의 생각에는 동의하지만(마 11:11), 구약시대의 성도들이 단지 예표에 담겨 있는 진리를 이해함으로써 구원받았다고는 생각하지 않는다. 페어베언은 "하나님이 예배자들을 받으신 것은 그들이 그리스도의 인격과 사역에 대해 얼마나 분명하게 알고 있느냐에 달려있지 않았다"고 주장했다.[78]

물론 그럴 수도 있다. 하지만 그래도 어느 정도는 메시아를 의식했기 때문에 구원받았을 것이다.

포이드레스도 이와 비슷한 견해를 제시했다.

그들은 그림자를 통해 뭔가 더 나은 것을 갈망하면서 메시아를 보낼 것이라는 하나님의 약속을 굳게 붙잡았다. 하나님은 그림의 형태로 "너희를 위해 내가 준비한 것을 보아라. 이것이 내가 너희를 구속하고, 너희를 내게로 나올 수 있게 만드는 방법이다. 그러나 자세히 보면 이 모든 것이 그보다 더 나은 것의 상징임을 알 수 있을 것이다. 마치 그것이 목적인 것처럼 그것만 의지해서는 안 된다. 나의 계획을 온전히 이룰 때가 되면 내가 너희를 온전히 구원할 것이니 나를 믿어라."라고 말씀하셨다. 그리고 이스라엘 백성은 하나님이 성막에서 하시는 말씀에 복종함으로써 그분과 참된 교제를 나누었다. 비록 온전한 성취가 어떻게 이루어질 것인지 세세히 알지는 못했지만 그들은 메시아를 믿었고, 그로 인해 메시아가 오시기 전부터 구원과 용서를 경험했다. 동물의 제사 자체는 용서를 베풀지 못했지만(히 10:1-4), 그리스도께서는 희생제사라는 상징을 통해 그들과 교통하시고 용서를 베푸셨다.[79]

완전한 성취

예표와 그 안에 담겨 있는 원리 및 그 불완전함을 파악한 뒤에는 그것의 완전한 성취를 찾아야 한다.

예표와 성취가 동일한 도덕적 속성을 지니는가?

예표를 대적하는 악(예를 들면 다윗을 대적한 골리앗)은 훗날 그 성취를 반대할 악을 나타내는 예표다(예를 들면 다윗의 후손을 대적한 마귀).

따라서 악한 행위는 예수님의 인격과 사역을 가리키는 예표가 될 수 없다.

이런 사실은 성경의 인물 중 누가 예수님의 예표이고, 누가 아닌지를 결정할 수 있도록 도와준다. 다만 어떤 사람이 일생을 살면서 어느 순간 예수님의 예표가 되었다고 해서 그의 삶 전체가 예표의 역할을 했다고 주장하는 것은 옳지 않다.

▎요나의 고난과 많은 사람을 하나님께로 돌아오게 만든 그의 회개의 설교는 예수님의 고난, 곧 그분의 죽음과 장사 지냄과 부활을 예표한다(마 16:3-4). 그러나 하나님의 부르심을 거역한 그의 태도는 예수님의 예표가 될 수 없다. 아담도 인류의 대표자로서 자신과 연합한 모든 사람에게 영향을 미쳤다는 점에서는 예수님의 예표지만, 그의 죄와 그로 인한 악한 결과에 있어서는 예수님의 예표가 될 수 없다(롬 5:12-17).

예표와 성취 사이에 본질적인 유사점이 있는가?

구약과 신약은 전달된 방식이 다르지만 둘 다 똑같은 복음의 진리를 계시한다. 이것이 바로 예표론의 근거이자 구약의 제도가 복음의 그림자로 불리는 이유다(히 10:1, 8:5, 골 2:16-17). 또한 여기서 말하는 그림자는 그 실재와 형태가 서로 유사하므로 예표와 성취 안에서 동일한 진리를 발견하는 것이 중요하다.

그러나 예표와 성취 사이에서 발견되는 단순한 외형적인 유사점을 본질적인 진리와 혼동해서는 안 된다. 즉 구약과 신약에 등장하는 두 개의 물건이나 두 인물 사이에서 발견되는 외형적이거나 표면적인 유사점은 예표와 그 성취의 상호연관성을 보장하지 않는다.

따라서 외형적인 유사점, 표면적인 닮은꼴, 우연적이거나 우발적인 사건에 초점을 맞추면, 그릇된 유사 관계를 설정함으로써 예표론에 대한 불신을 조장하기 쉽다.

▎ 노아의 방주와 예수님의 십자가는 둘 다 나무로 만들어졌지만, 그 사실 자체가 예표와 성취의 관계를 나타내는 것은 아니다. 또 베드로는 홍수를 세례의 예표라고 말했지만(벧전 3:21), 그 둘 사이에는 물이라는 점을 제외하면 겉으로 볼 때 아무런 유사점이 없다(노아와 그의 가족은 홍수의 물로 세례를 받지 않았다). 하지만 그 둘 사이에는 좀 더 깊은 유사점이 존재한다. 홍수가 세상에서 부패한 죄를 몰아내고 의로운 자들을 구원해 새로운 출발을 가능하게 한 것처럼, 세례도 영혼을 죄로부터 깨끗하게 씻어 새롭게 출발하게 만드는 하나님의 은혜로운 사역을 상징한다(물론 물세례 자체가 하나님의 은혜로운 사역을 보장하는 것은 아니다).

예표가 좀 더 단순한 방식으로 동일한 진리를 나타내는가?

디딤돌이 더 나은 것을 향해 좀 더 쉽게 나갈 수 있게 도와주는 것처럼, 예표는 그 성취와 동일한 진리를 내포하면서도 이해하기 더 쉬운 형태로 이루어져 있다.

물론 예표와 관련된 모든 것이 다 진리를 전하는 것은 아니지만, 그 안에는 이해할 수 있고 기억할 수 있는 참된 무엇인가가 항상 담겨 있다.

그리고 하나님은 그와 같은 그림의 형태를 이용해 이스라엘의 상황에서 수천 마디의 말보다 더 효과적으로 진리를 전달하셨다.

예를 들어, 어린아이에게 비행기의 세세한 구조를 그린 설계도를 보여준다면 아무것도 이해하지 못할 것이다. 오히려 어지럽고 복잡한 세부 내용 때문에 비행기의 윤곽조차 파악하지 못할 가능성이 높다.

대신 비행기의 모습을 좀 더 간단하고 단순하게 묘사한 그림을 제시한다면, 아이는 그 즉시 그것이 무엇인지 파악하게 될 것이다. 어쩌면 큰 그림을 보는 것은 물론이고, 가장 중요한 부품을 개별적으로 묘사한 그림까지 식별할지도 모른다.

이것이 율법의 제도를 "초등학문", 곧 믿음의 진리와 삶을 위한 기본 원리로 일컫는 이유다(골 2:20, 갈 3:24, 4:3).

그것은 영적이고 신령한 차원을 지닌 큰 그림을 작고 단순하게 묘사한 그림과도 같았다. 아울러 구약의 제도들 가운데는 개별적으로 따로 그린 그림처럼 구원에 관한 가장 중요한 진리를 드러내는 것들이 적지 않다.

▌유월절은 예수님의 인격과 사역을 나타내는 작고 단순한 그림이었다. 죄 없는 인성을 지닌 존재보다는 흠 없는 양을 이해하는 것이 더 쉽고, 하나님의 아들의 죽음보다는 양의 죽음을 이해하는 것이 더 쉽다. 또한 영적 속박으로부터의 구원보다는 물리적 속박으로부터의 구원을 이해하기가 더 용이하다.

성취가 동일한 진리를 더 확대하고, 강화하고, 명확하게 나타내는가?

예표에서 성취로 초점을 옮기는 것은 작은 것에서 큰 것, 물질적인 것에서 영적인 것, 세상의 것에서 하늘의 것으로 나가는 것을 의미한다(마 12:41-42).

더불어 종종 '원형'으로 불리는 예표의 성취는 예표와 동일한 진리를 전하지만 그 의미를 더욱 확대하고, 강화하고, 명료하게 한다.

- 확대 : 예표에서 작은 싹처럼 존재했던 진리가 성취를 통해 만개한 꽃처럼 나타난다.
- 강화 : 성취에도 현세적이고 외형적인 요소가 있을 수 있다. 그러나 성취는 예표에 비해 좀 더 깊고, 좀 더 신령한 특성을 지닌다.
- 명료함 : 그림자처럼 흐릿했던 진리가 더욱 명확하고 분명해진다.

이는 마치 구약성경에는 '복음'이라는 말이 소문자로 적혀 있다가 신약성경에 큰 대문자로 확대된 것과 같고, 구약성경에는 손톱만큼 작게 그려진 그림이 신약성경에서는 대문짝만한 포스터로 확대된 것과 같다.

▌ 히브리서 3-4장은 이스라엘 백성의 가나안 정착이 그보다 훨씬 더 큰 성도의 안식을 나타내는 예표라고 말한다. 마찬가지로 믿지 않는 사람들도 현세적인 안식을 잃는 것보다 훨씬 더 큰 형벌, 곧 영원한 형벌을 받게 될 것이다.

예표와 신약성경

신약성경은 예표에 어떤 빛을 드리우는가?

구약시대의 성도들이 예표들을 얼마나 많이 이해했느냐와 관계없이 신약시대의 성도들은 그들보다 그것을 훨씬 더 잘 이해할 수 있다. 그 이유는 더 많은 계시가 주어졌을 뿐 아니라 무엇보다 약속의 궁극적 성취이신 예수 그리스도께서 오셨기 때문이다. 다만 이 단계에서 피해야 할 두 가지 극단이 있다.

첫째, '오직 신약성경의 빛 안에서만'이라는 극단을 피해야 한다. 어떤 사람들은 예표는 어둠에 싸여 있기 때문에 오직 신약성경의 빛 안에서만 그 진리를 발견할 수 있다고 믿는다.

예를 들어 시드니 그레이다누스는 본래의 독자나 저자들이 예표를 예언의 의미로 이해한 적은 거의 없고, 오직 신약성경의 관점에서만 그 의미를 파악할 수 있다고 주장했다.[80]

물론 구약시대의 성도들이 우리가 신약성경의 관점에서 바라보는 모든 것을 다 알지 못했다는 그레이다누스의 지적은 옳지만, 그들이 유월절과 같은 몇 가지 예외적인 예표들을 제외한 나머지 예표들 중 예수님과 복음의 시대를 예언하는 의미를 전혀 발견하지 못했다는 말은 다소 어폐가 있다.

만일 그것이 사실이라면, 구약성경에 나타난 많은 예표들과 거기에 할애된 상당한 양의 성경구절을 설명하는 것이 불가능해진다.

둘째, '신약성경의 빛은 없다'는 극단을 피해야 한다. 오직 신약시대의 성도들만 예표를 분명하게 이해할 수 있다는 생각을 부인하는 것은 곧 신약성경의 빛이 예표를 이해하는 데 아무런 도움이 되지 못한다고 말하는 것과 같다.

간혹 본래의 독자들은 신약성경을 알지 못했기 때문에 예표들을 이해할 때 신약성경의 지식을 활용해서는 안 된다고 생각하는 사람들이 있다.

그러나 본래의 독자들에게는 그런 지식이 없었지만 우리에게는 있다. 그러므로 우리는 그 지식을 활용해야 한다. 포이드레스도 비슷한 견해를 제시했다.

> 본래의 역사적 상황에서 하나의 상징을 찾아냈다면, 그다음에는 하나님께서 나중의 선지자들과 신약성경을 통해 어떻게 말씀하시고 계시하셨는지를 살펴봄으로써 그 상징을 확대하고 의미를 밝혀내야 한다. 이런 고찰은 처음 생각했던 것 가운데서 지엽적인 것과 핵심적인 것을 가려내도록 도와준다. 종종 이야기를 더 많이 전해 들으면서 처음에 받은 인상들을 시정하게 되는 경우가 있다.[81]

▌ 신약성경은 그리스도의 희생에 관한 복음서의 기록을 비롯해 고린도전서 5장 7-8절, 베드로전서 1장 19절, 요한계시록 5장 6절과 같은 성경 본문을 통해 유월절이라는 예표와 그 원형을 더욱 분명하게 이해하도록 도와준다.

구약의 예표가 신약성경에 어떤 빛을 드리우는가?

신약성경만 구약의 예표에 빛을 드리우는 것이 아니라 구약의 예표도 신약성경에 빛을 드리운다.

구약성경의 예표들은 구약시대의 성도들에게 장차 오실 메시아의 인격과 사역을 가르쳤다.

그런 예표들을 통해 하나님은 신약시대의 성도들에게도 예수님의 인격과 사역에 관한 교훈, 곧 신약성경을 통해서는 배울 수 없는 교훈을 가르치신다.

우리는 신약성경이라는 좀 더 완전한 계시를 경험할 수 있는 특권을 부여받지만, 여전히 불완전한 영적 상태 속에서 감각에 의지해 살아가고 있다.

따라서 구약성경의 예표와 같은 외형적인 상징이나 물리적인 본보기로부터 도움을 받지 못하면 하늘의 신령한 진리를 이해하기 어렵다.

▌ 요나가 죄의 결과로 깊은 어둠 속에 가라앉았을 때 느꼈던 감정이나 생각, 기도는 예수님이 선택받은 백성들의 죄 때문에 하나님의 분노라는 깊은 어둠 속으로 가라앉으셨을 때 느끼셨던 감정이나 생각, 기도를 이해할 수 있는 예표론적 빛을 제공한다(욘 2장, 마 12:39-40).

예표의 성취가 한 가지 이상인가?

예수님은 교회의 머리이시기 때문에 어떤 예표들은 예수님 자신뿐 아니라 그분의 백성을 통해서도 성취된다.

▌ 구약성경의 기름부음은 예수님의 사역과 그분에 대한 우리의 섬김을 예시한다. 따라서 성도인 우리는 하나님의 기름부으심을 빌고, 하나님의 말씀을 전하는 대언자(선지자), 제사장, 왕의 역할을 수행한다(고후 1:21, 고전 11:4, 벧전 2:9, 계 1:6).

예표론은 과거는 물론 미래를 이해하는 데도 도움이 된다. 교회의 미래가 구약성경에 등장하는 것들로 묘사될 때가 많다. "신약성경이 아닌 구약성경의 인물과 의식과 사건들을 통해 장차 다가올 일들의 조짐이 믿음의 눈앞에 드러난다."[82]

▌ 성막은 하나님이 예수님을 통해 성도들과 함께 거하시는 것과 장차 하늘에서 구원받은 성도들과 영원히 함께하시는 것을 암시하는 예표다.

표면적인 차이와 본질적인 동일성

얼핏 구약성경과 신약성경은 서로 크게 다른 것처럼 보인다. 어떤 때는 서로 다른 두 가지 종교를 언급하는 듯하다.

이에 반해 예표론은 두 성경이 그러한 표면적인 차이를 뛰어넘어 본질적으로 동일한 복음의 진리를 전하고 있다는 것을 보여준다. 즉 예표론은 시편을 기독교의 찬송가로 바꾸어준다. 그러나 예표론을 최대한 활용하려면 기도하는 자세로 겸손히 접근해야 한다.

예표들에 관한 좋은 주석이 그리 많지 않다. 따라서 성경을 남용하고 하나님의 말씀을 우스꽝스럽게 만들 가능성이 매우 높기 때문에 예표에 관한 말씀을 읽거나 전할 때는 극도로 신중해야 한다.

아울러 우리는 믿음으로 행해야 한다. 하나님은 예표를 통해 많은 말씀을 전하셨다. 따라서 예표를 무시한다면, 우리의 영혼과 교회는 영적으로 궁핍해지기 쉽다.

Study Questions

1. 복잡한 것을 이해하는 데 그림의 도움을 받은 적이 있는가?

2. 이 장 서두에 제시된 정의에 근거하여 예표와 풍유의 차이를 설명해보라. 풍유의 주된 특징은 다음과 같다.

   - 이야기, 대상, 인물, 사건이 있다.
   - 이야기, 대상 등은 사실이거나 실제일 필요가 없다.
   - 직접 읽는 내용이 암시하는 것보다 더 깊거나 다른 진리를 함축하고 있다.
     (풍유는 성경에 매우 드물게 나타나지만 몇 가지 사례를 발견할 수 있다) 요담은 나무들과 가시나무에 관한 풍유를 사용해 청중에게 아비멜렉 왕권의 실체를 드러냈다(삿 9:7–21). 그가 말한 이야기는 사실이 아니다. 나무들과 가시나무는 서로 대화를 나누거나 절할 수 없다. 이 이야기는 '말하는 나무들'이라는 비유를 통해 훨씬 더 깊은 진리를 전달한다. 즉 이 이야기는 참된 왕권의 속성을 드러내며 전형적인 풍유에 해당한다.

3. 이스라엘 백성은 무엇을 통해 예표를 이해했는가?

4. 예표가 이스라엘 백성을 가르치는 데 적합한 수단이었던 이유는 무엇인가?

5. 하나님은 이스라엘을 구원하시기 위해 예표들을 어떻게 사용하셨는가?

6. 예표 안에서 어떤 유사점을 찾아야 하는가?

7. 구약의 예표 하나를 선택해 신약성경이 그것을 어떻게 확대하고, 강화하고, 명료하게 했는지 설명해보라.

8. 신약성경은 구약성경의 예표들을 이해하는 데 어떤 도움을 주는가?

9. 구약성경의 예표들은 신약성경을 이해하는 데 어떤 도움을 주는가?

구약성경의 언약에서 예수님 발견하기
—그리스도의 약속

CHAPTER
8

다른 아이들처럼 나도 학교에 가기 싫어 꾀병을 부린 적이 있다. 학교에 가기 싫어 온종일 집에 있을 때는 텔레비전이 나의 유일한 벗이었는데 그것조차도 학교에 가는 것 못지않게 지겨웠다. 낮 시간에 방송되는 채널은 고작 세 개에 불과했고, 내가 유일하게 관심을 기울였던 프로그램은 '골동품 쇼'였다. 전문가들이 사람들의 다락이나 창고에서 쓰레기와 다름없는 가구들을 꺼내다가 작업장에서 표면을 다듬고, 부서진 곳을 고치고, 새로 칠을 해 소유주에게 돌려주는 프로그램이었다.

소유주들은 가치가 한껏 증대된 물건을 보고 놀라서 입을 다물지 못했다. 실제로 가치가 높아진 새로운 가구가 그들의 소유가 되었고, 그런 일이 이루어지기까지 비용은 단 한 푼도 들지 않았다. 시장에서 구입해 가지고 집에 가져오는 순간부터 가치가 떨어지기 시작하는 새 가구보다 훨씬 더 나았다.

이와 같이 새로워진 것과 새 것의 차이가 바로 구약성경의 언약 안에서 그리스도를 발견하도록 도와주는 복음의 열쇠다. 그 열쇠를 발견하기까지 나에게는 오랜 시간과 많은 노력이 필요했다.

몇 년 전 남아프리카공화국에서 열린 모임에서 언약의 그리스도를 주제로 설교를 요청받은 적이 있다. 시간이 상당히 촉박한 상태에서 주어진 요청이었다. 신학교 시절 언약신학 때문에 크게 곤란을 겪은 후 그 주제를 거의 생각해본 적이 없었기 때문에 "그 주제를 잘 알고 있는 다른 사람을 찾아보세요."라고 거절했어야 마땅했다. 그러나 나는 남아프리카공화국에 가보고 싶은 마음이 간절했다.

결국 한 달 남짓한 시간에 여섯 편의 설교를 준비해야 했지만, 젊음의 열정으로 구약성경의 언약에 관한 설교 준비에 착수했다. 그리고 마지막 한 주를 남겨놓은 시점에서 설교를 거의 다 준비할 수 있었다. 나는 그 설교를 평생 언약 연구에 몸바쳐온 친구 목사에게 보여주어야겠다고 생각했다. 사실은 그에게 나 대신 남아프리카공화국에 가달라고 부탁했어야 옳았는데 말이다.

'네오스'가 아닌 '카이노스'

그는 몇 시간 만에 나를 놀라게 하는 이메일을 보냈다. 항상 점잖은 신사였던 그는 서슴없이 내게 '사랑하는 데이비드, 함께 대화를 좀 나눠야 할 것 같네. 자네는 구약의 언약을 모두 율법적인 의미로 해석했네. 인간이 인간의 몫을 행하고, 하나님이 하나님의 몫을 행하는 것처럼 말일세. 모든 언약이 은혜의 언약으로 하나님이 모든 것을 행하시고 인간은 단지 받을 뿐이라는 것이 역사적으로 가장 널리 받아들여진 견해라는 사실을 알지 못하는가?'라고 말했다. 그러면서 여러 가지 설득력 있는 성경구절과 신앙고백의 조항들을 알려주었고(나는 그중 일부를 정식으로 받아들였다), 팔머 로버트슨의 『언약의 그리스도』(Christ of the Covenants)를 읽어보라고 제안했다.

신학교 시설에 들어본 적이 있는 책 제목이었다. 집에 있는 책장을 살펴보니 그 책이 눈에 띄었다. 나는 책을 펼쳐들었다. 그리고 나의 세계가 온통 무너지는 듯한 충격을 받았다. 솔직히 나의 세계는 좋은 쪽으로 변화하는 중이었지만, 그동안 공들여 준비한 설교가 무용지물이 되었고 이제는 설교를 준비할 시간이 고작 한 주밖에 남지 않았다는 생각만 떠올랐다.

나의 근본적인 잘못은 새 언약에 대한 예레미야서의 약속을 그 전의 언약들을 모두 폐기하고 하나님께서 완전히 새로운 일을 시작하신다는 의미로 이해한 것이었다(렘 31:31-34). 나는 하나님이 전혀 새로운 일을 약속하지 않으셨다는 사실을 깨달았다. 그분은 옛 약속과 옛 언약을 취해 새롭고 좀 더 가치 있는 방식으로 제시하신 것뿐이었다.

성찬 의식을 제정하시면서 예수님은 "이 잔은 내 피로 세우는 새 언약이니 곧 너희를 위하여 붓는 것이라"(눅 22:20)고 말씀하셨다. 그리고 분명한 의식 하에 의도적으로 예레미야서 31장 31-34절의 새 언약을 성취하셨다. 구약성경을 헬라어로 번역한 『70인역』은 누가복음 22장 20절과 히브리서 8장 13절처럼 새 언약을 인용한 신약성경 구절에서 '전혀 새로운'을 뜻하는 '네오스'가 아닌 '새로워진'이라는 뜻의 '카이노스'를 사용하고 있다.[83] 다시 말해 예수님은 옛 언약의 약속을 폐기하고 백지 상태에서 다시 시작할 것이라고 말씀하지 않으셨다. 옛 언약을 더 가치 있는 형태로 새롭게 고칠 것이며, 우리의 도움 없이 친히 그 일을 모두 감당하실 것이라고 말씀하셨다.

새 언약은 물론이고 창세기 3장에서부터 시작된 구약성경의 모든 언약에 관한 나의 견해가 결국 송두리째 바뀌었다. 여섯 편의 설교를 다시 준비하는 일은 몹시 부담스러웠지만, 그 시간은 내 생의 가장 복된 한 주가 되었다. 왜냐하면 전에는 알지 못했던 방식으로 구약성경의 언약들 안에서 하나님의 은혜를 발견할 수 있는 열쇠를 얻었기 때문이다. 마침내 나는 신구약성경에 명시된 하나님의 변치 않는 언약의 메시지를 들고 남아프리카공화국으로 향했고, 하나님은 내가 전하는 설교를 풍성하게 축복하셨다. 지금부터 그 한 주 동안 하나님께서 내게 가르쳐주신 것을 간단하게 소개할 것이다. 여러분도 나처럼 큰 축복을 받기 바란다.

은혜언약의 광채

옛 언약들을 살펴보기 전에 먼저 언약의 정의부터 생각해보자. 언약이란 더 우월한 존재가 먼저 나서서 설정한 관계로 삶과 죽음을 결정짓는 효력을 발생시킨다. 성경에 나타나는 언약은 본질적으로 두 종류가 있다. 하나는 '행위와 보상의 언약'이다. 하나님은 창세기 2장에서 아담에게 "이 일을 행하라. 그러면 네게 이러이러한 보상을 내리겠다"고 말씀하셨다. 즉 이것은 일을 하고 보상을 받는 관계다. 다른 하나는 '은혜와 감사의 언약'이다. 이는 하나님께서 "여기 너를 위한 큰 선물이 있다. 이것을 받아 누려라. 그리고 감사하라"고 말씀하시는 것과 같으며, 선물을 받고 감사하는 관계다.

인간의 타락 후 이루어진 아담, 노아, 아브라함, 모세, 다윗과의 언약은 모두 은혜언약에 속하며 각각 그 집행 방법이 달랐을 뿐이다.[84] 그리고 그 각각의 언약 안에 은혜언약의 약속이 담겨 있었다. 따라서 예레미야가 새 언약을 예언했을 때는 새로운 언약 당사자와의 조건과 약속에 근거한 새로운 언약을 말하지 않았다. 행위언약과 은혜언약이 대조된 것이 아니라 동일한 은혜언약이 (특히 모세의 율법 안에서) 서로 다르게 계시되거나 집행된 사실이 대조되고 있다. 그렇다. 모세의 언약은 은혜언약을 집행하는 체제였다. 이미 그 안에 은혜언약이 포함되어 있었다.

어쩌면 "하나님이 은혜언약을 한꺼번에 모두 계시하지 않으신 이유는 무엇일까? 왜 하나님은 은혜언약을 조금씩 계시하셨을까?"라고 궁금해할지 모르겠다. 여기서 우리는 하나님께서 죄에 치우친 어리석은 죄인들과의 관계를 회복하시는 사역을 행하고 계셨다는 사실을 기억해야 한다. 만일 그분이 은혜언약의 광채를 한꺼번에 모두 비추셨다면, 죄인들은 놀라서 경악하거나 눈이 멀어 아무것도 보지 못했을 것이다. 때문에 지혜로운 스승이신 하나님은 은혜의 언약을 조금씩 단계별로, 즉 단순한 진리를 먼저 전하시고 그다음에 좀 더 복잡한 진리를 전하시는 방법을 택하셨다. 그분은 구약의 언약들을 통해 그런 일을 행하셨고, 그 언약들은 차츰 은혜언약을 계시하고, 명시하고, 발전시켜나갔다. 『웨스트민스터 신앙고백』에 따르면, 구약의 언약들은 은혜언약을 '집행'했다. 지금부터 우리는 다음과 같은 구약의 언약들을 다루게 될 것이다.

- 아담의 언약 : 패배한 뱀의 언약(창 3:14-15).
- 노아의 언약 : 평화로운 무지개의 언약(창 9:8-17).
- 아브라함의 언약 : 칼의 언약(창 12-17장).
- 모세의 언약 : 양과 율법의 언약(출 19, 20장).

- 다윗의 언약 : 영원한 왕의 언약(삼하 7장).
- 새 언약의 약속과 성취(렘 31:31-34, 눅 22:20).

그리고 이 언약의 공통된 여섯 가지 특징, 즉 은혜언약을 계시하고 집행한 여섯 가지 특징에 초점을 맞출 생각이다. 이 특징들은 언약에 따라 그 명백한 정도가 다르게 나타난다. 또 어떤 특징들은 명시적이라기보다는 암시적이다.

죄와 언약

언약과 관련하여 주목해야 할 첫 번째 요점은 모든 언약이 인간이 죄를 지은 상태에서 주어졌다는 것이다. 따라서 그 모든 약속들은 인류와 맺은 언약의 근본 토대가 인간의 공로가 아닌 하나님의 긍휼에 있다고 강조한다.

패배한 뱀의 언약 여기서 굳이 창세기 3장 14-15절의 말씀이 본질상 언약의 성격을 띤다는 점을 입증할 필요는 없을 것 같다. 그 점을 확실하게 설명하는 자료를 원한다면 구약학자 팔머 로버트슨의 『언약의 그리스도』를 참조하기를 바란다.[85]

간단히 말해 가족이라는 용어가 표면에 드러나지 않더라도 부모와 자식에 관한 이야기가 한 가족에 관한 이야기인 것처럼, 언약이라는 용어가 표면에 드러나지 않더라도 '더 우월한 존재가 먼저 나서서 설정한 관계로 삶과 죽음을 결정짓는 효력을 발생시키는 것'이라면 그 관계는 곧 언약에 해당한다.

아담의 언약은 인류의 첫 조상이 죄를 범한 직후에 주어졌다. 즉 하나님은 그러한 불행을 외면하거나 타락한 세상과 그 안에 거하는 죄인들을 모두 없애시지 않고, 원죄의 결과를 되돌려 완전한 질서를 회복하시겠다고 언약하셨다.

평화로운 무지개의 언약 하나님은 세상을 홍수로 심판하신 직후, 노아가 수치스런 죄를 저지르기 전에 사람의 마음이 항상 악할 뿐임을 아시고 그와 언약을 맺으셨다(창 6:5).
그 언약을 통해 하나님은 은혜와 긍휼을 베풀어 온 세상을 다시 멸하지 않겠다 약속하셨고, 이 세상에서는 사람들의 삶을 더 이상 그들의 죄에 따라 처리하지 않겠다고 약속하셨다.

칼의 언약 하나님은 아브라함이 자신의 약속을 외면한 채 그릇된 방법으로 아들을 얻으려는 것을 아시고, 기적을 통해 아들을 허락하시겠다는 약속과 함께 그와 언약을 맺으셨다(창 16장).

양과 율법의 언약 하나님은 이스라엘 백성이 양식과 물 때문에 죄를 저지른 지 얼마 지나지 않은 때, 곧 그들이 금송아지를 만든 죄를 짓기 직전에 모세와 언약을 맺으셨다(출 16-17, 32장).

영원한 왕의 언약 하나님께서는 다윗이 머지않아 간음과 살인을 저지를 것을 아시면서도 그와 언약을 맺으셨다. 그러한 언약 안에서 다윗은 하나님의 은혜를 발견했고, 임종을 앞두고 자신의 죄가 가문에 큰 해악을 끼쳤지만 하나님의 언약은 여전히 "견고하다"고 말했다(삼하 23:1-5).

새 언약 예레미야는 이스라엘 백성이 죄, 특히 언약을 어긴 죄 때문에 바벨론에 포로로 잡혀가기 직전에 새 언약을 예언했다(렘 31:31-34, 레 26장, 신 28장). 또한 예수님은 영적 이스라엘이 지은 죄를 대신 짊어지고 십자가에 죽으시기 직전에 새 언약이 성취되었다고 선언하셨다(눅 22:20).

요약 구약의 언약들이 계시한 중요한 진리 중 하나는 하나님이 은혜로우시며, 그분이 인간과 맺으신 언약은 그들의 공로가 아닌 하나님의 긍휼히 여기심에 근거한다는 것이다. 이와 같이 하나님은 인간이 약속을 어길 때마다 새로운 은혜의 약속을 허락하셨다.

새로운 출발

그동안 우리는 성경이 언급하는 시대에 작성된 언약의 문서와 당시의 문화를 통해 언약에 관한 많은 통찰을 얻었다. 12장에서 살펴본 대로 이 언약들은 '종주와 봉신의 조약'에 해당한다. 일반적으로 종주는 봉신을 위해 행한 모든 일을 열거하고, 서로의 관계를 건강하고 행복하게 유지할 수 있는 규칙을 제정한다. 그리고 그러한 내용을 담은 언약의 문서는 보상의 약속과 불복종에 대한 징벌의 약속을 통해 봉신이 감사하는 마음으로 기꺼이 복종하도록 독려하는 내용으로 끝을 맺는다.

바로 이런 형태의 '조약'이 구약성경의 언약에서 발견된다. 곧 하나님이 종주이시고 인간이 봉신인 셈이다.

하나님은 언약의 조건을 제시하고 명령하신다. 이는 상호 합의가 아닌 주권적인 명령이며 인간이 거부할 경우 징벌이 주어진다. 거듭 말하지만 언약을 제시한 쪽은 인간이 아니라 하나님이다. 또한 감사로부터 우리나는 복종을 기대하면서 여러 가지 조건을 제시하기에 앞서 하나님의 관대하심이 먼저 강조된다.

패배한 뱀의 언약 인류의 첫 조상이 죄를 지은 후 하나님은 에덴동산에 찾아오셔서 주권적으로 언약의 조건을 명령하셨다.

당시 아담과 하와는 하나님과 협상을 벌일 처지가 못 되었고 하나님께 드릴 것이 아무것도 없었지만, 하나님께서 먼저 그들에게 은혜를 약속하신 것이다.

언약을 통해 하나님은 마귀와 인간의 불경스런 유착관계를 끊으시려고 스스로 "이러이러하게 하겠다"고 선언하셨다(창 3:15).

평화로운 무지개의 언약 노아의 언약은 "내가 내 언약을 너희와 너희 후손과"라는 말로 시작한다(창 9:9). 이 말씀과 그 주변의 말씀을 생각하면 하나님이 솔선해서 언약을 맺으셨다는 것을 거듭 확인할 수 있다. 그분은 "내가 세우리니……", "내가 기억할 것이니……"와 같은 형식으로 말씀하셨다.

따라서 언약을 베푸는 쪽은 항상 하나님이시고, 언약을 받는 쪽은 항상 인간이다.

칼의 언약 아브라함의 경우에도 하나님께서 솔선하여 언약을 맺으셨다. 그분은 두려움과 무력함에 사로잡혀 있는 아브라함에게 "아브람아 두려워하지 말라 나는 네 방패요 너의 지극히 큰 상급이니라"(창 15:1) 말씀하시며 약속하셨고 아브라함은 그 약속을 받고, 믿었다(창 12:1-3).

양과 율법의 언약 모세가 율법을 받기 전에 먼저 하나님이 주권적으로 솔선하여 행하신 일들이 강조되었다. "내가 애굽 사람에게 어떻게 행하였음과 내가 어떻게 독수리 날개(하나님의 구원)로 너희를 업어 내게로(하나님의 목적) 인도하였음을 너희가 보았느니라…… 너희가 내 말을 잘 듣고"(출 19:4-5). 십계명도 인간의 노력이 아닌 하나님의 관대하심에서부터 출발한다(출 20:1-2).

영원한 왕의 언약 다윗의 언약은 하나님과 인간의 합의인 것처럼 보인다. 다윗이 하나님을 위해 성전을 건축하겠다고 제안했다. 그러나 하나님은 다윗이 제안한 것을 받아들이지 않으시고, 그가 생각하는 것보다 훨씬 더 뛰어난 조건을 제시하셨다. 즉 하나님은 일시적이고 물리적인 성전을 짓겠다는 다윗의 제안을 거절하시고, 자신의 영광과 인류의 행복을 위해 다윗의 집, 곧 그의 왕조를 영원하게 만드시겠다고 약속하셨다(삼하 7장).

새 언약 예레미야가 예언한 새 언약에서도 하나님이 솔선하여 언약을 맺으신 사실이 확인된다. 하나님은 "내가 이스라엘 집과 맺을 언약은 이러하니 곧 내가 나의 법을 그들의 속에 두며 그들의 마음에 기록하여 나는 그들의 하나님이 되고 그들은 내 백성이 될 것이라"(렘 31:33) 말씀하셨다.

이처럼 하나님이 솔선해서 언약을 맺으신다는 사실은 예수님이 새 언약의 약속을 성취하시는 순간에 가장 분명하게 드러났다. "때가 차매 하나님이 그 아들을 보내사 여자에게서 나게 하시고 율법 아래에 나게 하신 것은 율법 아래에 있는 자들을 속량하시고 우리로 아들의 명분을 얻게 하려 하심이라"(갈 4:4-5).

요약 이 언약들을 통해 계시된 근본 원리 가운데 하나는 하나님이 주권적으로 솔선해서 사람들과 언약을 맺으신다는 것이다. 하나님은 연약하고 무력한 인간에게 먼저 다가가셨을 뿐 아니라 자기희생이라는 궁극적인 단계까지 나아가셨다.

희생의 피

하나님의 언약은 대개 피로 제정되었다. 이는 언약의 관계가 삶과 죽음이 걸려 있는 진지한 관계라는 것을 암시한다.

패배한 뱀의 언약 아담의 언약은 마귀의 머리를 상하게 할 것이라고 약속한다. 이 피의 언약이 주어진 직후에 하나님이 짐승을 죽여 아담과 하와에게 가죽옷을 지어 입히신 일이 있었고, 곧이어 하나님이 정하신 희생제사의 관습이 도입되었다(창 4장).

평화로운 무지개의 언약 노아와 그의 가족은 새로운 언약을 받고, 희생제사를 드린 후에 새로운 세상에서 새 삶을 시작했다(창 8:20-9:10).

칼의 언약 언약을 맺은 당사자들이 동물을 죽여 쪼개놓고 그 사이를 걸어가는 것이 언약을 비준하는 고대의 관습이었다. 쪼갠 조각 사이를 걷는 것은 언약을 지키지 못할 경우, 죽은 동물과 똑같이 쪼개져 죽는 대가를 치러야 한다는 것을 의미했다(렘 34:18-20).

아브라함의 언약에서는 하나님이 불과 연기로 현현하시어 홀로 그 조각 사이를 지나가셨다(창 15:9-21). 하나님이 혼자서 언약을 비준하셨고, 언약의 모든 의무를 짊어지신 것이다.

이것은 언약이 이루어지지 않을 경우 하나님이 엄숙한 맹세와 저주를 홀로 감당하시겠다는 뜻이었다.

앞으로 살펴보겠지만 아브라함이 하갈의 일로 죄를 지은 후, 그에게 할례라는 부가적이고 더 영구적인 언약의 징표가 주어졌을 때도 포피를 잘라 피를 흘리는 일이 뒤따랐다.

양과 율법의 언약 십계명은 희생제사를 언급하는 말씀으로 끝을 맺는다(출 20:24). 그리고 그러한 십계명에 이어 희생제사에 관한 율법이 거듭 이어진다.

즉 모세의 언약은 모세가 언약의 피를 백성들에게 뿌리는 것으로 매듭지어졌다(출 24:8).

영원한 왕의 언약 하나님은 다윗 왕가의 왕들이 죄를 범할 경우에는 그들이 다른 사람들에 의해 피를 흘리게 될 것이라고 약속하셨다(삼하 7:14). 이러한 피의 희생은 언약이 생사가 걸린 중대한 사안이라는 것과 죄를 지으면 피로 갚아야 한다는 원리를 다시금 강조한다.

새 언약 새 언약에 관한 예언은 희생에 대한 것을 명시하지 않았다. 그러나 새 언약의 성취를 선언하신 예수님의 말씀에는 희생이 분명하게 드러나 있다. "이 잔은 내 피로 세우는 새 언약이니 곧 너희를 위하여 붓는 것이라"(눅 22:20).

요약 이런 언약들을 통해 계시된 본질적인 진리 중 하나는 하나님이 죄를 사하시는 희생의 피를 요구하시며, 그런 희생이 언약 관계의 토대를 형성한다는 것이다.

이와 같이 구약의 언약들은 은혜의 언약을 계시하고 발전시켰다. 그리고 이 언약들을 통해 하나님은 희생을 요구하셨을 뿐 아니라 친히 희생을 감당하셨다.

언약의 핵심 주제

언약은 다양한 측면을 지니고 있지만, 대개는 하나의 핵심적인 약속을 전달해 언약이 체결될 당시의 구체적인 필요를 충족시킨다.

패배한 뱀의 언약 실패한 아담과의 언약에서 가장 핵심적인 것은 승리에 관한 약속이다. 마귀의 저항과 작은 승리에도 불구하고, 하나님은 아담과 그의 후손들에게 궁극적인 승리를 안겨주실 것이다.

평화로운 무지개의 언약 하나님은 세상을 향해 전쟁을 선포하시고, 홍수로 온 세상을 심판하신 뒤에 평화를 약속하셨다. 또한 불안해하는 노아에게 비교적 평화롭고 예측 가능한 환경을 허락하시겠다고 약속하셨다(창 8:22, 9:11, 15).

칼의 언약 하나님은 아들을 절실히 원하는 아브라함에게 하늘의 별처럼 많은 후손과 그들이 살게 될 땅을 허락하시겠다고 약속하셨다(창 17:4-8).

양과 율법의 언약 모세는 겉으로 보기에 불가능한 문제에 직면했다. 출애굽의 구원이 이루어진 후, 그는 무질서하고 제멋대로 행하는 백성을 이끌어야 할 책임을 떠안은 것이다. 때문에 그에게는 권위 있는 율법이 필요했고 하나님은 그에게 율법을 허락해주셨다(출 19:6).

영원한 왕의 언약 하나님은 다윗을 이스라엘의 왕으로 선택하셨다. 그러나 다윗은 장차 수많은 왕과 왕국이 잠시 나타났다가 사라질 것을 알고 있었다. 따라서 하나님은 그에게 영원한 왕과 사라지지 않을 왕국을 약속하셨다.

새 언약 이스라엘의 죄를 심판하는 중에 죄의 용서와 정화를 약속하는 새 언약이 선포되었다.

예수님도 새 언약의 성취를 선언하시면서 그것을 "죄 사함"과 연결시키셨다(마 26:28).

요약 이처럼 승리, 평화, 아들, 복종, 왕, 용서는 언약의 핵심 주제에 해당한다.

구약의 언약들은 은혜언약을 계시하고 발전시켰다. 그리고 예수님은 은혜언약 안에서 마귀를 정복하셨다.

그분은 우리의 평화요, 약속된 아들이시며, 하나님께 온전히 복종하셨다. 또한 그분은 영원하신 왕이며, 자신의 피로 우리의 모든 죄를 용서하신다.

언약의 증표

하나님은 말씀으로만 약속하지 않으셨다. 확실한 증표로 언약을 체결하셨다. 이 증표는 언약을 더욱 간단하고 항구적으로 기억하게 해준다.

패배한 뱀의 언약 하나님은 승리를 약속하시기 위해 아담에게 뱀의 수치와 패배를 입증하는 언약의 증표를 주셨다. 따라서 뱀은 모든 동물 가운데 가장 큰 저주를 받고, 가장 낮은 곳에서 흙을 먹고 살아가게 될 것이다.

평화로운 무지개의 언약 하나님은 평화의 약속을 강조하시기 위해 노아에게 아름다운 무지개를 언약의 증표로 허락하셨다.

칼의 언약 하나님은 아브라함이 아들에 대한 약속을 잊지 않도록 하시려고 육신에 할례의 증표를 새겨주셨다. 그러므로 할례는 그의 죄에 대한 피 흘림의 대가였을 뿐 아니라 그의 후손을 통해 언약을 반드시 성취할 것이라는 하나님의 의도를 보여준다.

양과 율법의 언약 모세에게는 양과 율법이라는 두 가지 언약의 증표가 주어졌다. 무엇보다 그 순서를 기억하는 것이 중요하다. 양이 율법보다 먼저다. 실제로 애굽에서의 유월절이 시내산에서의 율법 수여보다 먼저 이루어졌다. 또한 전자는 하나님이 이스라엘 백성에게 허락하신 구원의 은혜를 나타내고, 후자는 그들이 그 구원에 어떻게 반응해야 하는지를 명시한다.

영원한 왕의 언약 다윗의 머리에 놓인 왕관은 그와 이스라엘 백성에게 영원한 왕과 왕국에 대한 하나님의 약속을 상기시켜 주었다.

새 언약 새 언약의 증표는 떡과 포도주다. 이것은 우리의 죄를 용서하기 위해 주어진 예수님의 몸과 피를 상징한다(마 26:26-28).

요약 언약의 증표가 말씀으로 이루어진 약속을 확증했다. 즉 패배한 뱀은 여자의 후손이 장차 마귀를 물리치고 승리를 거둘 것을 약속하고, 무지개는 여자의 후손이 하나님과 화목을 이룰 것을 약속하며, 할례의 칼은 여자의 후손이 아브라함의 혈통에서 나올 것을 약속한다. 또한 양과 율법은 여자의 후손이 죄인들을 구원해 하나님과 거룩한 관계를 맺게 할 것을 약속하고, 왕관은 여자의 후손이 영원히 보좌 위에서 통치할 것을 약속하며, 떡과 포도주는 여자의 후손의 상한 몸과 피를 통해 죄사함이 이루어질 것을 약속한다.

언약의 축복

이번에는 언약의 범위에 관해 생각해보자. 언약의 수혜자는 누구인가? 언약의 범위 안에 누가 포함되는가? 곧 살펴보게 되겠지만 언약의 범위는 이중적이다. 첫 번째는 많은 사람들이다. 경우에 따라 모든 인류에게 해당하는 외적이고 물리적인 축복이 존재하며 이 축복은 구원과는 무관하다. 두 번째는 믿음으로 언약의 외적 요소를 뛰어넘어 그 안에 담긴 영적 현실을 바라보는 사람들을 위한 내적이고 영적인 축복이다. 이 축복은 구원과 연결된다.

패배한 뱀의 언약 창문과 문이 없는 큰 예배당을 상상해보라. 그 어둡고 황폐한 곳에 타락한 인류가 거하고 있다. 그러나 하나님은 긍휼을 베푸시어 한쪽 벽에 뱀 모양의 작은 창문을 만드시고 은혜언약을 통해 그곳으로 약간의 빛이 스며들게 하셨다. 예배당 안에 있는 모든 사람이 그 빛의 혜택을 누리듯, 하나님이 위험한 뱀을 저주하신 덕분에 온 인류가 유익을 얻는다. 많은 사람이 창문의 생김새를 신기해하며 그곳을 통해 들어오는 빛, 곧 그 자연스런 축복을 즐길 때, 믿음으로 그곳을 통해 밝게 빛나는 영적 현실, 곧 마귀의 패배를 보여주는 은혜의 언약을 바라보는 사람들이 존재한다.

평화로운 무지개의 언약 하나님은 노아의 언약을 통해 예배당에 또 다른 창문을 내셨다. 이번에는 무지개 모양의 창문이다. 안에 있는 모든 사람이 더 많은 빛을 누리는 것처럼, 모든 사람이 안정적으로 이루어지는 계절의 순환을 통해 유익을 얻는다.

이번에도 어떤 사람들은 물리적인 빛과 기후의 혜택을 누리는 것으로 만족하며 창문을 바라보지만, 또 다른 사람들은 창문을 통해 밝게 빛나는 더 놀라운 영적 현실, 곧 분노를 거두시고 평화를 약속하시는 하나님을 믿음으로 바라본다.

칼의 언약 세월이 흐른 뒤, 하나님은 또 다시 칼처럼 생긴 창문을 만드셨다. 그곳을 통해 들어오는 빛은 아브라함의 후손으로 태어난 사람들과 할례를 통해 그들과 관계를 맺은 사람들에게만 국한된다. 특히 아브라함의 후손으로 태어난 사람들은 모두 여자의 후손과 땅에 관한 하나님의 약속을 통해 혜택을 누린다.

또한 하나님은 다른 민족들이 아브라함과 그의 후손들을 어떻게 대하느냐에 따라 그들을 축복하기도 하고 저주하기도 하시겠다고 약속하셨다. 이번에도 어떤 사람들은 자연적인 빛이 주는 유익만을 누리며 창문을 우러러본다(요 8:33-43). 또 어떤 사람들은 그 창문을 통해 아브라함의 후손에서 태어날 구원자, 곧 자기 백성을 죄와 단절시키기 위해 스스로 베임을 당하게 될 구원자를 믿음으로 바라본다(갈 3:7).

양과 율법의 언약 하나님은 이스라엘 백성을 위해 두 개의 창문을 더 만드셨다. 하나는 어린 양처럼 생겼고, 다른 하나는 두루마리(율법)처럼 생겼다. 이스라엘에 속한 모든 사람이 출애굽의 구원과 하나님과의 특별한 관계와 복종에 대한 약속을 통해 물리적이고 민족적인 유익을 누린다. 이 경우도 어떤 사람들은 단지 자연적인 빛의 혜택을 누리며 양과 두루마리처럼 생긴 창문을 우러러보는가 하면 또 다른 사람들은 창문을 통해 밝게 빛나는 인격적이고, 영적이고, 구원적인 축복을 믿음으로 바라본다.

영원한 왕의 언약 왕관처럼 생긴 창문은 하나님과 다윗 왕가의 특별한 관계를 나타낸다. 이 창문은 구원과 상관없이 모든 이스라엘 백성에게 여러 가지 외적인 축복을 제공한다. 이번에도 어떤 사람들은 자연적인 빛의 혜택을 누리며 창문을 우러러본다. 그러나 어떤 사람들은 믿음으로 창문을 통해 더 낫고 더 밝게 빛나는 빛, 즉 다윗의 후손으로 태어나 자신들을 영적으로 구원해 영원히 다스릴 왕을 바라본다.

새 언약 하나님은 새 언약을 통해 예배당 벽 도처에 커다란 구멍을 만들어 은혜언약에서 비롯하는 엄청난 양의 빛이 홍수처럼 밀려들어가게 하셨다. 어떤 구멍들은 쪼개진 떡과 포도주 잔같이 생겼고(성찬), 어떤 구멍들은 샘물처럼 생겼다(세례). 은혜언약을 나타내는 신약시대의 표징은 단지 이스라엘뿐 아니라 모든 나라에게 전례 없는 방식으로 복음의 은혜를 선포한다. 마치 하나님이 "이 이상 더 분명하게 무조건적인 구원의 은혜를 선포할 수는 없다"고 말씀하시는 듯하다.

어떤 사람들은 여전히 그림자를 좋아하고 창문만을 우러러보지만, 죄에 시달리는 수많은 영혼은 새로운 모양이 새겨진 창문들을 통해 들어오는 빛 앞에 모여 떡과 포도주라는 새 언약의 증표가 의미하는 것(죄인들과 죄 때문에 십자가에 못 박혀 상하고 깨어져 피 흘리는 구원자)을 찾는다. 또한 그들은 세례라는 새 언약의 증표가 의미하는 것(죄의 용서와 정화)을 깊이 생각한다. 어둠 속에 앉아 있는 자들이 큰 빛을 본다.

이제 하나님의 구원계획 중 마지막 단계만 남았다. 그것은 바로 예수님의 재림이다. 그때가 되면 예수님이 예배당과 벽과 창문을 모두 무너뜨리실 것이다.

요한은 "성 안에서 내가 성전을 보지 못하였으니 이는 주 하나님 곧 전능하신 이와 및 어린 양이 그 성전이심이라 그 성은 해나 달의 비침이 쓸 데 없으니 이는 하나님의 영광이 비치고 어린 양이 그 등불이 되심이라"(계 21:22-23)라고 증언했다.

"하나님의 장막이 사람들과 함께 있으매 하나님이 그들과 함께 계시리니 그들은 하나님의 백성이 되고 하나님은 친히 그들과 함께 계셔서"(계 21:3)라는 말씀대로, 그때는 은혜언약의 본질이 온전히 실현되고 경험될 것이다. 그리고 "나는 그의 하나님이 되고 그는 내 아들이 되리라"(계 21:7) 선언하시는 하나님의 음성을 듣게 될 것이다.

요약　언약의 유익을 올바르게 누리는 사람, 곧 언약의 그리스도를 믿는 사람은 비교적 적다.

그러나 하나님은 언약의 범위를 차츰 넓히시면서 많은 언약의 축복을 허락하셨다.

언약의 성취

누군가 "새 언약 안에 옛 것이 그토록 많이 포함되어 있다면 새로운 것은 과연 무엇인가? 옛 언약과 새 언약이 그토록 많은 영속성을 지니고 있다면 단절된 것은 무엇이고, 그 차이는 무엇인가?"라고 물을지 모르겠다.

사실 나도 그랬다. 간단히 대답하면 새로운 것이 많다. 다음과 같은 점에서 새 언약은 옛 언약보다 월등하다.

새로운 보편성　아브라함 이후부터 하나님의 언약은 아브라함의 자손과 이스라엘 백성을 거쳐 다윗의 아들들에게로 계속 좁혀졌다. 그러나 새 언약은 그 범위를 온 세상으로 확대시킨다.

예수님은 "너희는 가서 모든 민족을 제자로 삼으라"고 명령하셨다(마 28:19-20).

새로운 인격　은혜언약이 옛 언약 안에서 집행될 때는 상징과 약속으로 예수님과 그분의 은혜를 나타냈지만, 새 언약에서는 예수님께서 인격적으로 온전한 모습을 드러내셨다. 즉 상징과 의식 대신 그 상징과 의식이 나타냈던 예수님이 오신 것이다.

한 인물의 전기를 읽는 것과 실제로 그 사람을 직접 만나는 것에는 큰 차이가 있다. 마찬가지로 새 언약을 통해 문자로 기록된 말씀이 생명을 얻었다.

"말씀이 육신이 되어 우리 가운데 거하시매…… 은혜와 진리가 충만하더라"(요 1:14).

새로운 명료성 그림자가 드리워져 있는 것을 보면 무엇을 나타내는 것인지 대충은 짐작할 수 있다. 그러나 때로는 그 실체가 상상했던 것과 크게 다를 수 있다. 즉 그림자는 실체를 나타내지만, 동시에 실체를 흐릿하게 만든다.

새 언약에서는 예수님이 직접 나타나셨다. 따라서 우리는 그분을 훨씬 더 분명하게 볼 수 있다.

그림자가 빛에 물러갔고, 예언이 성취되었으며, 예표가 원형에 자리를 내주었고, 상징이 물러가고, 실체가 드러났다.

새로운 즉각성 하나님은 구약의 언약을 체결하시면서 주로 많은 사람을 대표하는 한 사람을 상대하셨다. 그 대표자는 하나님을 대신해 언약을 집행했던, 일종의 청지기와 같았다. 하나님은 그 대표자(중재자)를 통해 자기 백성들을 상대하셨고 그들에게 말씀하셨다.

그러나 새 언약에서는 흠 있고 불완전한 중재자들이 모두 사라지고 예수님께서 직접 은혜의 언약을 집행하셨다. 그분은 "내가 너희의 선지자요 제사장이요 왕이요 남편이 될 것이다." 약속하셨다(렘 31:32-34 참조). 또한 그분은 많은 사람을 위해 일하신다(마 26:28).

새로운 효율성 은혜언약에 관한 옛 약속과 상징을 통해 구원받은 사람들이 적지 않다. 그러나 분명한 것은 새 언약을 통해 나타난 은혜언약에서 구원받는 사람이 그보다 훨씬 더 많다는 것이다. 예레미야는 새로운 은혜언약과 옛 행위언약을 대조하지 않았다. 다만 은혜언약을 좀 더 효율적으로 집행할 수 있는 새로운 방식과 그것을 좀 덜 효율적으로 집행했던 옛 방식을 대조했을 뿐이다.

새로운 영성 과거 은혜언약을 집행할 당시에는 외적인 요소와 의식들이 너무 번잡스러워 육신에 치우칠 가능성이 높았다. 특히 모세의 율법이 그랬다. 그에 비해 새 언약은 영적이고 내적인 삶에 더 초점을 맞춘다. 하지만 신구약성경의 언약 모두 자기 백성과 관계를 맺기 원하시는 하나님을 계시한다. 그리고 하나님의 그런 바람은 오직 예수 그리스도를 통해서만 궁극적으로 만족된다.

새로운 성취 구약의 언약들을 통해 나타난 은혜언약은 예비적이고 일시적이었다. 그러나 새 언약은 현세에서 최종적으로 은혜언약을 나타낸다. 그러므로 이제는 새 하늘과 새 땅에서 영원히 언약의 관계를 누리는 일만 남았다. 즉 언약의 핵심은 관계다.

실제로 구약의 언약들은 모두 타락한 죄인들과 관계를 회복하기 원하시는 하나님을 보여준다. 새 언약도 관계가 핵심이다. 때문에 예레미야는 하나님의 말씀을 이렇게 전달했다. "나는 그들의 하나님이 되고 그들은 내 백성이 될 것이라…… 그들이 다시는 각기 이웃과 형제를 가르쳐 이르기를 너는 여호와를 알라 하지 아니하리니 이는 작은 자로부터 큰 자까지 다 나를 알기 때문이라"(렘 31:33, 34).

아울러 예수님은 새 언약의 약속을 성취하셨다(히 8:10). 그분은 임마누엘, 곧 "우리와 함께 계시는 하나님"이시다(마 1:23). 또 예수님은 자기 백성을 인도해 하나님과 구원의 관계를 맺게 하시며 그 관계를 궁극적으로 완성하실 것이다.

"보라 하나님의 장막이 사람들과 함께 있으매 하나님이 그들과 함께 계시리니 그들은 하나님의 백성이 되고 하나님은 친히 그들과 함께 계셔서 모든 눈물을 그 눈에서 닦아 주시니 다시는 사망이 없고 애통하는 것이나 곡하는 것이나 아픈 것이 다시 있지 아니하리니 처음 것들이 다 지나갔음이러라 보좌에 앉으신 이가 이르시되 보라 내가 만물을 새롭게 하노라 하시고"(계 21:3-5).

Study Questions

1. 이 장을 읽기 전에는 언약에 대해 어떻게 생각했는가? 그리고 읽은 후에는 관점이 어떻게 달라졌는가?

2. 일상생활에서 우리가 '새 것'과 '새로워진 것'을 어떤 의미로 사용하는지에 대한 구체적인 사례를 말해보라.

3. 하나님이 성경에서 맺으신 모든 언약은 어떤 배경에서 이루어졌는가? 그런 사실이 주님과의 관계에 어떤 도움을 주는가?

4. 하나님의 은혜로 처음 신앙생활을 시작한 때는 언제인가?

5. 구약의 언약에 대한 이해가 성찬을 통해 더 큰 은혜를 받는 데 어떻게 영향을 미치는가?

6. 앞에서 하나님이 맺으신 언약들과 그에 따르는 표징들을 하나의 용어로 요약했다. 그것이 무엇인가?

7. 구약의 언약을 통해 누가, 어떻게 유익을 얻는가? 그것은 또한 성찬과 세례라는 새 언약의 의식을 통한 유익에 어떤 교훈을 주는가?

8. 언약의 본질을 간단히 요약해보라.

9. 새 언약의 새로운 요소는 무엇인가? 그리고 그것이 당신의 영적 생활에 어떤 영향을 미치는가?

구약성경의 잠언에서 예수님 발견하기
―그리스도의 잠언

잠언은 구약의 '트위터'라고 말할 수 있다. 잠언은 처음 몇 장에 걸쳐 지혜의 아름다움과 유익과 매력을 소개한 뒤 많은 '트위트', 곧 간결하고 함축적이며 기억에 남을 만한 금언을 통해 깊이 있는 신학적 실천 진리를 길게 나열한다.

그렇다면 이러한 금언들 안에서 과연 예수님을 발견할 수 있을까? 내 경우에는 처음에도 그랬고, 그 후로 오랫동안 잠언을 공부한 뒤에도 도무지 그럴 것 같아 보이지 않았다. 이것이 내가 이 책의 거의 마지막 부분에서 이 주제를 다루는 이유다. 그러나 나는 예수님에 관한 근본적인 확신, 곧 모든 성경에서 자기를 발견할 수 있다는 말씀에 대한 신뢰를 포기하지 않았다(눅 24:27). 잠언도 "그리스도의 말씀" 가운데 하나다(골 3:16). 따라서 그분은 잠언을 통해서도 불쌍한 죄인들에게 자신을 계시하신다.

간결한 금언으로 이루어져 있는 잠언의 속성 때문에 우리는 무조건 자세하고 세밀한 연구에 돌입하기 쉽다. 그러나 먼저 한발자국 물러서서 구약의 메시지를 전체적으로 조망하는 것이 필요하다. 구약성경에 누적되어 있는 메시지를 멀리서 바라보면, 위대한 왕이요 제사장이요 선지자이신 구원자가 오실 것을 예고하고 있다는 것을 알 수 있다. 특히 잠언은 구원자의 선지자적 직임에 초점을 맞춘다.

구약성경에는 죄인들이 자신들의 무법한 삶을 질서 있게 만들어줄 왕을 구하는 내용도 있고, 자신들의 죄를 용서해줄 제사장을 구하는 내용도 있으며, 자신들의 무지와 잘못을 깨우쳐 옳게 생각하고, 믿고, 말하고, 행동하도록 가르쳐줄 스승을 구하는 내용도 있다.

그중 마지막 필요를 채워주기 위한 하나님의 대답이 바로 잠언에 있다.

잠언은 당대에 세상에서 가장 지혜로운 인물로 손꼽혔던 솔로몬이 하나님의 영감을 받아 기록한 지혜의 계시다. 그러므로 구약성경에서 발견되는 다른 대답들과 마찬가지로 이 대답도 예수 그리스도를 통한 가장 위대한 지혜의 계시를 예고하는, 예비적이고 일시적이며 잠정적인 성격을 띤다. 특별히 예수님은 자신을 가리켜 "솔로몬보다 더 큰 이가 여기 있으며"(눅 11:31)라고 말씀하셨다.

그분은 지금 이 순간에도 우리와 함께 계시지만 그 옛날, 곧 잠언에서도 자신을 드러내셨다.

그러므로 잠언에서 예수님을 발견하는 열쇠는 예수님과 신약성경의 저자들이 잠언을 어떻게 바라보았는지를 생각하기 전에 먼저 구약시대로 돌아가 잠언 자체에서 예수님이 어떻게 자신을 드러내셨는지를 살피는 것이다.

잠언으로 돌아가자

잠언은 우주에서 갑작스레 나타난 외계인처럼 구약성경에 느닷없이 등장하지 않았다. 사실 잠언은 출애굽기 20장에서부터 비롯됐다. 잠언은 율법의 일반 원리, 곧 십계명을 취해 거기에 눈과 귀와 손과 발을 추가했다.

율법에 대한 복종이 일상생활 속에서(가정과 일터와 관계 속에서) 생생하게 이루어질 때, 율법은 잠언을 통해 살아 숨쉬기 시작한다. 따라서 잠언은 일상에서 이루어지는 구체적인 삶을 통해 율법의 일반 원리에 살을 채워 넣음으로써 하나님의 율법이 예수님의 지상생활을 통해 생생하게 살아 움직일 수 있는 길을 준비했다.

이러한 잠언과 율법의 관계 때문에 우리는 예수님의 잠언 안에서 그분을 발견할 때도 앞서 그분의 계명 안에서 그분을 발견할 때 사용했던 열 가지 원리를 똑같이 적용할 수 있다.

그리스도의 성품 잠언은 거룩함, 지혜, 선함, 긍휼 등을 묘사한다. 때문에 잠언을 읽다 보면 그런 속성들이 성삼위 하나님(성부, 성자, 성령) 안에 무한히 완전한 형태로 존재한다는 생각을 떠올리지 않을 수 없다.

예수님의 삶 지혜롭고 의로운 삶을 명령하고 칭찬하는 잠언은 지상에서 이루어진 예수님의 삶을 설명한다. 예를 들어 다음의 잠언은 예수님께서 베드로의 영적 우둔함을 꾸짖고, 가룟유다에게 배신당하셨을 때의 경험을 묘사한다.

"면책은 숨은 사랑보다 나으니라 친구의 아픈 책망은 충직으로 말미암는 것이나 원수의 잦은 입맞춤은 거짓에서 난 것이니라"(잠 27:5-6).

따라서 거룩한 말을 다루는 잠언을 읽을 때도 예수 그리스도께서 말씀하신 가장 완벽한 말을 떠올리지 않을 수 없다.

예수님의 가르침　예수님은 잠언을 통해 자신이 전할 미래의 가르침을 예시하셨다. 또 세상에서 사람들을 가르치시면서 씨앗의 형태로 심으신 잠언들을 취하여 온전히 꽃을 피우셨다.

예를 들어 예수님은 "너는 내일 일을 자랑하지 말라 하루 동안에 무슨 일이 일어날는지 네가 알 수 없음이니라"(잠 27:1)라는 원리를 취해 산상설교에서 그 의미를 더욱 분명하게 드러내셨다(마 6:31-34). 또한 그분은 어리석은 길과 지혜로운 길 중 하나를 선택하라는 잠언의 권고를 여러 차례 강조하시며 더욱 강도 높게 적용하셨다. 구약학자 레이먼드 딜라드와 트렘퍼 롱맨은 이렇게 설명했다.

> 신약성경을 통해 주어진 계시의 빛 가운데 잠언을 읽는 성도는 구약시대의 이스라엘 백성과 똑같은 물음에 직면하게 된다. 하지만 물음의 의미는 한층 분명해진다. 지혜와 함께 어울릴 것인가, 어리석음과 함께할 것인가? 우리를 손짓해 부르는 지혜는 다름 아닌 예수 그리스도이시고, 우리를 유혹하는 어리석음은 우리가 창조주의 자리에 올려놓는 모든 피조물을 가리킨다(롬 1:22-23).[86]

예수님의 빛　예수님의 거룩한 빛이 '십계명으로 드러나 행동과 마음으로 지은 죄를 발견하게 돕는 것처럼, 잠언을 통해서도 예수님의 거룩한 빛이 밝게 드리운다. 즉 십계명이 눈부신 열 개의 조명등이라면, 잠언은 수백 개의 레이저와 같아 우리의 죄를 더욱 날카롭고 매섭게 드러낸다. 또한 그 빛은 우리를 율법적인 행위자로 만들지 않고, 오히려 우리는 선을 행할 수 없으며 유일하고 참된 선은 오직 하나님뿐이시라는 사실을 깨우쳐준다.

예수님의 죽음 잠언도 율법처럼 예수님의 죽음이 필요하다는 것을 보여주고, 그 본질을 밝힌다. 다시 말해 잠언은 사람들에게서 발견되는 인간의 전형적인 음모와 계략을 생생하게 묘사한다(잠 1:10-12). 아울러 예수님에게 쏟아진 율법의 저주를 더욱 깊이 이해하도록 도와주고, 그분이 자신의 육체와 영혼으로 경험하게 될 '징벌적 정의'라는 하나님의 원리를 설명한다(잠 6:30-31, 30:17).

예수님의 죽음이 미치는 범위 율법이 온 피조세계에 영향을 미친 죄에 대한 하나님의 관심을 드러내는 것처럼, 잠언도 왕에서부터 가축에 이르기까지 삶의 대소사에 깊은 관심을 기울임으로써 피조세계의 질서를 새롭게 회복하시려는 주님의 광범위한 의도를 분명하게 드러낸다(잠 20:26, 12:10).

예수님의 임재 율법이 하나님의 축복과 임재를 복종과 연결시키고, 그분의 저주와 그분과의 관계 단절을 불순종과 연결시키는 것처럼, 잠언도 삶의 모든 영역(정신적, 감정적, 육체적, 영적 영역)에서 복종의 축복과 불순종의 불행을 거듭 대조한다(잠 4:7-9, 11:18-19).

예수님의 집 잠언은 악인의 집과 의인의 집을 생생하게 대조함으로써 예수님께서 의인들을 위해 예비하셨을 뿐 아니라 그분이 지금 거하고 계시는 '하늘의 집'을 바라보게 한다(잠 12:7, 15:6). 또 잠언이 묘사하는 의로운 삶과 사회는 그런 완전한 상태와 삶의 장소, 즉 의인들과 의가 영원히 거하는 새 하늘과 새 땅을 갈망하게 만든다.

예수님의 영광 율법이 예수님의 완전한 복종과 그분을 갈망하는 우리의 상태를 보여줌으로써 성도의 마음속에서 예수님을 높이는 것처럼, 잠언도 율법을 깊고 폭넓게 해석하고 적용함으로써 스스로 구원하려는 노력을 포기하고 예수님의 구원을 바라보도록 인도한다. 또한 잠언은 율법을 온전히 지키고 감당하신 예수님을 찬양하고 더욱 귀히 여길 수 있게 도와준다. 그러므로 예수님이 우리의 일상생활 속에서 잠언을 실천할 수 있도록 도와주신다면, 우리는 복종을 통해 그분을 높이고 영화롭게 할 수 있다.

짧은 묵상

지금까지 율법과 잠언을 연관시켜 보았다. 그러면 이제는 신약성경으로 달려가 예수님이 율법과 잠언을 어떻게 성취하셨는지 생각해봐야 하지 않을까? 그러나 너무 급하게 서두르지는 말자. 오히려 잠시 멈춰 조금 더 잠언을 생각해보자. 왜냐하면 잠언은 예수님의 강림을 예언하는 데 그치지 않고, 그분의 임재하심을 증언하고 있기 때문이다.

구약시대의 성도들도 우리처럼 구원자를 발견하기 위해 성경을 읽었다. 그렇다면 그들은 잠언에서 구원자에 관해 무엇을 발견했을까? 만일 그들이 창세기에서는 창조주를, 출애굽기에서는 해방자를, 레위기에서는 제사장과 희생을, 민수기에서는 인도자를, 신명기에서는 언약자를,

여호수아에서는 통솔자를, 사사기에서는 재판관을, 룻기에서는 구원자를, 사무엘서와 열왕기서와 역대서에서는 왕을, 에스라와 느헤미야에서는 재건자를, 욥기에서는 무고히 고난당하는 자를, 시편에서는 예배인도자를 발견했다면, 과연 잠언을 읽으면서는 무엇을 기대했을까?

그것은 바로 지혜다. 그들은 잠언을 통해 지혜를 찾기 원했고, 잠언은 그들의 무지와 잘못과 어리석음을 깨우쳐 다양한 방법으로 묘사된 하나님의 지혜를 갈망하게 만들었다.

지혜로운 아들 아버지가 아들에게 말하고 권고하는 내용이 잠언의 3분의 1을 차지한다. 따라서 이스라엘 백성은 잠언을 읽으면서 그것을 단지 솔로몬 왕이 왕자들을 훈계하는 의미로만 읽지 않고, 하나님의 자녀로 선택된 이스라엘 민족 전체를 훈계하는 것으로 읽었다. 물론 이스라엘 백성은 아버지이신 하나님께 충실한 자녀가 아니었다. 때문에 잠언은 그런 역할을 온전하게 이룰 존재를 확실하게 암시했다(잠 30:4).

지혜로운 교사 '지혜'는 하나님의 지혜로움을 전하는 중보자였다.[87] 따라서 지혜는 하나님을 대신하여 죄인들을 불러서 그분의 이름으로 그들을 가르치고, 그분께 모든 것을 의지하라고 권고했다. 지혜가 하나님의 말씀이 이스라엘 백성에게 명령하는 삶을 상세히 가르친 것은 교회를 향한 주님의 사랑을 드러낸다. 또한 주님은 잠언을 통해 자신을 기쁘게 하는 삶의 방법을 교회에 구체적으로 가르치셨다.

그러나 이스라엘 백성은 솔로몬의 지혜로운 가르침과 그의 어리석은 삶이 서로 모순을 일으킨다는 것을 통렬하게 의식하고, 하나님에 관한 지식과 삶의 조화를 가르쳐줄 지혜로운 교사를 간절히 고대했을 것이다.

지혜로운 주인 지혜는 어리석음이 어리석은 자들을 위해 죽음의 만찬을 준비하고 있다는 것을 발견했다. 그래서 자신의 만찬을 베풀고 은혜로운 초청으로 거기에 맞섰다(잠 9:1-6). 훗날 이것이 죄인들을 향한 하나님의 마음이라는 사실이 선지자들을 통해 분명하게 드러났다. 즉 선지자들은 잠언의 비유를 사용해 하나님께서 만찬을 베푸시고 함께 교제를 나누자고 죄인들을 부르시는 분이라고 묘사했다(사 25:6, 55:1-2). 예수님도 세상에 계실 때 그런 비유를 사용하셨다(마 22:1-14).

지혜로운 창조자 이스라엘 백성은 하나님께서 세상을 창조하셨다는 것을 알고 있었다. 그러나 잠언 8장이 기록되기 전까지는 하나님의 아들이 창조사역에서 핵심적인 역할을 담당하셨다는 사실을 깨닫지 못했다. 우리가 잠언 8장을 읽고 거기에서 예수님을 발견하는 것은 그리 어렵지 않다. 이미 요한복음 1장 1-4절과 히브리서 1장 1-2절을 알고 있기 때문이다.

그렇다면 그런 확실한 계시가 주어지지 않은 상태에서 이스라엘 백성은 잠언 8장 22-28절을 읽고 과연 무엇을 깨달았을까?

첫째, 잠언 8장은 지혜가 사람들을 향해 소리치는 내용에서부터 시작한다(잠 8:1-21). 앞서 말한 대로 이스라엘 백성은 이미 하나님의 최종적인 지혜의 말씀을 보여줄 미래의 구원자를 고대했다. 그러나 잠언 8장 22-28절은 미래가 아닌 과거로 다시 거슬러 올라간다. 이것은 마치 솔로몬이 "지혜가 우리 민족 가운데서 지금 행하고 있는 일을 즐거워하거나 앞으로 우리를 구원할 것이라고 기대하는 것에 만족하지 말라. 과거를 돌아보면서 지혜가 창조사역 안에서 행한 역할을 생각해보라"고 말하는 듯하다.

이 대목은 이스라엘에게 다음의 진리를 가르쳤다.

- 지혜는 성부 하나님과 구별된다.
- 지혜는 성부 하나님과 본질상 하나다.
- 지혜는 영원히 존재한다.
- 지혜는 모든 것을 창조했다.
- 지혜는 하나님의 임재를 즐거워한다.
- 지혜는 피조세계를 기뻐한다.
- 지혜는 사람들을 기뻐한다.

주석학자 윌리엄 아넛은 "'그리스도께서 오시기 전에 성령께서 그리스도의 개인적인 역사에 관해 무엇인가를 알리고자 하셨다면, 과연 잠언의 기록보다 더 확실한 계시를 허락할 수 있으셨을까?' 묻는다면 큰 유익을 얻을 수 있을 것이다."라고 말했다.[88]

안타깝게도 잠언 8장 22-28절을 해석한 일부 주석을 읽고 지혜가 하나님에 의해 창조되었다는 이유로 그분의 영원한 아들일 수 없다고 단정하는 사람들이 많다. 그러나 히브리 원문을 정확하게 해석한 주석들은 지혜의 영원한 선(先)존재를 밝힘으로써 그런 오해를 불식시킨다.

본문에서 지혜는 세상을 창조했고, 세상의 구원을 간절히 바라는 것으로 나타난다. 여기에서 우리는 삼중적인 즐거움을 발견할 수 있다. 즉 성부께서는 아들을 즐거워하시고, 성자께서는 성부를 즐거워하시며, 또한 자신이 구원할 사람들을 즐거워하신다.

성부의 기쁨이 되시고 성부를 기뻐하시는 분이 또한 모든 사람을 기뻐하신다는 것은 참으로 놀랍기 그지없다. 그분은 우리와 함께 계시기를 고대했고, 그때를 바라보며 설레며 기뻐하셨다. 뿐만 아니라 사람들이 자신을 어떻게 대할지 알고 계시면서도 우리를 사랑하셨고, 우리를 기뻐하셨다.

지혜로운 신랑 잠언 31장은 종종 경건한 여성의 성품을 가르치는 것으로 이해된다. 사실이다. 그러나 잠언을 읽었던 본래의 이스라엘 독자들이 하나님과의 언약 관계에 있었고 그 관계가 종종 결혼으로 묘사되었다는 사실을 기억해야 한다. 솔로몬의 아가서도 마찬가지다.

따라서 이스라엘 독자들은 잠언 31장을 읽으면서 주님이 자신들을 바라보는 관점, 곧 자신들을 "신부"로 부르셨다는 것을 어느 정도 이해했을 것이 틀림없다. 그와 같이 사랑스런 신랑을 흠모하면서 어떻게 그분을 더욱 분명하게 드러내는 계시와 그분과의 친밀한 관계를 갈망하지 않을 수 있겠는가!

신약성경이 바라보는 잠언

구약성경은 율법과 잠언을 온전히 성취할 지혜로운 존재로 바라보고 갈망하게 만든다. 그리고 그런 존재에 온전히 부합하는 분은 예수 그리스도밖에 없다. 신약성경은 예수님이 지혜로운 분일 뿐 아니라 하나님의 지혜 자체라고 증언한다(눅 2:40-52, 마 11장, 요 1장, 고전 1:30, 골 1:15-17, 2:3). 진실로 그분은 솔로몬보다 더 크고 지혜로운 분이시다.

예수님께서 메시아에 관한 구약성경의 예언을 의식적으로 얼마나 많이 성취하셨는지는 알기 어렵다. 예수님은 자연스럽게 본능적으로 그런 성취를 이루셨을까, 아니면 스스로의 정체성을 의식하시면서 예언들을 중심으로 자신의 삶과 성품을 서서히 형성시켜 나가셨을까? 종종 예수님이 구약성경의 예언이셨음을 의식하시고 거기에 맞춰 행동하셨음을 암시하는 성경구절이 발견된다. 그렇다고 해서 이를 예수님이 타고난 성품과 맞지 않는 일을 하셨다거나 억지로 예언에 맞춰 행동하셨다는 뜻으로 이해하는 것은 곤란하다. 다만 이런 사실은 예수님이 성경을 읽고 스스로의 사역과 방법 및 가르침의 주제를 형성시켜 나가셨다는 것을 암시한다.

예수님의 사역 예수님은 분명 지혜를 갈망하는 잠언에 깊이 영향을 받으셨을 것이다. 그분은 진실로 삶의 모든 영역에서 성부를 기쁘시게 한 지혜로운 아들이었다. 또한 그분은 시대를 초월하는 지혜로운 교사이셨고, 굶주림에 지친 사람들을 복음의 만찬(마 26:26-29, 눅 14:15-23)에 초청하여 영원한 천국의 만찬(마 8:11, 계 3:20, 19:9, 17-19)을 약속하신 지혜로운 주인이셨으며, 세상에 오셔서 사람들을 향한 선의를 드러내며 그들을 기뻐했던 지혜로운 창조주셨고(요 1:1-4, 히 1:2), 자격 없는 아내를 기꺼이 맞이하는 지혜로운 신랑이셨다(마 2:19).

예수님의 방법 예수님이 가르치신 방식도 잠언을 통해 의식적으로 형성된 듯한 인상을 준다(요 16:25). '잠언'을 뜻하는 히브리어 '마샬'은 '-와 같다'는 뜻이다. 이 말은 예수님이 가르침과 비유를 전하실 때 흔히 사용하셨던 방식 중 하나를 떠올리게 한다. 그분은 종종 "천국은 이와 같으니"라는 표현을 사용하셨고, 간결하고 함축적이며 기억에 남을 만한 격언을 전하는 데 능숙하셨다. 그분이 남긴 격언은 문화의 일부가 되어 오늘날까지 전해지고 있다.

예수님의 주제 산상수훈은 예수님께서 군중을 상대로 가르치신 첫 번째 설교였다. 예수님은 그곳에서 잠언을 인용하거나 암시하는 말씀을 여러 차례 언급하셨다. 어떤 사람들은 산상설교의 처음 서른 구절 안에 잠언이 일곱 차례나 언급되었다고 말한다. 아울러 예수님은 반석 위에 집을 짓는 지혜로운 사람처럼 되라는 당부로 산상설교를 끝맺으셨다(마 7:24).

예수님의 제자들도 잠언을 인용하거나 암시했다. 그런 사실에서도 구약과 신약의 윤리적 가르침이 서로 영속성을 지닌다는 것을 알 수 있다. 어떤 사람들은 사도들이 잠언을 언급한 경우가 서른다섯 차례에 이른다고 이야기한다(잠언 1장 16절과 로마서 3장 15절, 잠언 3장 7절과 로마서 12장 16절, 잠언 3장 11절과 히브리서 12장 5절 등).

육신이 된 잠언

솔로몬보다 더 큰 분, 곧 그보다 거룩함과 영광과 권세와 지혜가 월등히 뛰어난 분이 여기 계신다. 그분의 지혜를 찬양하고, 그분의 지혜로운 가르침에 귀를 기울여 구원에 이르는 지혜를 얻고, 지혜로운 삶으로 그분께 존귀와 영광을 돌려드리자.

Study Questions

1. 잠언 11장을 읽고 각 구절을 십계명과 연결시켜보라. 그것을 통해 무엇을 알 수 있는가?

2. 잠언 12장을 읽고 잠언이 예수님의 삶과 성품에 관해 무엇을 가르치는지 생각해보라.

3. 자녀를 양육할 때나 집 밖에서 활동할 때, 어떤 식으로 지혜의 길과 어리석음의 길을 구별하는가?

4. 잠언이 당신의 영적 필요와 구원자이신 예수님의 충족성과 안정성을 깨우쳐주는가?

5. 잠언이 다루지 않는 삶의 영역이 있다고 생각하는가? 잠언 몇 장을 읽고, '페이스북' 같은 소셜미디어를 사용하는 데 지침이 될 만한 구절을 목록으로 만들어보라.

6. 잠언 8장은 창세기 1장을 읽는 방식에 어떤 영향을 미치는가?

7. 솔로몬과 예수님의 유사점과 차이점을 생각해보라.

8. 잠언 1-9장에 기록된 '지혜의 복음 초청'은 우리의 복음전도에 어떤 영향을 미치는가?

9. 잠언을 읽으면서 우리의 어리석음과 예수님의 지혜를 깨닫게 해달라고 기도하라. 예수님께서 그런 깨우침을 허락하시는 방식을 목록으로 만들어보라.

구약성경의 시에서 예수님 발견하기
-그리스도의 시인들

CHAPTER 10

　예수님은 자신의 행성, 백성, 임재, 계명, 과거, 선지자, 그림, 약속, 잠언 등 다채로운 방법과 방식으로 구약성경 전반에 걸쳐 자신을 드러내셨다. 따라서 그분이 구약성경의 시인들을 통해 스스로를 드러내셨다는 사실은 조금도 놀랍지 않다. 이번 장에서는 시편과 아가서에 나타나신 예수님을 차례로 살펴볼 생각이다. 전자는 비교적 논란이 적었던 주제지만(눅 24:44), 후자는 지금까지 논란이 많았던 주제에 해당한다.

시편에 나타나신 예수님

　시편에서 예수님을 발견할 수 있는 방법을 몇 가지 소개하면 다음과 같다.

- 시편으로 예수님을 찬양한다.
- 시편 안에 나타나신 예수님을 찬양한다.
- 시편으로 예수님과 함께 찬양한다.

1) 시편으로 예수님을 찬양한다

우리는 시편으로 성삼위 하나님을 찬양하는 법을 배워야 한다. 아울러 하나님을 전하고 찬양할 때는 성부 하나님만이 아니라 성자와 성령 하나님까지 찬양해야 한다. 즉 우리의 방패요(시 28:7), 반석이요(18:2), 목자요(23:1), 재판장이요(7:11), 피난처요(46:1), 요새요(31:3), 창조주요(8:1, 6), 치료자요(30:2), 공급자요(78:23-29), 구원자이신(107:2) 하나님을 찬양할 때는 권세와 영광이 동등하신 성삼위 하나님을 모두 찬양해야 한다.

그렇다면 다양한 종류의 시편으로 예수님을 어떻게 찬양할 수 있을지 생각해보라. 탄식의 시편으로는 예수님께 우리 죄를 고백할 수 있고, 찬양의 시편으로는 예수님의 인격과 사역을 높일 수 있으며, 기념의 시편으로는 구원사를 통해 이루어진 예수님의 사역을 추억할 수 있고, 신뢰의 시편으로는 예수님의 구원하심에 대한 믿음을 표현할 수 있으며, 지혜의 시편으로는 예수님이 유일한 지혜의 원천이심을 인정할 수 있고, 감사의 시편으로는 매일 은혜를 베푸시는 예수님께 감사를 드릴 수 있다.

2) 시편 안에 나타나신 예수님을 찬양한다

거의 모든 복음주의자들이 예수님이 시편에 어느 정도 자신을 드러내셨다고 생각한다. 문제는 '그 정도가 얼마나 되는가? 시편에서 메시아 시편이 차지하는 비중이 얼마인가? 얼마나 많은 시편이 예수님을 중언하는가?'이다.

어떤 사람들은 그런 시편은 없다고 말한다. "왕"을 가리키는 시편의 구절들이 보통의 이스라엘 왕을 가리킨다는 것이다. 또 어떤 사람들은 '왕의 시편'들이 본래는 보통의 이스라엘 왕을 가리켰지만 후대의 편집자들이 미래에 나타날 메시아 왕을 가리키는 개념으로 재구성했다고 말하기도 하고, 어떤 사람들은 시편 대부분이 다윗 가문의 왕들을 가리키지만, 그중 몇 편은 미래에 나타날 메시아 왕을 예언하는 것처럼 보인다고 말한다.

그러나 나는 대다수 학자들의 견해보다는 신약성경의 증언을 가장 믿을 만한 근거로 받아들이고자 한다.

즉 예수님은 신약성경에서 모든 구약성경이 자신을 통해 성취되었다고 말씀하시면서 아무 제한이나 단서 없이 구체적으로 시편을 언급하셨다(눅 24:25-27, 44).

통계적 근거 구약학자들을 비롯해 데렉 키드너 목사는 신약성경이 단지 열다섯 편만을 메시아 시편으로 명시하고 있지만 시편에서 예수님을 암시하는 많은 구절을 자세히 살펴보면 그 열다섯 편이 "그보다 훨씬 더 많은 시편의 표본"이라는 것을 알 수 있다고 말했다.[89]

시편에 관한 그리스도 중심적인 접근 방식을 뒷받침하는 통계적 근거는 다음과 같다.

- 신약성경은 구약성경의 그 어떤 책보다도 시편을 많이 인용했다.
- 신약성경이 구약성경을 직접 인용한 횟수는 총 283회이며 그중 시편을 인용한 횟수가 116회를 차지한다(전체의 41퍼센트).[90]

- 복음서에서 예수 그리스도의 인격과 사역을 암시하는 시편이 50회 이상 사용되었다.[91]
- 히브리서 저자는 예수님이 하나님이시라는 사실을 입증하는 성경적 증거를 제시하기 위해 구약성경을 인용했는데 그중 시편 인용이 최소 일곱 곳에 달한다.[92]

시편의 저자들과 시편을 노래한 사람들 그렇다면 시편의 저자들과 시편을 노래한 사람들은 우리가 신약성경을 통해 하나님의 계시를 발견할 것을 알았을까? 그들도 신약성경의 저자들처럼 시편에서 메시아를 발견했을까? 이 질문은 이 책의 핵심주제 가운데 세 가지와 직접 관련된다(특히 4장에서 베드로전서 1장 10-12절을 해설한 내용을 참조하라).

- 구약시대의 성도들 가운데 예수님의 죽음과 부활 및 오순절 성령 강림 이후에 신약시대의 성도들에게 주어졌던 놀라운 계시의 빛을 누렸던 성도는 단 한 사람도 없다.
- 그러나 구약시대의 성도들에게도 장차 고난과 죽음을 당한 뒤에 영광을 얻으실 메시아를 믿기에 충분한 계시의 빛이 주어졌다.
- 구약성경의 저자들은 메시아를 믿는 믿음으로 말미암아 은혜로 구원받는다는 메시지가 후대에 더욱 확실하게 드러날 것을 알고 있었다.

이것이 우리가 시편을 접근하는 방식이다. 물론 우리는 시편의 저자들과 시편을 불렀던 사람들보다 훨씬 더 많은 것을 알고 있다. 그러나 그들도 잠시 고난을 당한 후에 영광을 얻으실 메시아를 바라보았다. 그리고 예언된 사건들이 성취된 후에는 은혜로 구원받는다는 메시지가 훨씬 더 분명하게 이해될 것을 알고 있었다.

어떤 점에서 예수님의 재림을 고대하는 우리의 입장은 시편의 저자들과 매우 비슷하다. 시편을 비롯해 신구약성경의 많은 구절이 예수님이 세상 마지막 날에 큰 영광으로 재림하시어 새롭게 된 백성을 위해 새로운 환경을 창조하실 것이라고 예언한다. 그러나 우리는 단지 앞으로 이루어질 일을 대략적으로만 알고 있을 뿐이다. 그 사건들이 완전히 이루어져야만 비로소 그런 성경말씀을 온전히 이해할 수 있다. 따라서 구약성경의 선지자들이 예수님의 초림을 기대하면서 믿음으로 예언의 성취를 탐구했던 것처럼, 우리도 그날을 기다리면서 긍정적인 믿음으로 시편 72편과 98편처럼 노래할 수 있다(벧전 1:10-12).

본래의 배경 시편은 진공 상태에서 기록되지 않았다. 즉 이전의 역사와 단절된 채로 난데없이 주어지지 않았다. 시편은 구약성경에 깊이 심취했던 사람들에 의해 기록되었고 찬양되었다. 시편을 관통하는 몇 가지 진리를 언급하면 다음과 같다.

- 하나님은 행위가 아닌 은혜로 구원하신다.
- 하나님께서 구원자를 보내실 것이다.
- 구원자는 전례 없는 방식으로 하나님을 계시할 것이다.
- 구원자는 죄를 위해 희생당할 것이다.
- 구원자는 온 세상을 영원히 다스리실 것이다.

기독교신앙과 조금도 다를 바 없지 않은가? 시편이 기독교신앙을 전하고 있으니 당연히 그럴 수밖에 없다.

구약시대에 시편을 불렀던 사람들이 행위로 구원받는다 믿었다면 그들은 지상의 왕들을 의지했을 것이고, 이스라엘이 어느 정도 고난을 겪다가 결국에는 온 세상을 지배하게 되었을 것이다. 그랬다면 우리는 서로 다를 뿐 아니라 정반대되는 두 개의 종교를 언급해야 한다. 즉 우리가 포스트모던주의자들처럼 성경 저자들의 의도나 본래의 의미를 고려하지 않는다면, 시편을 내던지고 오로지 복음만으로 찬양을 불러야 할 것이다.

사실 이미 그런 현상이 나타나고 있지 않은가? 이는 사람들이 구약성경의 신학과 찬양을 근본적으로 오해하고 있고, 특히 구약신학을 떠받치는 견고한 기둥과 같은 진리를 부인하기 때문이다.

왜 구약성경에서 그런 기둥 같은 진리를 발견하려고 애쓰지 않는 것인가? 당황할 필요는 없다. 그런 진리를 발견하는 것은 그리 어렵지 않다. 시편으로 돌아가면 된다.

시편이 당신이 알고 있는 것과 다르게 들리거나 느껴지지 않는가? 행위가 아닌 은혜로 구원하시는 하나님을 믿었던 성도들의 모습이 보이지 않는가? 지극히 뛰어나신 미래의 구원자에 대한 하나님의 약속과 성도들의 희망을 발견할 수 있지 않은가? 하나님의 말씀을 사랑하고, 그 말씀을 더 많이 갈망하는 마음이 느껴지지 않는가? 희생의 고난과 피 흘림과 죽음에 관한 예언과 상징이 나타나고 있지 않은가? 각 나라에서 구원자를 믿는 사람들과 구원자가 궁극적인 승리를 거두고 온 세상을 다스릴 것이라는 약속이 눈에 띄지 않는가? 한마디로 기독교의 진리를 발견하는가? 분명 그럴 것이다. 그림자요 씨앗의 형태지만, 그림자도 약간의 빛을 포함하고 있고 씨앗에도 열매를 맺을 생명이 깃들어 있는 법이다.

우리는 시편에서 단지 기독교의 진리만이 아니라 기독교의 경험까지 발견할 수 있다. 또 의심에 맞서 싸우며 믿음으로 승리하는 성도들, 두려움에 떨다가 하늘 날개의 그늘 아래서 피난처를 발견하는 성도들, 박해를 받으면서 장차 하나님과 자신들의 원수가 진멸될 날을 기다리는 성도들, 죽음과 재난을 두려워하다가 하늘의 소망 안에서 기뻐하는 성도들, 인간의 말에 만족하지 못하나 하나님의 약속으로 충만해지는 성도들을 발견한다. 시편은 가정이나 국가 문제에 깊은 관심을 기울였을 뿐 아니라 복음이 온 세상에 전파될 때를 바라보았다. 젊은이와 노인, 아버지와 어머니, 부자와 가난한 자, 통치자와 백성을 옳게 인도하는 말씀도 있고, 육신이 연약한 상태에서 성령으로 충만해지기를 갈구하는 말씀도 있으며, 교회의 현재 상태를 안타깝게 여기며 미래의 승리를 확신하는 말씀도 있다. 기독교의 경험들 중 시편이 다루지 않은 것이 과연 존재할까? 존 칼빈은 이렇게 말했다. "그 안에 모든 사람이 느낄 수 있는 감정이 마치 거울처럼 고스란히 드러나 있다. 성령님은 그 안에서 모든 슬픔과 비애와 두려움과 희망과 근심과 당혹감, 곧 인간의 마음을 사정없이 흔드는 곤혹스런 감정을 빠짐없이 생생하게 드러내셨다."[93]

이렇게까지 말해도 잘 납득이 되지 않는다면 시편 16편을 읽어보라. 무턱대고 읽지 말고, 구약성경의 문맥이나 신약성경의 설명을 참조하라. 무엇에 관한 시편인가? 시편 저자는 "하나님"과 "주님"이라는 용어를 몇 차례 사용했다. 그는 유신론자, 아니 유일신론자처럼 보인다. 그는 하나님을 믿었고, 그분이 자신의 삶에 개입하신다고 확신했다. 그는 무신론자나 이신론자가 아니었다. 또 그는 은혜를 의식했다. 그는 때로 우상숭배를 멀리하고 믿음을 확고하게 지킨 자기 자신에 대해 약간의 자부심을 드러내면서도 하나님을 현세와 내세의 구원자로 인정하고 그분을 바라보았다. 어떤가? 구약시대의 성도들을 바라보는 대다수 사람들의 관점을 확인시켜주는 내용처럼 들리지 않는가? 마치 하나님에 대한 구약시대 성도들의 믿음이 모호하고 일반적이며, 때로는 스스로의 노력과 하나님의 은혜를 혼합시킨 것처럼 말이다.

그러나 과연 이것이 다윗의 믿음을 옳게 평가한 것일까? 감사하게도 신약성경이 이 구절에 대한 해설을 제공한다. 베드로는 사도행전 2장에서 성령의 감동을 받아 그리스도께서 구약의 예언을 성취하셨다고 말했다. 그는 요엘서 2장을 언급한 뒤 "다윗이 그를 가리켜 이르되"라는 말로 시편 16편을 인용했다(행 2:25). 아울러 그는 "그는 선지자라 하나님이 이미 맹세하사 그 자손 중에서 한 사람을 그 위에 앉게 하리라 하심을 알고 미리 본 고로 그리스도의 부활을 말하되 그가 음부에 버림이 되지 않고 그의 육신이 썩음을 당하지 아니하시리라 하더니"(행 2:30-31)라는 말로 다윗의 말을 설명했다.

베드로는 시편 16편이 다윗을 혼란스러워하는 유신론자로 묘사하지만 기독교인인 우리는 그것을 그리스도의 시편으로 받아들여서 읽고 찬양해야 한다는 식으로 말하지 않았다. 그는 다윗이 자기 자신이 아닌 그리스도에 관해 증언하고, 그분의 부활에 관해 말했다고 강조했다. 한마디로 다윗도 우리처럼 그리스도를 자신의 유일한 희망으로 삼았던 기독교인이었다. 즉 구약성경 신학의 기둥 같은 진리가 이 시편 안에서 모두 발견된다.

혹시 "다윗은 때로 자기 자신에 관해 말하지 않았나요? 그의 삶이 많은 시편과 일치하는 것으로 보이는데요."라고 말할지 모르겠다. 물론 하나님께서 다윗의 삶을 섭리하시어 미래의 메시아 왕이 겪게 될 많은 일을 경험하게 하셨다는 것은 의심의 여지가 없다. 하나님은 다윗에게 영감을 주어 그 자신의 경험을 노래하게 하셨다. 때문에 그의 노래는 미래의 메시아를 예언하고 암시했다. 더욱이 시편 저자는 그 어떤 왕이 경험할 수 있는 것을 훨씬 더 능가하는 사건과 인물을 언급하기도 했다(시 2편). 시편 저자는 알고 있었다. 예를 들어 다윗은 시편 110편에서 메시아를 "주"로 일컬었다. 그리고 예수님은 그가 그 사실을 알고 의도적으로 그렇게 말했다고 말씀하셨다(눅 20:41-44). 칼빈은 이렇게 설명했다.

> 다윗은 이 시편에서 그리스도의 영원한 통치와 그분의 영원한 제사장직에 관해 말했다. 그리스도께서 이 시편이 자신을 가리켜 기록된 것이라고 말씀하셨기 때문에 그 말을 확증해줄 다른 증거를 찾을 필요는 없다. 여기 계시된 진리는 다윗이나 그 누구도 아닌, 중보자이신 주님을 가리킨다.[94]

아울러 어떤 시편들은 다윗의 삶과 관련된 역사적 상황에서 시작하지만 결국에는 역사적 해석을 초월하는 진리를 전하는 것으로 드러난다(시 22편 참조).

이와 같이 예수님은 시편 안에서 신약성경과는 다른 방식으로 자신을 드러내셨다.

3) 시편으로 예수님과 함께 찬양한다

앞서 말한 대로 시편은 기독교의 모든 경험을 망라한다. 뿐만 아니라 시편은 예수님의 모든 경험을 다룬다. 시편은 예수님이 세상에 계실 때 사용하셨던 찬송가였으며 그분의 여러 가지 영적 필요를 채워주기에 매우 적합했다.

크리스토퍼 라이트는 이렇게 말했다. "예수님은 기도하고 찬양하는 법을 알고 있는 백성들 중에서 태어나셨다. 이스라엘의 풍부한 예배 유산이 예수님의 생각 속에 깊이 뿌리를 내리고 있었다. 따라서 그분이 종종 시편을 인용하셨고, 심지어 임종을 앞두신 순간에도 그렇게 하셨다는 사실은 조금도 놀랍지 않다."[95]

우리의 믿음이 성장하는 동안, 우리의 영적 상태에 적절한 시편이 자연스레 떠오르기 마련이다. 신약성경에서는 종종 예수님이 그런 경험을 하셨다는 것을 분명하게 보여주는 구절이 발견된다(시편 22편 1편과 마태복음 27장 46절, 시편 31편 5절과 누가복음 23장 46절, 시편 110편 1절과 마태복음 22장 44절). 그런 경험은 예수님의 영혼 안에서 흔하게 일어났다. 따라서 시편은 예수님의 영혼을 자세하고 정확하게 들여다볼 수 있는 통찰력을 제공한다. 복음서는 주로 겉으로 드러난 예수님의 공적 사역에 초점을 맞추지만, 시편은 그분의 은밀한 내면을 보여준다.

사람들은 전기를 쓸 때 자기가 다루는 인물의 내면을 추측해내려고 애쓴다. 그러나 우리는 그럴 필요가 없다. 하나님은 시편 저자들의 삶을 섭리하시고 그들의 성찰에 영감을 허락하시어 예수님의 생각과 감정을 드러내게 하셨다.

게할더스 보스는 "주님도 자신의 내면이 시편에 묘사되어 있는 것을 발견하셨다. 예수님의 사역이 최고조에 달했던 때, 그분은 하나님과 교제를 나누기에 시편보다 더 완벽한 언어가 없다는 것을 의식하시고, 종종 그 표현을 빌려 자신의 영혼을 하나님께 쏟아놓으셨다"고 말했다.[96]

우리는 언제, 어떻게 예수님이 시편을 노래하셨는지를 묵상함으로써 시편으로 예수님을 찬양할 수 있다. 사실 우리가 예수님께서 시편의 노래로 하늘에 계신 성부를 찬양하시는 소리를 들을 수만 있다면 더 바랄

것이 없을 것이다(시 8편, 24편, 29편, 33편, 47편, 48편). 예수님은 자신과 교회와 하나님의 백성에게 미친 죄의 파괴적인 영향력을 의식하시며 애절하게 탄식의 시편을 노래하셨을 것이고(시 39편, 51편, 86편, 120편), 자기 앞에 놓인 희생의 고난을 바라보시며 고난의 시편과 함께 깊이 고뇌하셨을 것이며(시 22편, 69편), 자신이 경험한 많은 구원에 감사하면서 감사의 시편을 부르셨을 것이고(시 18편, 66편, 107편, 118편, 138편), 하늘에 계신 성부께 자신을 의탁하시면서 담대하게 신뢰의 시편을 부르셨을 것이다(시 121편, 131편). 또한 예수님은 과거에 나타났던 하나님의 위대한 사역을 생각하며 기념의 시편을 부르셨을 것이고(시 78편, 105편, 106편, 136편), 진지한 마음으로 고난의 시편을 부르실 때는 엄숙한 감정을 느끼셨을 것이며(시 22편 69편), 힘차게 왕의 시편들을 부르셨고(시 2편, 20편, 21편, 24편, 45편, 47편) 원수들이 일으킨 영적 황폐함 앞에서 거룩한 마음으로 저주의 시편을 노래하셨을 것이다(마 23:13-39).

특정한 시편이 우리 삶의 특별한 때에 적절한 것처럼, 예수님의 삶에도 여러 단계를 거치는 동안 때마다 적절한 시편들이 있었다. 예를 들어 예수님이 어린 소년이셨을 때(시 8:2), 십대 소년이셨을 때(119:9), 회당에 가셨을 때(5:7), 아침에 경건의 시간을 가지셨을 때(5:3), 성경을 읽으셨을 때(12:6), 자신이 전한 가르침을 묵상하셨을 때(40:9), 유혹을 물리치셨을 때(91:7), 주무시거나 깨어나셨을 때(3:5, 4:8), 마귀의 역사를 목격하셨을 때(10:8-9), 영혼들이 구원받는 것을 보셨을 때(3:8), 자신을 따르던 자들이 죽었을 때(12:1), 유월절의 의미를 누구보다 잘 아시면서 그 절기를 지키셨을 때(118:17-29), 십자가의 죽음을 눈앞에 두셨을 때(55:4-5), 거짓 고소를 당하셨을 때(2:1-2), 배신을 당하셨을 때(55:12-14), 버림받으셨을 때(22:1), 죽었다가 다시 살아나셨을 때(16:10-11) 등 그때마다 예수님은 적절한 시편을 부르셨을 것이다.

더불어 시편은 예수님의 영적 생활을 엿볼 수 있는 놀라운 통찰력을 제공한다. 그러므로 예수님이 허락하신 찬송가를 사용해 그분의 찬송을 부를 수 있다는 것은 진정 놀라운 특권이 아닐 수 없다. 예수님의 몸인 우리는 우리의 머리이신 그분과 함께 시편을 찬양할 수 있다. 예수님은 우리의 찬양을 이끄는 리더이시다.

마이클 르페브르 목사는 시편에 관한 책에서 이렇게 말했다.

예수님께 바치거나 그분을 노래하는 현대 찬송가들이 많다. 시편에도 그리스도께 바치는 노래와 그분에 관한 노래가 기록되어 있다. 그러나 시편, 오직 시편을 통해서만 그리스도 자신의 말씀으로 그분과 함께 찬양할 수 있다. 시편에서 예수님을 발견하는 것은 단지 그분의 사역을 예언한 구절들을 찾아내는 데 그치지 않는다. 우리는 시편의 모든 구절에서 우리의 찬양을 인도하시는 그분의 음성을 듣고 그분을 발견한다. 교회는 역사적으로 시편을 매우 소중히 여겨왔다. 그 이유는 시편이 예수님의 찬송가이기 때문이다. 이제는 예수님에 관해서가 아니라 예수님과 함께 찬양할 수 있는 열정을 회복해야 한다.[97]

아가서에 나타나신 예수님

솔로몬의 아가서를 마지막까지 남겨둔 이유는 아가서의 해석이 교회 안에서 많은 논란을 불러일으켰을 뿐 아니라 논쟁의 이유 대부분이 구약성경의 전체 문맥과 아가서를 따로 분리한 데 있기 때문이다. 당신이 아직까지 이 책을 읽고 있다면, 이제는 구약성경을 그리스도 중심적으로 접근해야 한다는 것을 깨달았기 바란다. 아가서 역시 구약성경의 전체 문맥 안에서 읽으면 그리스도 중심적으로 접근하기가 훨씬 쉬울 것이다. 물론 내 서재에 아가서만 기록된 소책자가 놓여 있다면, 나는 그것을 낭만소설로 분류해 그런 책들 곁에 꽂아두었을 것이다. 그럴 만큼 아가서는 아름다운 사랑 이야기다. 그러나 하나님은 아가서를 서른아홉 권의 그리스도 중심적인 책들 안에 포함시키셨다. 이 사실은 바로 아가서의 주제를 이해할 수 있는 실마리를 제공한다.

장차 오실 사랑의 왕께 바치는 노래 『장차 오실 사랑의 왕』이라는 제목의 책을 선택했다고 가정해보자. 그 책에는 별로 사랑스럽지도 않고 예쁘지도 않은 사람들이 그런 왕을 필요로 했고 갈망했을 뿐 아니라 심지어 그런 왕을 예언했다는 이야기가 나온다. 왕은 때로 그런 희망을 품고 있는 사람들 중 몇몇 사람에게 특별한 메시지와 환상을 허락했고, 그들은 그것을 왕의 율법과 함께 이 책에 기록했다. 거기에는 그런 희망을 독려하며 그 의미를 더욱 분명하게 보여주는 의식과 절기를 상세히 기록한 내용도 있고, 백성들이 왕이 올 때를 기다리면서 부를 아름다운 노래도 수록되어 있다. 그 책의 중간쯤에는 왕이 아무런 자격 없는 여인을 사랑하는 내용을 담은 시가 한 편 수록되어 있다. 그것은 낭만적이고 열정적인 사랑을 노래한 아름다운 시다. 그런 시를 당신은 어떻게 생각하겠는가? '전체 내용과 도무지 어울리지 않는군. 내 결혼을 위한 조언쯤으로 이해하면 되겠네.'라고 생각하겠는가?

당연히 그렇지 않을 것이다. 왕이 자기 자신에 관한 책을 쓰게 하면서 자신과 전혀 무관한 내용을 기록하게 했다고 생각할 이유가 무엇인가? 예수님이 말씀하신 대로, 우리는 모든 성경에서 예수님을 발견할 수 있다(눅 24:27, 44-48).

안타깝게도 구약성경이 장차 오실 왕을 증언하고 있다고 믿지 않는 탓에 아가서를 단지 결혼에 관한 조언쯤으로 생각하는 사람들이 너무나도 많다. 이것이 내가 아가서를 맨 나중에 다루는 이유다. 나는 구약성경이 예수님을 증언한다면, 아가서도 그렇다는 것을 확실하게 보여주고 싶다.

물론 그렇다고 해서 아가서가 결혼에 관한 가르침과 무관하다는 말은 아니다. 아가서는 결혼에 관해 가르친다. 그러나 그것은 부차적인 주제다. 바울은 그리스도와 교회의 관계를 남녀의 결혼 관계를 위한 본보기로 제시했다(엡 5:22-33, 시 45편). 또 그가 가르친 대로, 남녀의 결혼 관계는 역으로 그리스도와 성도의 관계를 상징한다.

이런 식의 논증은 이미 구약성경 안에 선례가 있다. 구약성경에 나타나는 하나님과 이스라엘과의 언약은 결혼으로 상징되고, 우상숭배는 간음과 동일한 죄로 취급되었다(출 34:10-17). 이것이 바로 구약의 선지자들이 다루었던 주제다(사 51:1-17, 54:6, 61:10, 62:4-5, 렘 2:1-3, 31:32, 말 2:14). 신약성경도 이 주제를 다루기는 마찬가지다(마 9:15, 눅 5:35, 요 3:29, 고후 11:2, 계 19:7, 21:9, 22:17). 성경 전체에 걸쳐 일부일처제의 결혼 관계가 하나님과 선택받은 백성의 언약 관계를 나타내는 기준으로 간주되었다. 그리고 이 관계는 어린 양의 혼인잔치에서 절정을 이룬다(계 21-22장).

아가서를 사랑의 왕이신 주님과 열정적인 사랑의 관계를 맺으라는 의미로 받아들인다면 그 세부적인 내용은 과연 어떻게 이해하는 것이 옳을까? 놀랄지 모르지만, 나는 해석하지 말라고 당부하고 싶다. 많은 주석자들이 세부 내용을 설명하려다 방향을 잃는 바람에 오히려 아가서를 그리스도 중심적으로 접근하지 못하는 일이 자주 빚어지고 있다.

아가서를 노래하는 법 몇 년 전, 내가 구약해석학을 가르칠 때의 일이다. 당시 나는 문자적 해석, 비유적 해석, 예표적 해석 가운데 어떤 해석 방법을 아가서에 적용하는 것이 옳은지에 관해 다양한 견해를 설명하는 중이었다. 그런데 한 학생이 빙긋이 미소를 지으면서 고개를 설레설레 흔들고 있는 모습이 눈에 띄었다(감사하게도 학생들이 그런 반응을 보이는 경우는 매우 드물었다). 나는 상의를 잠시 중단하고 평소 예의바르게 행동하던 그 학생에게 무슨 문제가 있느냐고 물었다. 그는 자신이 중동 지역의 농경사회에서 성장했고(그곳은 아가서의 배경이 되는 장소와 좀 더 가까웠을 것이다), 석사 과정에서 고대 사회의 문학을 공부했다는 이야기를 간단하게 언급하고는 공손한 태도로 현대 서구인의 사고방식으로 고대 근동지역의 문학에 접근하는 우리의 태도가 몹시 우려스럽다고 지적했다. 그는 그런 사랑의 노래는 자신이 살던 문화권에서는 매우 흔하며, 용어 사전이나 고대어 사전, 또는 문법 지식을 동원해 표현을 분석하기보다는 그 내용을 통해 유발되는 감정이나 인상에 근거해 이해해야 한다고 말하면서, 그런 노래들은 냉랭한 논리적 분석력이 아닌 감정을 자극하고 부추기는 데 우선적인 목적이 있다고 덧붙였다.

그의 말은 내가 베른 포이드레스의 책에서 읽었던 내용과 정확하게 일치했다. 베른 포이드레스는 성경의 예표를 해석할 때 서구인의 사고방식이 걸림돌이 되기 쉽다고 지적했다.

> 서구인들은 상징주의에 별로 능숙하지 못하다. 우리는 과학과 기술이라는 지식의 형태가 지배하는 산업화 사회에 살고 있다. 그런 형태의 지식은 비유의 역할이나 인간의 삶에 존재하는 깊은 인격적인 차원을 무시하는 경향이 있다. 많은 사람이 '사실적인' 진리는 기술적인 진리, 곧 상징

과 비유로부터 온전히 자유로운 지식을 가리킨다고 믿는다. 하지만 나는 하나님이 비유와 상징에 대해 반감을 느끼는 우리의 일반적인 정서를 따르지 않으신다고 확신한다. 그분은 많은 시와 비유를 사용하는 구약성경을 기록하셨다. 예수님도 비유로 가르치셨다. 비유는 확장된 은유의 일종이다. 구약시대의 경건한 이스라엘 사람들은 하나님의 표현 방식을 이해할 수 있었지만 우리는 그것을 이해하는 데 어려움을 느낀다. 우리는 상징과 비유가 학문적이거나 과학적인 정확성 없이도 강력하고 참된 의미를 전달할 수 있다는 사실에 적응해야 한다. 상징을 이해하려면 우리의 상상력을 자제하고 상징이 무엇을 암시하는지 물어야 한다. 우리는 '이것은 어떤 생각이 떠오르게 하는가? 이것은 무엇과 같은가?'라는 질문을 탐구해야 하지만, 21세기 서구인이 아닌 이스라엘 사람과 같은 태도를 취하려고 노력해야 한다.[98]

나의 학생과 포이드레스는 서로 다른 두 종류의 성경 문학에 관해 말했지만 요점은 같았다. 즉 아가서가 전하는 본래의 메시지를 이해하려면 문화와 시간을 거슬러 올라가는 힘든 여정을 거쳐야 하고, 과학적이기보다는 인상적이고 창의적인 접근을 시도해야 한다는 것이다. 어떤 접근 방식이 도덕적으로 더 월등한지 누가 판단할 수 있겠는가? 모든 것은 하나님의 의도에 달려 있다.

분석을 중단하고 감정을 느껴라 특히 아가서를 이해할 때는 서구적인 학문적 분석은 물론 섹스에 대한 서구인의 강박관념에서 벗어나 동방의 감정과 정서에 적응하려고 노력해야 한다. 모든 용어와 나무와 꽃과 육체를 현미경으로 자세히 들여다보려 하지 말고, 한 걸음 물러나 시행을 몇 마디 읊조리며 '이것이 내게 주는 인상은 무엇인가? 어떤 감정을 자극하는가? 어떤 감정을 경험하고 느끼도록 이끄는가?'라고 물어야 한다. 더욱이 아가서는 그리스도 중심적인 노래이기 때문에 '예수님에 대해 어떤 감정을 느끼게 만드는가? 또 예수님은 나를 향해 어떤 감정을 느끼고 계시는가?' 물어야 한다.

감정을 억제하고 마음의 인상을 의심하도록 교육받은 더분에 분석에 능한 대다수의 현대인들은 그렇게 하기가 쉽지 않고 편하지도 않다. 내 경우도 마찬가지다. 20년 전 아내와 약혼하면서 내가 커다란 밸런타인데이 카드에 서른네 구절의 시를 적어 보냈지만, 아마도 아내는 내가 연애시를 잘 쓴다고는 생각하지 않을 것이다. 따라서 솔로몬의 아가서와 같은 동방의 연애시를 해석하는 나의 입장은 매우 불리할 수밖에 없다. 그러나 아가서를 그 본래 의도된 대로 읽고 부르려는 노력을 기울이자 다음과 같은 감정과 인상을 느낄 수 있었다. 그래서 본문을 마음으로 느끼려고 노력하며 그때마다 머릿속에 떠오른 느낌을 다음과 같이 간단히 정리했다.

- **열정** 관계는 차갑지 않다. 뜨겁고 정열적이다(아 1:2).
- **욕망** 서로를 아무 부끄러움 없이 갈망하고 기대한다(1:2, 4, 2:10).
- **감각** 미각, 후각, 청각, 시각, 촉각 등 모든 감각이 자극을 받는다.
- **기쁨** 함께 있을 때 넘치는 행복을 경험한다(1:4).
- **은혜** 사랑스럽지 않은 자를 사랑하는 왕의 사랑에 놀라운 은혜가 담겨 있다(1:5-6).
- **창의력** 이 사랑을 표현하고 분명하게 드러내는 데는 창의적인 생각이 많이 필요하다(1:9).

- **관대함** 주는 것이 받는 것보다 더 뛰어나다(1:11).
- **찬탄** 서로에 대해 감격하는 감정이 풍성하게 드러난다. "내 사랑"은 9회, "나의 사랑하는 자"는 총 24회 사용되었다(1:15-16).
- **공개적인 사랑** 부끄럽고, 은밀하고, 내밀한 사랑이 아니라 부끄럽지 않고 두려움이 없는 공개적인 사랑을 주고받는다(2:4).
- **친밀감** 거리감이 아닌 친근함, 무관심이 아닌 친밀함이 느껴진다(2:6, 4:5, 7:3).
- **위협** 관계를 위협하는 요인들이 많다(2:15).
- **변화** 관계에 기복이 있다(3:1, 5:6).
- **상호성** 일방적이 아니라 쌍방적이다. 신랑이 먼저 나서면 신부가 반응하고, 신부가 먼저 나서면 신랑이 반응한다.
- **아름다움** 신부의 뛰어난 아름다움이 4장과 5장에 길게 묘사되었다.
- **순결함** 신랑은 신부를 비둘기, 곧 신실함과 순결함을 상징하는 새로 거듭 묘사한다(4:1).
- **광채** 신부의 빛나는 미소가 잊을 수 없을 만큼 생생한 표현으로 묘사된다(4:2).
- **건강함** 그들은 인생 중에서 가장 좋은 시기였다. 건강하고, 왕성하고, 활기차고, 발랄했다(4:3).
- **기품** 신부의 행동, 태도, 자세, 장신구는 우아하고 기품이 있었다(4:4).
- **신중함** 친밀함을 묘사하는 말이 적절했다. 그들은 둘만의 휴식을 즐겼다(4:5).
- **설렘** 신랑과 신부는 서로에게 매료되었다. 서로의 모습을 보기만 해도 설렘과 환희를 느꼈다(4:9).
- **압도됨** 때로 사랑의 감정이 감당할 수 없을 만큼 넘쳤다(6:5).

- **독특함** 그들의 사랑은 비교 불가능할 만큼 남달랐다(6:8-9).
- **열매** 농경문화의 용어로 임신이 묘사되었다. 임신은 주로 다산과 연관되었다(7:2).
- **의존감** 신부는 신랑을 필요로 하고, 그를 의지했다(8:5).
- **질투** 그들의 열정적인 사랑은 다른 대안이나 방해물을 용납하지 않았다(8:6).
- **지속성** 그들의 사랑은 세월이 아무리 흘러도 퇴색하지 않았다(8:7).
- **귀중함** 그런 사랑은 돈으로 살 수 없다(8:7).

좀 더 민감하고 시적인 마음을 지닌 사람은 이보다 훨씬 더 긴 목록을 작성할 수 있을 것이다.

그러나 이것만으로도 모두가 이런 접근 방식과 세부 내용(사과, 열매, 꽃, 입술, 가슴 등)에서 일일이 영적 의미를 찾으려는 풍유적 접근 방식의 차이를 구별할 수 있으면 좋겠다.

위의 목록을 살펴보고 아가서를 읽으면서 각자 자신의 목록을 만들고, 사랑의 왕과 그런 식의 결혼 관계를 더 많이 누려보지 않겠는가?

세부 내용에 집착하지 말라. 머릿속에 어떤 단어가 떠오르고 마음속에 어떤 감정이 일어나는가? 그런 용어들이 사랑의 왕과의 관계를 드러내고 더 깊고 친밀한 관계를 경험하게 하는가?

아가서는 우리의 결혼관계에도 적용할 수 있지만, 예수님과의 영원하고 영적인 관계를 훨씬 더 많이 반영하고 있다.

특별히 나는 아가서를 공부할 때마다 다음 네 가지 기본 단계에 충실하려고 노력한다.

1. 아가서의 메시지 : 요점과 원리는 무엇이고, 어떤 감정과 인상을 느끼게 하는가?
2. 결혼을 위한 메시지 : 결혼에 관해 무엇을 가르치는가?
3. 이스라엘을 위한 메시지 : 주님과의 관계에 대해 이스라엘 백성에게 무엇을 가르쳤는가?
4. 신약시대 교회와 성도들을 위한 메시지 : 주님과의 관계에 대해 교회와 성도에게 무엇을 가르치는가?

몇 가지 예를 들어 아가서의 특정한 본문을 중심으로 인상에 근거한 접근 방식을 적용할 방법을 제시하는 것으로 모든 논의를 끝맺고 싶다. 아가서의 모든 내용에서 결혼생활이나 영적 교훈의 가르침을 찾아내려는 유혹을 느끼지 않도록 주의하라.

주님은 나의 모든 것이 되신다(1:1-17)
주님은 아름다우시지만 나는 흉하다.
주님은 칭찬과 선물을 관대하게 베푸신다.
주님은 나를 새롭게 하신다.
주님은 나의 사랑을 깊아주신다.
주님은 나의 삶을 풍요롭게 하신다.

세상에서 맛보는 하늘(2:1-17)
사랑은 아름답고 향기롭다.
사랑은 활력을 준다.
사랑은 끈기 있고 민감하다.

사랑은 열정적이다.

사랑은 매혹적이다.

사랑은 수줍어한다.

사랑은 부드럽다.

사랑은 소유욕이 강하다.

사랑은 세상에서 불완전하다.

주님은 모든 것이 사랑스러우시다(5:10-16)

주님은 뛰어나시다.

주님은 고귀하고 당당하시다.

주님은 부드러우시다.

주님은 향기로우시다.

주님은 부요하시다.

주님은 강하고 견고하시다.

주님은 권위가 있으시다.

주님은 사랑이 넘치신다.

사랑이 승리한다(8:5-14)

사랑은 처음 시작을 잊지 않는다.

사랑은 자신이 지니고 있는 힘을 의식한다.

사랑은 친밀한 친구의 보호와 도움에 의지한다.

사랑은 관계의 우선순위를 재정립한다.

사랑은 아직 온전한 승리를 거두지 못했다는 것을 의식한다.

은혜로운 사랑

아가서의 본래 독자들은 아가서의 저자가 "다윗 왕가의 후손, 곧 다윗의 혈통에서 난 왕과 그 신분에 뒤따르는 모든 메시아적 의미를 궁극적으로 표현했다"고 생각했다.[99] 그리고 아가서를 읽으면서 가장 훌륭한 인간 왕의 가장 인간적인 사랑을 뛰어넘는 무엇인가를 바라보았다. 그들은 하나님이 기름부음 받으신 왕을 통해 아무 자격 없는 백성에게 베푸신 은혜로운 사랑을 발견했고, 그들의 모든 실패와 결함에도 불구하고 메시아를 통해 사랑이 승리할 것이라는 확신을 갖게 되었다.

Study Questions

1. 시편 몇 편을 선택해 성삼위 하나님을 생각하며 노래를 불러보라. 특히 예수님을 생각하라.

2. 이 책이 전하는 세 가지 핵심 메시지는 무엇인가?

3. 예수님의 초림을 기대했던 구약시대 성도들의 영적 경험과 예수님의 재림을 기다리는 우리의 영적 경험은 어떤 점에서 서로 동일한가?

4. 시편을 관통하는 다섯 가지 진리는 무엇인가?

5. 시편에서 발견되는 기독교적 경험은 무엇인가?

6. 최근 어떤 설교자가 "구약시대의 성도들에게는 삼위일체라는 개념이 없었습니다."라고 말했다. 시편 16편과 110편을 근거로 그런 주장을 어떻게 논박할 수 있는가?

7. 예수님이 시편 안에 계신다고 말할 수 있는 근거는 무엇인가?

8. 우리가 시편으로 예수님과 함께 노래할 수 있는 이유는 무엇인가? 시편 한 편을 골라 예수님이 세상에 사시면서 그것을 부르셨던 모습을 상상해보라.

9. 아가서를 그리스도 중심적인 책으로 간주할 수 있는 근거는 무엇인가?

10. 아가서를 통해 영적 유익을 얻으려면 어떤 기술과 능력이 필요한가?

11. 아가서 한 장을 골라 읽고 느껴지는 감정과 인상을 글로 적어보라.

마치는 글

여정은 계속된다

나는 아직 목적지에 도착하지 않았다. 곧 목적지에 도착할 것이라고 생각하지도 않는다. 아니, 어떤 면에서 나는 목적지에 도착하기를 원치 않는다.

나는 새롭게 뜨거워진 마음으로 엠마오로 가는 여정을 시작했다. 그리고 길을 가는 동안 여러 차례 마음이 뜨거워지는 것을 경험했다. 내가 멀리 나아갈수록 모든 성경에서 예수님을 발견하고 경험하는 일이 무한히 남아 있다는 것을 느낀다. 절망감에서 하는 말이 아니다. 나는 오히려 희망과 기대와 설렘에 부풀어 있다.

때로는 예수님과 함께 엠마오로 가는 것이 너무 행복하고, 충만하고, 만족스럽기 때문에 목적지에 도착하고 싶지 않다는 생각이 든다. 물론 그런 생각은 잘못이다. 왜냐하면 엠마오로 가는 길은 결국 예수님과 얼굴을 맞대고 볼 수 있는 곳, 단 한 순간도 그분의 얼굴이 우리 눈앞에서 사라지지 않고 영원한 교제를 나눌 수 있는 곳으로 우리를 인도할 것이기 때문이다. 그때가 되면, 영적으로 마음이 뜨거웠던 경험이 과거의 추억이나 미래의 희망이 아닌, 항상 지속되는 현실이 될 것이다.

나의 여정에 동참해주어 감사하다. 아무쪼록 이 책이 모든 사람이 엠마오로 가는 여정을 새롭게 시작하거나 우리의 마음을 뜨겁게 하시는 주님과 더불어 새로운 탐구를 시작하는 데 도움이 되기 바란다.

아직도 배워야 할 것이 너무 많다. 나와 함께 내 블로그(HeadHeartHand.org/blog)에서 여행을 계속할 수 있기를 바란다. 그곳에서 모든 성경에서 예수님을 발견했던 복된 경험들을 나누고, 이 책에서 개괄적으로 논의한 내용을 좀 더 깊이 생각할 수 있는 기회를 가지면 좋겠다.

Study Questions

1. 이 책을 통해 성경에 관해 새롭게 배운 것은 무엇인가?

2. 이 책을 통해 예수님에 관해 새롭게 배운 것은 무엇인가?

3. 이 책을 통해 당신에 관해 배운 것은 무엇인가?

4. 이 책을 읽고 나서 본인의 삶과 사역을 어떻게 변화시켜 나가야겠다는 생각이 드는가?

*주

JESUS
ON
EVERY
PAGE

1부. 나의 엠마오 여정

1. 구약성경은 어디로 가고 있는가?
1) Gleason L. Archer, "A New Look at the Old Testament," *Decision*, August 1972, 5.

3. 예수님의 대답
2) Graeme Goldsworthy, *According to the Plan* (Downers Grove, IL: IVP, 1991), 55.

4. 베드로의 대답
3) Wayne Grudem, *Commentary on 1 Peter* (Leicester: IVP, 1995), 69.
4) Grudem, *Commentary on 1 Peter*, 70.
5) J. Ramsey Michaels, *Word Biblical Commentary* vol. 49, 1 Peter, (Dallas: Word, Incorporated, 1998), 44.
6) Walter C. Kaiser, *The Uses of the Old Testament in the New* (Chicago: Moody, 1985), 20.
7) Sidney 그레이다누스, *Preaching Christ from the Old Testament* (Grand Rapids: Eerdmans, 1999), 136.

5. 바울의 대답
8) Christopher Wright, "Preaching from the Law," *Reclaiming the Old Testament for Christian Preaching*, Grenville J. R. Kent, Paul J. Kissling, and Laurence A. Turner, eds. (Downers Grove, IL: IBVP, 2010), 48.
9) Wright, "Preaching from the Law," 49.
10) Victor A. Shepherd, *The Nature and Function of Faith in the Theology of John Calvin* (Macon, GA: Mercer University Press, 1983), 144.
11) Charles Hodge, *2 Corinthians* (London: James Nisbet, 1877), 70-71, 73.

6. 요한의 대답
12) Rodney Whitacre, *Commentary on John* (Downers Grove, IL: IVP, 1999), 60-61.
13) Ibid., 60-61.
14) Matthew Henry, *Matthew Henry's Commentary on the Whole Bible: Complete and Unabridged in One Volume* (Peabody: Hendricksnon, 1994), John 1:15-18.

2부. 심령이 뜨거워지는 10가지 발견

1. 창조사역에서 예수님 발견하기 - 그리스도의 행성
15) Jonathan Edwards, *The Works of Jonathan Edwards, vol. 1, A History of the Work of Redemption* (Peabody: MA: Hendrickson, 2004), 534.

2. 구약의 인물들 안에서 예수님 발견하기 - 그리스도의 백성

16) Haddon Robinson, *Biblical Preaching* (Grand Rapids: Baker, 2001), 94.
17) Haddon Robinson and Craig Brian Larson, *The Art and Craft of Biblical Preaching: A Comprehensive Resource for Today* (Grand Rapids: Zondervan, 2009), 23.
18) David F. Wells, "The D-Min-ization of the Ministry," *No God but God*, Os Guinness and John Seel, eds. (Chcago: Moody, 1992), 184-85.
19) Sidney Greidanus, *The Modern Preacher and the Ancient Text* (Grand Rapids: Eerdmans, 1988), 118.
20) Greidanus, *Preaching Christ*, 239.
21) John Owen, *Hebrews: The Epistle of Warning* (Grand Rapids: Kregel Publications, 1977), 49.
22) Bryan Chapell, *Christ-Centered Preaching* (Grand Rapids: Baker Academic, 2005), 276.
23) Ernst Jenni and Claus Westermann, *Theological Lexicon of the Old Testament* (Peabody, MA: Hendrickson Publishers, 1997), 289.
24) John Calvin, *Institutes* 2.7.1. John T. McNeil, ed. Ford Lewis Battles, trans. (Philadelphia: Westminster Press, 1960), 349.
25) Westminster Confession of Faith, 8.6.
26) Charles D. Drew, *The Ancient Love Song* (Phillipsburg, NJ: P&R, 2000), 45.
27) Michael Rydelnik, *The Messianic Hope* (Nashville: B&H, 2010), 86.
28) Drew, *The Ancient Love Song*, 48.
29) Ibid., 46.
30) Articles of Religion, http://anglicansonline.org/basic/thirty-nine_articles.html.

3. 구약성경에 나타나신 예수님 발견하기 - 그리스도의 임재

31) Jonathan Edwards, *The History of Redemption* (Edinburgh: Banner of Truth, 2003). Jonathan Stephens, Theophany: Close Encounters with the Son of God (Epsom: Dayone, 2007).
32) John Calvin, *Institutes* 4. 8. 5. John T. McNeill, ed. Ford Lewis Battles, trans. (Philadelphia: Westminster Press, 1960), 349.
33) Edwards, *The History of Redemption*, 23.
34) Richard Watson, *Evidences, Doctrines, Morals and Institutions of Christianity* (New York: T. Mason and G. Lane, 1836), 1:501.
35) Charles Hodge, *Systematic Theology* vol. 1 (1872; repr., Oak Harbor, WA: Logos Resserch Systems, 1997), 485.
36) John F. Walvoord, *Jesus Christ Our Lord* (Chicago: Moody, 1969), 53.
37) Anthony T. Hanson, *Jesus Christ in the Old Testament* (London: SPCK, 1965), 172.
38) Charles D. Drew, *The Ancient Love Song* (Phillipsburg, NJ: P&R, 2000), 28.
39) Michael Barrett, *Beginning at Moses* (Greenville: Ambassador-Emerald International), 154-160.
40) John Calvin, *Institutes* 4.8.5. John T. McNeil, ed. Ford Lewis Battles, trans. (Philadelpia: Westminster Press, 1960), 349.

4. 구약의 율법에서 예수님 발견하기 - 그리스도의 계명

41) Westminster Confession of Faith, 19.5.
42) Westminster Confession of Faith, 19.3.
43) Ibid., 19.4.
44) Christopher Wright, "Preaching from the Law," *Reclaiming the Old Testament for Christian Preaching*, ed. Grenville J. R. Kent, Paul J. Kissling, and Laurence A. Turner, eds. (Downers Grove, IL: IVP, 2010), 48.
45) Westminster Confession of Faith, 19.6.
46) Westminster Confession of Faith, 19.6.
47) Wright, "Preaching from the Law," 51.

5. 구약성경의 역사 속에서 예수님 발견하기 - 그리스도의 과거

48) Donald G. Miller, *The Way to Biblical Preaching* (Nashville: Abingdon, 1957), 134.
49) Jonathan Edwards, *The Works of Jonathan Edwards, vol. 9, A History of the Work of Redemption* (New Haven and London: Yale University Press, 1989), 117-18.
50) Ibid., 129.
51) Ibid., 130.
52) Ibid., 139.
53) Ibid., 135.
54) Ibid., 139-40.
55) Ibid., 143.
56) Ibid., 144.
57) Ibid., 145.
58) Christopher J. H. Wright, *Knowing Jesus through the Old Test6ament* (Downers Grove, IL: IVP, 1992), ix.
59) Ibid., 108.
60) Ibid., 44.
61) Richard T. France, *Jesus and the Old Testament* (Vancouver, BC: Regent College Publishing, 1998), 60.
62) Ibid.
63) Wright, *Knowing Jesus through the Old Testament*, 241-42.
64) John MacArthur, *The Jesus You Can't Ignore* (Nashville: Tho,as Nelson, 2008), 29.
65) B. B. Warfield, "The Human Development," *Selected Shorter Writings*, vol. 1 (Phillipsburg: P&R, 1970), 161.
66) Ibid., 166.

6. 구약의 선지자들 가운데서 예수님 발견하기 - 그리스도의 선지자들

67) Walter C. Kaiser, *The Uses of the Old Testament in the New* (Chicago: Moody, 1985), 3.
68) Sidney Greidanus, Preaching Christ from the Old Testament (Grand Rapids:

Eerdmans, 1999), 207. 다음 자료에서 인용했다. J, H. Wright, *Knowing Jesus through the Old Testament* (Downers Grove IL: IVP, 1992), 63.
69) Kaiser, *The Uses of the Old Testament in the New*, 4.
70) Christopher J. H. Wright, *Knowing Jesus through the Old Testament* (Downers Grove, IL: IVP, 1992), 71.
71) Ibid., 77.
72) O. P. Robertson, *The Christ of the Prophets* (Phillispburg: P&R, 2004), 6-7.

7. 구약의 예표에서 예수님 발견하기 - 그리스도의 그림

73) Patrick Fairbairn, *The Typology of Scripture* (Grand Rapids: Kregel, 1989), 21-23.
74) Ibid., 112.
75) Ibid.
76) Vern Ppythress, *The Shadow of Christ in the Law of Moses* (Phillipsburg, NJ: P&R, 1991), 43.
77) Fairbairn, *Typology of Scripture*, 54.
78) Ibid., 149.
79) Poythress, *The Shadow of Christ in the Law of Moses*, 11.
80) Greidanus, *Preaching Christ from the Old Testament*, 251.
81) Poythress, *The Shadow of Christ in the Law of Moses*, 39.
82) Fairbairn, *Typology of Scripture*, 44. 마 19:28, 계 7:4-17; 12:14; 15:8.

8. 구약성경의 언약에서 예수님 발견하기 - 그리스도의 약속

83) Walter C. Kaiser, "The Old Promise and the New Covenant," *Journal of the Evangelical Theological Society*, http://www.etsjets.org/files/JETSPDFs/15/15-1-pp011-023_JET.pdf, February 11, 2013.
84) Westminster Confession of Faith, 7.5.
85) O, Palmer Robertson, *The Christ of the Covenants* (Phillipsburg, NJ: 1980), 25.

9. 구약성경의 잠언에서 예수님 발견하기 - 그리스도의 잠언

86) Raymond Dillard and Tremper Longman, *An Introduction to the Old Testament* (Grand Rapids: Zondervan, 1994), 245.
87) 지혜는 잠언에서 여성으로 인격화되었다. 이는 하나님의 성별을 암시하는 것이 아니라 지혜를 뜻하는 히브리어어가 여성 명사이기 때문이다.
88) William Arnot, vol. 1. *Studies in Proverbs* (london: T. Nelson and Sons, 1859), 206.

10. 구약성경의 시에서 예수님 발견하기 - 그리스도의 시인들

89) Derek Kidner, *Psalms 1-72* (London: InterVarsity Press, 1973), 24.
90) Joel R. Beeke and Anthony T. Selvaggio, eds., *Sing a New Song* (Grand Rapids: Reformation Heritage Books, 2010), 133.

91) Ibid., 159.
92) Ibid.
93) 다음 자료에서 인용했다. Leyland Ryken and Tremper Longman III, eds., *The Complete Literary Guide to the Bible* (Grand Rapids: Zondervan, 1993), 252.
94) John Calvin, *Commentary on the Psalms* vol. 4 (Grand Rapids: Baker Book House, 1996), 295-96.
95) Christopher J. H. Wright, *Knowing Jesus through the Old Testament* (Downers Grove, IL: IVP, 1992), 241-42.
96) 다음 자료에서 인용했다. Beeke and Selvaggio, *Sing a New Song*, 159.
97) Michael Lefebvre, *Singing the Songs of Jesus* (Tain, Ross-shire: Christian Focus, 2010), 92-93.
98) Vern Poythress, *The Shadow of Christ in the Law of Moses* (Phillipsburg, NJ: P&R, 1991), 38-39.
99) James Hamilton, "The Messianic Music of the Song of Songs," *Westminster Theological Journal* 68 (2006), 337.

사명선언문

너희가 흠이 없고 순전하여……세상에서 그들 가운데 빛들로
나타내며 생명의 말씀을 밝혀 _ 빌 2:15-16

1. 생명을 담겠습니다
만드는 책에 주님 주신 생명을 담겠습니다.
그 책으로 복음을 선포하겠습니다.

2. 말씀을 밝히겠습니다
생명의 근본은 말씀입니다.
말씀을 밝혀 성도와 교회의 성장을 돕겠습니다.

3. 빛이 되겠습니다
시대와 영혼의 어두움을 밝혀 주님 앞으로 이끄는
빛이 되는 책을 만들겠습니다.

4. 순전히 행하겠습니다
책을 만들고 전하는 일과 경영하는 일에 부끄러움이 없는
정직함으로 행하겠습니다.

5. 끝까지 전파하겠습니다
모든 사람에게, 땅 끝까지, 주님 오시는 그날까지
복음을 전하는 사명을 다하겠습니다.

서점 안내

광화문점　서울시 종로구 새문안로 69 구세군회관 1층
　　　　　　02)737-2288 / 02)737-4623(F)

강남점　　서울시 서초구 신반포로 177 반포쇼핑타운 3동 2층
　　　　　　02)595-1211 / 02)595-3549(F)

구로점　　서울시 동작구 시흥대로 602, 3층 302호
　　　　　　02)858-8744 / 02)838-0653(F)

노원점　　서울시 노원구 동일로 1366 삼봉빌딩 지하 1층
　　　　　　02)938-7979 / 02)3391-6169(F)

일산점　　경기도 고양시 일산서구 중앙로 1391 레이크타운 지하 1층
　　　　　　031)916-8787 / 031)916-8788(F)

의정부점　경기도 의정부시 청사로47번길 12 성산타워 3층
　　　　　　031)845-0600 / 031)852-6930(F)

인터넷서점　www.lifebook.co.kr